다시,
나는 희망의 증거가
되고 싶다

다시,
나는 희망의 증거가
되고 싶다

서진규 지음

가발공장에서 하버드까지
삶을 정복한 서진규 박사의 성공스토리

RHK
알에이치코리아

The worst thing in the world is to live
without opportunity or hope.
I want to help others who are trapped by societal prejudice
or their own lack of self-determination, as I once was.

세상에서 가장 나쁜 것은 기회와 희망 없이 산다는 것입니다.
예전에 내가 겪었던 것처럼, 사회적 편견에서 벗어나지 못하거나
스스로 자신의 길을 찾지 못하고 있는 그런 사람들을
나는 도와주고 싶습니다.

다시,
나는 희망의 증거가
되고 싶다

신난다.

내 분신과도 같은 책이 23년 만에 〈다시,〉라는 문구를 덧붙여 출간되다니.

처음 〈나는 희망의 증거가 되고 싶다〉가 출간된 이후 나는 말 그대로 인생 2막이 열렸다. 셀 수 없는 곳에서 강연 요청이 들어왔고 방송 출연 섭외가 밀려들어 순식간에 유명 인사가 되었다. 책을 읽은 수많은 독자들이 강연장에 찾아오고 편지로도 소감을 전하며 그들의 삶을 들려줬다. 그때 나는 느꼈다. 이 책은 나 혼자만의 책이 아니구나, 책이야말로 진정으로 살아 숨 쉬는 생명체로구나.

이 책의 여정은 아름다움 그 자체였다. 에필로그에도 썼듯이 이 책은 우연히 태어난 책이 아니다. 나를 대신해 이곳저곳을 돌아다니며 희망의 씨앗을 뿌리고 희망의 증거를 남겼다.

꿈은 많지만, 형편이 어려워 좌절에 빠진 신문 배달 여고생, 실패에 대한 트라우마와 후회 속에서 세상 밖으로 나오기 두려워하던 50대 남성, 생이 너무나 힘들어 자살을 고민하다 책을 보고 생각을 바꾼 청년…….

나를 대신해 희망이 필요한 사람들에게 그 무거운 한 걸음을 뗄 수 있는 원동력과 용기를 준 책이다.

뜻밖에도 그 책임은 내가 살아가는 또 다른 희망이 되었다. 내가 약해지려 할 때마다 그들은 나에게 차마 피할 수 없는 책임을 내게 던져주었다. 23년 동안 살아 숨 쉬며 나의 이야기를 전해줬고, 그때마다 나는 감격했고 감사했고 살아있음에 행복했다.

방송 출연이 줄어들면서 내 근황이 궁금한 독자들이 다소 있었나 보다. 출판사로 연락이 가고 내 지인들을 통해서도 궁금증이 전달되곤 했었다. C형 간염은 나았는지 내 건강을 걱정해주는 독자부터 요즘 근황은 어떤지 잘 사는지 응원해주는 독자까지 그 마음 하나하나가 무척이나 감사하다.

처음 책을 내자고 제안이 들어왔을 때 내가 책을 쓸 수 있을까 무척

우려했다. 당시 나는 내 이야기를 쓴다는 것을 상상조차 못 했기 때문이다. 더구나 한글 타이프도 익숙하지 않았을 때였다. 그런데도 한번 써보기로 했는데, 막상 시작하고 나니 글 쓰는 것이 멈춰지지가 않았다. 10시간을 내리쓴 날도 있었다. 아버지가 돌아가셨을 당시를 쓸 때는 엉엉 울기도 했다. 한참을 그렇게 울고 또 쓰고, 정말 미친 사람처럼 썼던 기억이 있다.

내 인생은 6학년 때 시작되었다고 해도 과언이 아니다. 그때 그 어린아이는 삶이 너무나 힘들어 가출을 생각하고 자살을 떠올렸다. 차마 용기가 없어 시도할 수는 없었지만, 당시 나는 온 천지가 절망으로 가득 찼고 피할 방법이 없었다.

그렇지만 나는 그 순간 분노를 선택했다. 포기하지 않았다. 내가 반드시 성공해서 이 가여운 아이를 이 상태로 살게 하지 않겠다고 결심했다. 나 스스로를 돕겠다고 결정했다. 그리고 마음가짐을 달리하고 행동으로 옮겼다. 그것은 내 인생 전체를 통틀어 가장 잘한 선택이었다.

코로나를 지나 이태원 참사를 보면서 허무와 허망함을 느낀다. 산다는 건 뭘까, 라는 생각도 들고 남은 생을 어떻게 살아야 하는가, 라는 성찰의 시간을 자주 갖게 된다. 나에게 인생 상담을 요청하는 많은 이들에게 내가 조언해주고 싶은 한 가지는, 내가 나를 지킬 힘이 충분하지 않을 때는 분노를 원동력으로 삼으라는 것이다. 나를 지키기 위해서는 분노의 에너지를 원동력으로 삼아 인내하고 힘을 키워야 한다. 종전에는 나만 지키는 것이 아니라 내가 사랑하는 사람도 지킬 수 있다. 나를 일으켜 세우고 포기하지 않게 하는 에너지가 된다. 핵 원료가 된다.

　나는 아직도 개울가에서 빨래를 하던 내가, 그 가여운 아이가 너무 가엽고 애틋하다. 지금도 많이 힘들 때면 그 아이를 떠올린다. 그 불쌍한 아이, 내가 어떻게 해서든 구해주려던 아이, 지금 내가 쓰러지면 그 아이를 버리는 일이라고 생각하면, 나는 다시 일어설 수밖에 없다.
　당신도 당신 안의 그 아이를 버리지 말기를 바란다. 나처럼 흙수저라면(나는 흙도 아니고 진흙바닥 수저다), 불쌍하잖나, 내가 너무 불쌍하잖나. 한번 사는 인생 소고기 정도는 맘 편히 사 먹을 여유 정도는 있어야지.

　나는 스스로 내 인생을 정복했다. 내 시대는 그야말로 성공하려면 죽을 각오로 덤빈다든가 하는 대단한 각오와 비장함이 필요한 시대였다. 지금은 예전처럼 목숨 걸고 치열하게 생즉사 사즉생生卽死 死卽生의 각오로 비장하게 살지 않아도 되는 시대다. 그러나 본질은 같다. 인생에 순응하지 마라. 내가 가진 것을 십분 활용하고 분노가 필요하면 분노를 에너지로 삼아 원하는 것을 얻어라.

　48년에 태어났다. 근데 나는 너무나 젊다. 왜 이렇게 젊은지 모르겠다. 매일 아침 거울을 볼 때마다 느낀다. "나는 거울 속의 니가 너무나 좋다. 나는 니가 너무 사랑스럽다. 너무나 행복하다. 나는 니가 참 고맙다."(매일 거울을 보면서 나는 이렇게 말한다)

"오늘도 숨 쉬고 있는 하루하루가 정말 고맙다."

요즘 내 나이 또래의 사람들과 추는 라인댄스가 얼마나 재밌는지 모른다. 나는 가장 열심히 배우고 가장 열심히 춘다. 산다는 건 고달프고 어려운 일이지만 모든 것에 기회와 행복, 사랑이 스며들어 있다. 그것을 발견해서 가꾸고 애정해 나가는 것, 그것이 인생이 아닐까.

이 책을 보는 모든 독자가 스스로를 사랑스럽게 느낀다면 정말 더 바랄 것이 없겠다.

마지막으로 20년이 넘는 세월 동안 나를 기억해준 사랑스러운 독자들과, 나를 대신해서 책을 보내 사람들에게 희망을 전달한 출판사에 감사드린다.

그리고 다시, 나는 희망의 증거가 되고 싶다.

제1장   **세상에, 희망 없이 산다는 일의 막막함을 무엇에 견줄 수 있겠는가**

제2장 **내 앞을 가로막은 벽, 그것이
내가 열어야 할 문이었다**

제5장 꿈은, 이루어지기 전까지는,
　　　꿈꾸는 사람을 가혹하게 다룬다

1977년 미국 뉴욕행 비행기에 오르기 직전,
김포공항

희망을 찾아서

내 딸 성아의 글을, 이 책의 프롤로그로 삼고자 한다.

성아는 1991년, 우리 학제로 중학교 3학년 작문 시간에 이 글을 썼다.

아무래도 성아 자신의 세계관이 기저에 깔려 있었기 때문에

내 생각과 꼭 같지는 않지만, 그때의 내 심정을 비교적 잘 담고 있다.

그리고 그것은 내 운명의 시작이기도 하다.

"461편 항공기는 3번 게이트에서 출발합니다. 뉴욕으로 가시는 승객 여러분께서는 3번 게이트로 오시기 바랍니다."

비행기표를 들고 줄을 서 있는 동안, 심장 뛰는 소리가 들려오는 것 같았다. 미국으로 간다는 사실이 내겐 분에 넘쳐 보였다. 이런 흥분 뒤에 꼭 무슨 일이 일어날 것만 같은 조바심도 들었다. 만약 내가 지금 이렇게 서 있는 것조차 잘못된 일이라면? 이 모든 것이 하나의 큰 실수에 지나지 않는다면? 나는 가족들에게 뭐라고 말하지? 친구들한테는? 아니야, 이건 결코 실수가 아니야. 미국에 가든가, 아니면 죽어버리든가 둘 중의 하나야. 그 무엇도, 그 어떤 일도 내 앞길을 막을 수는 없어……

"비행기표 좀 보여주시겠어요? 짐은 그게 단가요?"

"네."

얼굴이 화끈 달아올랐다. 사실 그때까지 나는 내 보잘것없는 짐에 대해서는 전혀 신경을 쓰지 않았다. 이 짐은 내 전 재산이었지만, 주변 사람들의 짐과 비교하면 정말 하찮게 보였다.

혹 잊은 것이 없나, 빠뜨린 것은 없나, 연신 확인하면서 나는 앞에 가는 사람의 뒤를 따라갔다. 사람들이 입구처럼 생긴 곳을 통과하고 있었다. 그런데 신기하게도 그 입구는 주위에 벽도 없었고 또 여닫는 문도 없었다. 뭔가 검사하는 곳으로 보였다.

"아가씨, 가방은 그 운반대 위에 놓으세요."

수염을 기른 홀쭉한 남자가 말했다.

나는 시키는 대로 가방을 올려놓고, 그 문으로 걸어 들어갔다. 그때 '삐―' 하는 소리가 났다. 나는 그 자리에서 펄쩍 뛰었다. '아니, 뭐가 잘못된 거지?' 그 검사기 입구로 다시 돌아 나오는데 손가락이 파르르 떨렸다.

"혹시 주머니에 동전 같은 거 없습니까?"

그 남자가 물었다.

"네, 있어요."

"그걸 꺼내놓고 지나가셔야죠. 자 여기에 놓고 나가세요."

나는 주머니에서 동전을 꺼내 그 남자가 건네준 작은 그릇에 넣었다.

그러고 나서 다시 검사기를 지나갈 땐 아무 소리도 나지 않았다. 마음이 놓였다. 그 남자에게 꾸벅 절하고 막 가방을 집어가려는데, 그 사람이 다시 불렀다.

"이봐요 아가씨, 동전 가져가야죠."

나는 동전을 움켜쥐며 그 남자에게 또 고맙다고 말했다. 3번 게이트 쪽으로 가다가 잠깐 걸음을 멈추었다. 동전을 지갑에 넣기 위해 지갑을 꺼냈다. 지갑 안에는 백 달러짜리 지폐 한 장이 들어 있었다. 근심이 가득하시던 아버지의 얼굴이 떠올랐다.

"정말 가야겠느냐?"

내 머리를 쓰다듬는 아버지의 얼굴에 걱정의 빛이 역력했다.

"네, 아버지."

"어쩔 수 없구나. 아무래도 니 일은 니가 제일 잘 알 테니…… 내가 잡는다고 무슨 소용이 있겠냐. 자, 여기 백 달러 구해왔다. 부디 몸조심해야 한다."

억지로 웃는 낯으로 택시에 오르며 아버지께 말했다.

"너무 걱정하지 마세요. 저 괜찮을 거예요."

택시가 출발한 후에도 나는 뒤돌아보지 않았다. 내 마음이 바뀔까 봐 겁도 났지만 아버지께 눈물을 보이고 싶지 않았기 때문이었다.

"다시 알려드립니다. 461편 항공기는 3번 게이트에서 출발합니다. 승객 여러분께서는 즉시 3번 게이트로 오시기 바랍니다."

번쩍 정신이 들어 다시 3번 게이트를 향해 걷기 시작했다.

탑승구로 향하면서 긴장이 되었다. 가방을 잃어버리지 않고 들고 있다는 것이 신기할 정도였다. 무엇보다도 귀머거리가 될까 봐 큰 걱정이었다. 지금까지는 모두 한국말을 썼기 때문에 아무 문제가 없었지만, 일단 비행기에 오르는 순간부터는 사정이 달라진다. 한국말을 하는 사람이 아무도 없으면, 나는 말도 못하고 알아듣지도 못하게 될 것이다. 비행기에 오르면서 나는 마음을 다잡았다.

'용기를 내! 비행기도 제대로 못 타면서 어떻게 미국에서 살아가려고 그래.'

비행기 안에 한 동양인 여자 승무원이 기다리고 있었다. 나도 모르게 들고 있던 탑승권을 그녀 앞으로 내밀었다. 그녀는 내 탑승권을 훑어보더니 바로 돌려주었다. 내가 영어가 서툴다는 것을 눈치챘는지, 그녀는 한국말로 안내를 해주었다. 비행기 안에 한국말을 할 줄 아는 사람이 있다는 것이 무척 안심이 되었다.

"두 번째 칸에 좌석이 있어요. 필요한 것이 있으시면, 머리 위에 있는 오렌지색 단추를 누르세요. 즐거운 여행 되세요."

"감사합니다."

비행기 안은 아주 넓고 시원했다. 대부분 미국인들이었지만, 좌석은 다양한 인종의 사람들로 거의 꽉 차 있었다. 한순간, 꿈만 같다는 생각에 휩싸여 내 자리를 지나칠 뻔했다. 대단하게만 보였던 미국 사람들과 같이 여행을 한다는 사실이 내게는 분에 넘치는 영광이라는 생각이 들었다.

내 좌석이 창가여서 더욱 기뻤다. 내가 자리에 앉고 5분 정도 지난 후에, 나이 든 여자분이 와서 옆자리에 앉았다. 나는 한껏 용기를 내어 영어로 물어보았다.

"어디 가세요?"

그녀는 웃으면서 뭐라고 말했다. 나는 한마디도 알아들을 수가 없었다. 미국 사람들이 말을 그렇게 빨리한다는 사실을 미처 몰랐다. 말들이 앞뒤가 없이 마구 뒤섞인 것 같았다. 나는 그냥 웃으며 머리만 잠깐 끄덕이곤 더 이상 아무 말도 하지 않았다. 이 여행은 길고도 조용할 것이라는 예감이 들었다. 이상하게도 그 여자분을 보자, 친척 아주머니들과 엄마 모습이 떠올랐다. 그리고 그들의 '친절한' 말도 떠올랐다.

"거기가 어떻게 생겨먹었는지도 모르잖아. 잘못했다간 창녀가 될 수도 있어. 그렇게 되면 집에 돌아올 꿈조차 못 꾸게 될 거야."

"너 같은 계집애가 도대체 거기서 어떻게 살아가겠다는 거냐?"

"괜한 생각 집어치우고, 다른 애들처럼 시집이나 가. 어제 괜찮은 총각 하나 보았는데, 니가 열심히 일하고 그 사람 비위를 잘 맞춰주기만 하면, 아마 그 총각도⋯⋯."

그렇게 제 뜻을 모르시겠어요? 바로 그런 것 때문에 미국에 가려는 거라구요! 저는 제 힘으로 뭔가 이루어보고 싶단 말예요! 남편에게 복종하면서 집안 살림만 할 수는 없어요. 이따위 차별은 받고 싶지 않아요. 견딜 수가 없어요. 왜 제가 늘 한 발 뒤로 물러나야 하는 거죠? 밥 짓는 일에서부터 청소며 빨래까지 제가 다 하잖아요. 오빠들, 남동생들은 뭐예요? 드러누워 불평만 늘어놓고 있잖아요. 그리고 특히 엄마,

엄마도 어렸을 때 할머니한테 차별 많이 받으셨죠. 그런데도 엄마는 왜 제게 똑같이 하세요? 엄마도 견디기 힘드셨을 텐데, 계속 딸을 차별하시는 이유가 뭐예요? 설마 제가 차별을 원한다고 생각하시지는 않겠지요. 저는 딸들도 아들 못지않게 귀하다는 걸 증명해 보이고 말겠어요. 그걸 증명하기 위해 성공해야 한다면, 어떻게든 성공하고야 말겠어요…….

그러나 내 결정에 대한 자신감이 점점 약해져 가는 것 같아 엄마나 친척들에 대해서는 더 이상 생각하지 않기로 했다.

비행기가 움직이기 시작하자, 승객들은 빠른 동작으로 안전벨트를 맸다. 잠시 동안 기내 방송이 흘러나왔다. 한두 마디 아는 단어들도 있었지만, 말의 어순이나 전체적인 뜻은 거의 알아들을 수가 없었다. 우선 다른 사람들을 따라 하고, 나중에 한국말을 하는 그 여승무원에게 내가 꼭 알아두어야 할 사항이 있는지 물어보기로 했다.

순식간에 비행기에 속도가 붙기 시작했다. 귀가 먹먹해지고 잔등이 의자에 달라붙는 것 같았다. 밖을 내다보니 벌써 땅이 멀어지고 있었다. 비행기는 어느새 공중을 날고 있었다. 손뼉을 치고 싶은 충동을 느꼈다. 이렇게 커다란 물체가 땅을 박차고 날아오른다는 것이 믿어지지 않았다. 문득 나는 미국에 도착하기 전에 배워둬야 할 게 엄청 많다는 것을 깨달았다.

이륙한 지 고작 40분이 지났는데 잠이 몰려왔다. 잠을 자고 나면 긴장이 좀 풀릴 거라는 생각에 좀 자두는 것도 나쁘지 않으리라 여기고 눈을 붙였다.

'기다려! 나도 같이 갈래…… 왜, 나는 가면 안 돼?!' 내 목소리는 아이들을 잔뜩 싣고 달리는 하얀 버스 뒤를 쫓고 있었다. 뒤 차창으로 내 친구 혜란이와 희숙이, 금선이가 웃으며 손을 흔들고 있었다.

'일은 안 하고 여기서 뭘 하고 있니? 정신 좀 차리고 어서 일이나 해! 그따위 아무짝에도 쓸데없는 소풍은 뭐 하러 가. 그런 소풍 따위에 쓸 돈이 어디 있다고.'

'왜요…… 왜요! 너무 불공평해요. 어떻게 이럴 수가 있어요!'

내 목소리는 어둠 속의 메아리가 되어 사라졌다.

어디로 가는지도 모르는 채 나는 무작정 걷고 있었다. 어디선가 엄마와 오빠가 나누는 대화가 들려왔다.

'좀 어떠냐? 너무 무리하지 마라. 건강에 해롭다. 자, 여기 약 가져왔다.'

'아, 엄마. 그런 쓸데없는 약 소용없어요. 귀찮아요.'

'헛소리하지 마라. 몸을 생각해야지. 어서 먹으렴.'

나는 오빠가 미웠고, 엄마에 대한 분노가 끓어올랐다.

'왜 나는 오빠처럼 생각 안 해주시는 거죠? 제가 그렇게 쓸데없는 앤가요? 제가 무슨 잘못을 했길래 이런 대우를 받아야 하는 거예요? 언젠가 보여드릴 기예요. 제가 더 낫다는 것을 꼭 보여드리고 말겠어요. 틀림없이 후회하실 거라구요……'

아무도 내 말을 듣지 못하는 것 같았다.

비행기가 툭 떨어지는 느낌에 잠에서 깨어났다. 오랜 시간 비행기를 몰아서 조종사가 팔이 아프기 때문일 거라고 생각했다. 가만히 앉아서 여행하는 나도 이렇게 피곤한데, 조종사야 어련하겠냐는 생각이 들었다. 밖을 내다보았다. 밤하늘은 캄캄할 따름이었다. 무슨 꿈을 꿨는지 잘 떠오르진 않았지만 그렇게 중요한 꿈은 아니었던 것 같았다.

갑자기 배에서 쪼로록 소리가 났다.

'아참! 깜빡하고 점심을 놓고 왔네!'

어제, 긴 여행을 위해 점심을 넉넉히 준비했었다. 열두 시간이 넘게 여행하려면 배가 무척 고프리라 생각했던 것이다. 그런데 너무 긴장한 나머지 그만, 두고 온 것이었다.

"실례합니다."

한국말을 할 줄 아는 그 여승무원이었다.

"곧 저녁 식사가 나오는데, 뭘로 하시겠어요?"

"아니, 저녁 식사도 나오나요?"

"물론이죠. 모르셨어요?"

"네, 전혀."

"메뉴는 쇠고기 구이, 닭고기튀김, 돼지고기……."

"그냥 알아서 주세요."

"네, 그러죠. 곧 갖다 드릴게요."

"고맙습니다."

집에서 준비한 도시락을 안 가져오길 잘했단 생각이 들었다. 정말 맛이 있었다. 별미였다. 워낙 가난한 집안에서 자란 나는 고기나 후식은 생각도 못했고, 더구나 양식은 구경조차 못해보았다. 잠시 동안이나마 상류사회 사람이 된 것 같은 기분이었다. 다 먹고 나서도 더 먹을 수 있었으면 하고 빈 그릇을 내려다보았다.

식사가 끝나자, 영화를 보여줬다. 제목은 '워킹 걸'이었다. 여승무원들이 1달러씩 받고 헤드폰을 나눠주고 있었다. 배우들의 말을 알아듣지 못할 게 뻔해서 나는 그냥 넘어가려고 했다. 그러나 미국 사람들이 모두 헤드폰을 받아드는 걸 보고 충동을 느꼈다. 그들을 따라 하고 싶었다. 영어를 알아듣는 척하고 싶었다. 결국 알아듣지도 못하는 영어를 위해 나는 헤드폰을 꽂고 있었다. 전후 맥락으로 보아 영화의 줄거리는 어느 정도 알 것 같았다. 회사 사장 자리에 앉게 된 여주인공의 용기가 놀라웠다. 미국에 가면 나도 여주인공처럼 내 뜻을 실현해야지 하는 망상에 잠기기도 했지만, 곧 현실로 돌아왔다. 하지만 그 영화는 나에게 쉬지 않고 노력하면 꿈을 성취할 수 있다는 암시와 격려를 주었다.

영화가 끝나자, 나는 다시 잠이 들었다…….

'으으으, 여긴 너무 추워.'

나는 빨랫감을 한 아름 들고 어느 강가에 서 있었다. 겨울이었다. 강물은 꽁꽁 얼어붙어 있었다. 뾰족한 돌로 깨보려 했지만 소용없었다. 손가락과 발가락의 감각이 없어질 정도로 추운데, 빨래는 점점 더 늘어나고 있었다. 하늘이 캄캄해지면서 늑대 우는 소리가 들렸다. 나는 빨랫감을 질질 끌며 집을 찾아 헤매고 있었다. 집으로 가는 길은 나타나지 않았다.

'다들 어디로 간 거야? 대체 여기가 어디지? 나 좀 살려주세요……'

고함을 치는데도, 내 목에서 나오는 소리는 모깃소리처럼 작았다.

그때 갑자기 어디선가 부드러운 목소리가 들려왔다.

'너는 혼자서도 충분히 해낼 수 있어. 너 자신을 믿어라.'

'누구세요? 무슨 뜻이죠?'

'네 마음속의 소리를 따르거라. 그러면 아무 걱정이 없을 것이다.'

'잠깐만요! 누구시죠?'

그러나 대답이 없었다. 그때 어디선가 밝은 빛이 나타났다. 온 천지
가 환해졌다. 마음이 가벼워지고 몸이 떠올라 높은 곳을 날고 있는 것
같았다.

'아니, 이것은 틀림없이……'

나는 얼굴을 창에 기댄 채 잠들어 있었다. 눈을 뜨자, 비행기 창문으
로 따뜻한 햇볕이 쏟아져 들어와 눈이 부셨다. 비행기 아래 푸른 바다
는 행복에 겨운 듯 반짝이고 있었다.

"곧 도착합니다. 안전벨트를 매주세요."

그 동양인 여승무원이 말했다.

"여기가 어디예요?"

"미국이죠."

그녀는 싱긋 웃었다.

'그렇구나. 여기가 바로 미국이구나. 여기서 내려다보기엔 참 평화

로워 보여…… 정말 오기를 잘했어.'

비행기는 천천히 하강했고…… 마침내 미국 땅에 사뿐히 내려앉았다.

기내 방송은 또 델타니, 고맙습니다니 뭐니 하며 연신 떠들어대고 있었다. 자기네 비행기를 이용해줘서 감사하며, 즐거운 여행이 되었기를 바란다는 말일 거라고 넘겨짚었다. 주섬주섬 짐을 챙겨서 출구를 향했다.

비행기에서 꾼 꿈이 떠올랐다. 문득 그 목소리는 다름 아닌 나 자신의 목소리였음을 깨달았다. 그 꿈을 생각하면서, 나는 또 하나의 꿈을 보았다. 올바르고 자유로운 세계를 향한 꿈. 나는 기회가 가득한 나라의 꿈을 보았다. 그리고 그 꿈이 내 눈앞에서 현실로 펼쳐지는 것을 보았다.

나는 미국을 보았다.

노트 : 미 육군 대위 서진규는 현재
하버드 대학 석사학위 과정에 있다.
그리고 나는, 내가 그런 엄마의 딸이라는 사실이
무척 자랑스럽다.

1991년 5월, 벨몬트 고등학교 9학년

재스민 성아 조

풍문여고 시절(육사 견학 후)

제1장

세상에,
희망 없이 산다는 일의
막막함을 무엇에
견줄 수 있겠는가

나는 깨달았다. 나의 삶은 아직 완성되지 않았지만,

나보다 어린 사람들, 나보다 힘든 삶을 살아가고 있는 이들에게

'가능성의 증거' 아니 '희망의 증거'가 될 수 있다는 사실을.

그랬다. 내가 꿈꾸어온 것은 그런 것이었다.

내가 성취하고 싶어 했던 것은 그것이었다.

나는 예전의 나처럼 절망하고 있는 이들에게, 희망을 저버리려는 이들에게,

희망 없이 사는 이들에게, 희망의 증거가 되고 싶었다.

선택의 시간은
쉬임 없이 온다

찰스강 변.

하버드에서도 내가 가장 좋아하는 곳이다. 봄이 되면 강변을 화려하게 수놓는 봄꽃들이 가슴을 벅차게 한다. 조정 선수들이 좁고 길쭉한 보트에 앉아 장난감 인형처럼 노를 젓고 있다. 단조로운 북소리가 들려온다. 강의 양켠에는 오랜 시간 한자리에서 하버드의 역사를 지켜본 건물들이 서 있다. 아침 햇빛을 받아 되살아나는 붉은 벽돌 건물은 경영대학이다. 그 옆으로 기숙사들. 이 강변에 서서 그 건물들과 흐르는 강물을 보고 있으면, 내가 이 오랜 역사의 일부처럼 느껴져 뿌듯해지곤 한다.

나는 그 건물 위에 솟아 있는 다양한 형태의 돔을 좋아한다. 그중에서도 내 딸 성아가 살던 기숙사 로웰하우스의 짙은 청색 돔이 가장 마음에 든다. 미군 보병을 상징하는 색깔이어서, 나는 군에 있을 때부터 짙은 청색을 선호해왔다. 성아가 하버드 대학에 입학한 이후부터는 성아의 체취가 남아 있는 건물의 돔 색깔이기도 해서 더욱 각별하다.

성아는 지금 모국을 배우기 위해 태평양 저쪽, 한국에 가 있다. 이 강변으로 나올 때, 혹은 아침운동이 끝나고 아파트로 돌아갈 때, 나는 로웰하우스 앞을 지난다. 낯익은 정원을 들여다보며 '성아야, 안녕'하고 혼잣말을 한다. 그럴 때면 성아가 '엄마, 잠깐만. 나도 같이 갈게'하며 뛰어나올 것만 같아 공연히 걸음이 느려진다.

나는 새벽을 즐긴다.

운동복 재킷의 지퍼를 올리며 문을 나서면, 5월의 제법 쌀쌀한 새벽바람이 나로 하여금 '살아 있는 인간'임을 느끼게 해준다. 까닭 모를 애틋한 그리움이, 막 잠에서 깨어난 내 가슴을 살짝 스치고 지나간다. 언제나처럼, 이 새벽의 설렘을 모른 척하면서도 짐짓 하나하나 확인하며 신새벽 거리로 힘찬 발길을 내딛는다.

어둡지도 밝지도 않은 이 새벽은 삶의 갈림길과 같다. 새벽 앞에서 우리는 떠나가는 밤에 대한 아쉬움을 느낄 수 있지만, 새로운 날에 대한 기대로 들뜰 수도 있다. 인간에게 주어진 선택의 시간은 날마다 쉼 없이 온다. 우리가 그 선택의 시간을 외면하지 않는 한, 우리는 그 선택을 통해 자유를 얻는다.

물이 반쯤 차 있는 컵.

나는 성아나 군대의 부하들, 그리고 하버드에서 가르치던 학생들에게 자주 이 비유를 든다. 사람은 자기 마음의 눈에 따라, 같은 현실이라도 전혀 다르게 받아들인다. 물이 반쯤 차 있는 컵을 두고 '겨우 반 잔밖에 안 남았네' 하며 안절부절못하는가 하면, '아직도 반 잔이나 남았네' 하며 다행스럽게 여기기도 한다. 물론 물이 반 잔이라는 사실에는 변화가 없다.

삶도 그렇다. 주어진 현실을 어떻게 보느냐에 따라 각자의 삶은 확연하게 달라진다. 삶은 행복한 것이라고 보는 사람은 행복해진다. 하지만 삶은 불행한 것이라고 보는 사람은 불행해지기 마련이다. 삶을 어떻게 보느냐, 어떤 삶을 선택할 것이냐 하는 문제는 대부분 개인 자신에게 달려 있다.

모두들 잠들어 있는 시각, 나는 헤드폰에서 울려 나오는 경쾌한 음악에 발맞추며 새벽 공기를 가른다. 언제나 새롭게 다가오는 하루를 맞이하는 이 순간이 나는 즐겁다. 이 순간만큼은 내가 영화의 주인공, 아니 영화를 연출하는 감독처럼 여겨진다.

아침 햇볕을 받아들이고 있는 찰스강. 따스한 햇볕이 부드럽게 등을 어루만지며 나를 감싼다. 이 글을 쓰기 위해, 내가 불러온 고통스러운 추억들을 달래기라도 하려는 듯이.

조금 전까지 나는 이 글을 쓰다가 책상에 엎드려 한참을 흐느껴 울었다. 한바탕의 조깅으로 다시 활기를 되찾은 나는 늘 그래왔듯이 나 자신과 내화를 나눈다.

'이젠 좀 기분이 좋아졌지? 그래, 돌이켜보면 참 고통스러운 일이

많았어. 그래도 그것이 모두 성취의 밑거름이 되었잖아?'

'사실 그래. 힘든 과거가 있었기 때문에 오늘의 보람이 있는 거야. 내 어려웠던 과거를 부러워하는 딸 성아를 봐.'

'계기가 어떻든, 가끔 지난날을 돌아보는 것은 좋은 일이야. 그 일들이 모두 지나간 일들이라는 게 얼마나 다행스러운지 몰라.'

'지난날 내가 겪은 어려움보다 더 힘든 어려움을 겪고 있는 사람들을 이해할 줄 아는 마음도 생겼잖아. 그 사람들을 도와줄 수 있다는 것에 고마워하고……'

5월 아침, 신록의 잎사귀들이 산들바람에 흔들리고, 신록 사이로 숨바꼭질하듯 하버드 교정의 교회 첨탑이 보인다. 하버드 학생들이 역사의 흐름을 놓칠까 봐 시간마다 종을 쳐주는 그 하얀 첨탑 너머로 새털구름이 걸려 있다. 나는 최소한 하루에 한 번 이상 이 교정을 지나가는데, 그때마다 처음 이곳에 왔을 때의 흥분과 두려움을 되새기곤 한다.

봄학기를 마감하고 여름방학을 맞고 있는 하버드의 교정은 들떠 있다. 힘들게 한 학기를 마쳤다는 학생들의 안도감과 고향으로 돌아간다는 즐거움이 뒤섞여 있다. 방학 동안 헤어지는 것이 아쉬워 잔디밭에서 장난을 치는 아들뻘 되는 젊은 학생들, 나는 그들을 흐뭇한 미소로 바라보며 아파트로 돌아간다. 내 발걸음도 그들처럼 가볍다.

나도 짐을 꾸려야 한다. 귀향하는 젊은 학생들처럼, 나도 내일 하버드를 떠나 언니네와 오빠네가 있는 노스캐롤라이나로 간다. 그리고

6월 하순엔 정말로 귀향한다. 올여름은, 어머니와 성아가 있는 한국에서 지내기로 했다. 지금은 박사학위 논문 연구에만 집중해야 하는데, 나이 어린 친구들의 분위기에 휩쓸려 공연히 들뜬 마음이 되는 걸 보면 나는 아직도 어리다. 그렇게 어린 마음으로 사는 내가 좋다. 아들딸뻘 되는 학생들과 어울리다가 문득 거울을 대할 때마다 나는 피식 실소를 머금는다. 거울에 비친, 어쩔 수 없이 늙은 중년 여인, 그제야 비로소 내 나이를 실감하는 것이다.

늦은 밤, 잠자리에 누워 지난 1년을 돌이켜보았다. 참으로 믿기 어려운 일들이 잇달아 찾아왔던 시간들……. 하버드 한국학연구소의 뉴스레터 인터뷰로 지난해 봄학기가 시작된 이래, 우리 모녀의 이야기가 여러 신문과 잡지에 소개되었다. 비록 잠깐이었지만 생전 처음으로 내 얼굴이 한국의 텔레비전에도 나왔다. 11월 6일엔 내가 제일 걱정하던 제너럴 이그잼(박사 과정 1차 시험)도 무사히 통과했다. 이 일련의 기쁜 일들을 자축하기 위해, 초등학교 친구가 살고 있는 오스트리아에도 다녀왔다. 내 쉰 번째 생일을 친구와 함께 빈에서 보낸 것이다.

성아는 지난해 9월, 한국으로 건너갔다. 1년 동안 이화여대 교환학생으로 한국에 머물게 된 것이다. 성아는 우연한 기회에 제 아빠도 만났다 한다. 1982년 헤어질 때까지도 나를 친엄마로 알고 따르던 성희(가명. 성아의 배다른 언니. 성아보다 다섯 살 위다)와 전화로나마 그동안의 회포를 풀 수 있었다. 그사이 어느덧 16년의 세월이 흐른 것이다!

그리고 올해 초. 16년 세월 동안 가슴에 묻어두었던 내 아들 성욱이를 만났다. 내 가슴에 묻었던 아들 성욱이는 건장한 청년이 되었지만, 아직도 내게는 네 살짜리 어린애 그대로다. 청년 성욱이는 솔직히 낯설었다. 하지만 건강하게 성장한 아들의 모습 앞에서, 나는 가슴이 뿌듯했고 그만큼 목이 메었다.

아버지 말씀대로 내 집터가 좋았기 때문일까. 1987년이었던가. 아버지는 노스캐롤라이나에 있는 내 집을 둘러보시곤 이렇게 말씀하셨다.

"집 주변에 있는 언덕 등성이가 마치 용이 날아오르기 전의 형국이구나. 용이 승천하기 전에 집안 식구들을 보호하려고 주리를 틀고 앉아 있는 것같이 보인다. 아주 좋은 집자리다. 염려 마라. 식구들이 모두 다 잘될 끼다."

어머니는 아버지와 함께 내 집에 머무르시며 울긋불긋한 꽃나무로 집 주위를 꾸미고, 꽃밭 옆에는 고추, 깻잎, 호박 등속을 촘촘하게 심어놓고 얼마나 자랑을 하시던지. 가슴 저린 그리운 추억이 언제나 나를 기다리고 있는 노스캐롤라이나의 내 집. 나는 그 집에서 지난 1월 성아가 데리고 온 성욱이를 맞았다. 그 집에서, 우리는 또 하나의 아름답고 행복한 추억을 만들었다.

학교 일 때문에 몹시 바쁜 성욱이를 캘리포니아의 샌타바버라로 떠나보낸 뒤, 성아와 나는 신바람나는 계획을 짰다. 성아와 함께 유럽 여행을 떠나기로 한 것이다. ROTC인 성아는 졸업하면 즉시 미 육군 장교로 임관하기 때문에 졸업 이후 한동안은 서로 만날 기회가 없을 것 같았다. 그래서 졸업 선물을 미리 하려 했던 것이다. 성아 역시 대찬성이었다. 성아가 여행 일정을 짜고 예약까지 도맡는 바람에, 나는 그냥 대견해하기만 하면 되었다. 우리는 프랑스와 이탈리아, 체코를 거쳐 하버드로 돌아왔다. 하버드에서는 예상치도 못한 행운이 나를 기다리고 있었다.

〈KBS 일요스페셜〉의 배대준 PD로부터 놀라운 제안이 왔다. 나와 딸의 삶을 주제로 다큐멘터리를 만들고 싶다는 것이었다. 나는 습관처럼 이게 꿈인가 생시인가 물었다. 〈일요스페셜〉의 취재는 급속도로 진행되었다. 난생처음 카메라 앞에서 주인공이 되어, PD, 촬영감독, 성아와 함께 내 삶의 흔적들이 깃들어 있는 미국의 이곳저곳을 돌아다녔다. 하지만 걱정이 없지 않았다. 한국의 시청자들이 과연 내 삶에 관심을 가질 수 있을까. 내가 겪은 삶이란 게 누구나 다 살고 있는 평범한 이야기가 아닐까. 그리고 5월 9일 일요일 저녁, 내 '희망의 증거'들이 한국의 시청자들을 찾아갔다.

대성공이라는 소식이었다. 많은 시청자들이 그 프로그램을 보고 자신들의 생을 다시 돌아보게 되었다고 했다. 많은 사람들이 우리의 삶을 보며 용기와 희망을 얻었다고 했다. 희망의 힘과 가능성, 그리고 자신감을 얻었다고 했다. 내가 오래도록 꿈꾸어온 소망이 이루어진 것 같았다.

'어떻게 이런 축복이 내게…… 나는 아직 배우는 학생인데, 너무 젊은데…….'

그러나 나는 깨달았다. 나의 삶은 아직 완성되지 않았지만, 나보다 어린 사람들, 나보다 힘든 삶을 살아가고 있는 이들에게 '가능성의 증거' 아니 '희망의 증거'가 될 수 있다는 사실을.

그랬다. 내가 꿈꾸어온 것은 그런 것이었다. 내가 성취하고 싶어 했던 것은 그것이었다.

나는 예전의 나처럼 절망하고 있는 이들에게, 희망을 저버리려는 이들에게, 희망 없이 사는 이들에게, 희망의 증거가 되고 싶었다.

이런 씰데없는 가시나 하나 낳을라꼬

나는 1948년 경상남도의 작은 어촌, 월내月內에서 태어났다.

내 고향 이름이 '원래'와 발음이 같아 웃지 못할 오해가 자주 생기곤 한다. 누가 고향이 어디냐고 물을 때 내가 "월내예요"라고 대답하면 내가 농담을 했다고 생각했는지 허허 웃고는 "아니, 진짜로 어디세요?"라며 재차 묻곤 한다.

언젠가 한 월간지에 내 이야기를 써서 보낸 적이 있는데, '내가 태어난 곳은…… 작은 어촌, 월내. 비록 가난한 엿장수의……'라고 쓴 것을, '내가 태어난 곳은…… 작은 어촌. 원래 가난한 엿장수의……'라고 편집자가 친절하게 고쳐서 활자화된 일도 있었다.

좀 멍청한 데다가 기억력도 나쁜 편인 나와 달리, 언니는 유난히 기억력이 좋았다. 언니가 나와 동생들에게 우리가 살았던 집이며 동네에 대해 들려주곤 해서 겨우 고향을 떠올릴 수 있을 따름이다. 내가 기억하고 있는 고향은 거의 없다. 언니의 기억에다 오빠와 친척 어른들의 이야기를 모아 짜깁기한 것이 나의 고향이다.

우리나라가 일본으로부터 해방된 지 3년.

부산에서 자동차로 30분 거리에 있는 조그만 어촌은 마치 세상으로부터 잊혀진 듯한 마을이었다. 몇 채 안 되는 초가집들이 여기저기 흩어져 따뜻한 햇살과 부드러운 해풍을 받으며 졸고 있는 평화로운 마을. 가난한 엿장수가 가장이었던 우리 집은, 다 쓰러져가는 초가집이었지만 시야가 툭 트인 언덕 위에 자리 잡고 있었다. 문을 열면, 넓고 푸른 바다가 한눈에 들어왔다. 집 주위로는 숲이 우거져 있었다. 잊을 만하면 들려오는, 숲 뒤의 철길 위를 달리는 기차 소리가 마을의 정적을 깨뜨리는 유일한 소음이었다.

몇 년 전, 언니와 함께 40여 년 만에 찾아간 고향에는 그 옛날이 없었다. 주위에 고리 원자력발전소가 들어서서 고향 일대가 몰라보게 달라졌고, 겨우 찾은 우리 집은 지붕이 양철로 바뀌어 있었다. 무성했던 숲은 사라지고, 그 자리에는 집들이 빼곡히 들어차 있었다.

나는 그곳 월내에서 엿장수의 둘째 딸로 태어났다.

당시 대부분의 부모님들이 그러했듯이, 우리 부모님도 학교라고는 문 앞에도 가본 적이 없었다. 가난과 싸우는 것이 삶의 전부였다. 특히 아버지는 일제의 징용에 끌려가 일본 탄광에서 일했고, 쿠릴 열도(러시아 연방 극동 사할린 주에 속하는 열도)에서 군용 비행장을 건설하다가 몇 번이나 죽을 고비를 넘겼다.

아버지의 생은 기구했다. 운명의 아이러니라고나 할까. 1945년 8월 15일, 일본 천황이 항복을 선언하던 그 시각, 일본 히로시마 변두리의 한 셋방에서는 또 하나의 작은 경사가 있었다. 어머니는 일본 천황의 항복 방송을 들으며 첫아들을 낳았다. 일본인 산파는 연신 눈물을 닦으며, 첫아이를 출산하는 어머니를 도왔다. 온 동네 한국인들의 축복을 받으며 아버지는 새 생명을 맞이했다. 아버지는 종전終戰의 기쁨과 함께 첫아들을 얻은 것이다. 이웃에 사는 동포들은 마을 뒤에 흐르는 맑은 개천에서 얼굴과 손을 깨끗이 씻고 갖가지 선물을 가져왔다. 오빠의 삼신상(삼신제 때 삼신할머니에게 올리는 상. 제물은 대개 밥과 미역국, 지역에 따라서는 깨끗한 물 한 그릇을 떠 놓기도 한다. 제를 주관하는 사람은 아기의 할머니인 시어머니가 된다)은 가득 찼다. 마을 사람들은 첫아들이 틀림없이 대한의 커다란 인물이 될 것이라며 삼신할머니께 축복을 기원했다.

조국이 해방되었지만, 부모님은 귀국하지 않고 일본에 정착해보기로 했다. 지난 4년간 고생하면서 일본 생활에 어느 정도 적응한 자신감도 있었다. 막상 고향으로 돌아가봐야 기댈 언덕도 없었던 터였다. 그러나 일본인들이 그냥 둘 리 없었다. 패망의 좌절감을 해소할 방도를 찾고 있던 몇몇 일본 지도자들은 재일 한국인들을 목표로 삼았다. 부화뇌동한 많은 일본인들이 여기저기서 한국인들을 공격하기 시작했다. 연일 공포에 떨다 못한 아버지는 귀국을 결심했다.

허약한 산모와 갓 태어난 아기, 그리고 천방지축인 여섯 살짜리 딸. 급하게 세간 몇 가지를 꾸려 짊어진 아버지는, 어린 딸에게도 보따리를 이게 하고 밀항선에 올랐다. 부산까지 13일이 걸렸다. 풍랑을 만나 몇 번이나 몰살을 당할 뻔했다. 사선을 넘어 되돌아온 조국. 거의 폐허였지만 감개가 무량했다.

그러나 고국은 동포를 환영하지 않았다. 발 디딜 틈이 없는 부산역 한 귀퉁이에서 새우잠을 자며 고국의 첫 밤을 보낸 가족들은 아침 일찍 임포행 기차를 기다렸다. 아버지는 기차에 오른 뒤에야 윗도리에 그어진 날카로운 칼자국을 발견했다. 급히 안주머니를 뒤졌다. 설마……. 그러나 아버지의 바람은 여지없이 짓밟혔다. 몇 푼 안 되는 돈이었지만 일본에서 피땀 흘려 모았던 전 재산을 털린 것이었다. 통곡하는 아내와 영문도 모르고 울어 젖히는 딸아이와 갓난아기를 달래며, 아버지는 고향으로 향했다.

아버지의 시련은 거기에서 그치지 않았다. 1946년의 대구 폭동. 동네에서 제일 똑똑한 청년으로 알려졌던 작은아버지가 그 마을의 폭동 주모자로 몰려 피신하자, 경찰이 아버지를 대신 잡아갔다. 아버지는 허리를 못 쓰게 될 정도로 며칠 동안 고문을 당한 뒤 겨우 풀려났다. 똥물을 끓여 마셔가며 몸을 추스른 아버지는 가족을 데리고 외가가 있는 경주로 이사했다. 그때부터 아버지는 엿장사를 하며 이곳저곳을 다니다가 월내를 걸음하게 되었고, 내가 태어나기 1년 전에 월내로 터전을 옮겼다.

아버지는 조그만 엿 공장을 차렸다. 일꾼도 몇 명 두었다. 어머니는 밥시중과 엿 고는 일로 눈코 뜰 새가 없었고, 늘 병치레를 하던 세 살배기 오빠는 다섯 살 위인 언니가 돌보아야 했다. 그런 와중에 들어선

세 번째 아이는 반갑기보다는 짐덩어리였다. 엎친 데 덮친다고 했던 가. 내가 태어나기 전 몇 달 동안 어머니는 몸져누우셨다. 보다 못한 친할머니가 바쁜 농사일을 제쳐두고 달려와 집안일을 도우셨다.

"이까짓 쓸데없는 가시나 날라고, 그렇게 온 식구를 떼거지로 고생시켰나!"

내가 세상에 태어나면서 들은 첫마디였다. 친할머니가 나를 받아주셨는데, 고추가 달려 있지 않자 할머니가 화를 내며 뱉으신 말씀이었다고 한다.

할머니는 내 입과 코에 범벅이 된 피와 양수만 대충 닦아주곤, 낡은 포대기에 싸서 윗목으로 쓱 밀쳐놓았다. 할머니는 내 삼신상 앞에서도, 당시 우리 집에서 사관학교 입시를 준비하던 삼촌을 위해 밤낮으로 비셨다 한다.

나는 어머니 뱃속에 있을 때와는 달리, 아주 순해터져서 키우는 데는 전혀 힘이 들지 않았다. 엿 고는 일로 너무 바쁜 어머니는 젖만 먹여놓고는 그뿐이었다. 나머지는 그때 아홉 살 난 언니가 도맡았다. 언니가 학교에 가거나 심부름 갔을 땐, 이웃집 장님 할머니가 날 보아주셨다. 아장아장 걷게 되면서부터 나는 혼자서 여기저기를 돌아다니며 놀았다. 일에 파묻혀 있던 어머니가 젖이 돌아 퍼뜩 정신을 차려 아이를 찾다 보면, 나는 돼지우리 앞이나 변소 앞에서 혼자 잠들어 있곤 했다.

"그때만 해도 시골 변소가 얼마나 깊은지 툭하면 조그만 알라(아이)들이 빠져 죽었는데, 니는 빠지지 않고 살아남은 기 참 신기하다 카이."

언니가 그때 이야기를 들려줄 때마다 덧붙이는 말이다.

월내에서 나는 죽을 고비를 세 번이나 넘겼다. 한 번은 병으로, 두 번은 물에 빠져서.

내가 두 살 되던 여름날 오후, 언니는 나를 업고 다섯 살 된 오빠의 손을 잡고 마을 친구들과 함께 시냇가로 미역을 감으러 갔다. 말이 시 내지, 월내 앞바다로 흘러드는 넓은 강이었다. 언니는 시냇가 자갈밭에 나를 내려놓고 오빠에게 잘 보라고 당부한 다음, 친구들과 수심이 깊은 쪽으로 자맥질하러 갔다. 친구들과 한참 물놀이에 빠져 있던 언 니는, 다급한 동생의 목소리를 들었다.

"누부(누이)야! 진술이(호적에는 '진규'로 올라 있지만, 친할머니의 진갑에 태 어났다고 해서, 집에서는 진술이라고 불렀다) 떠내리간다!"

언니는 순간 넋이 나갔다.

"그 넓은 강을 우예 건너갔는지…… 우쨌든 가리키는 쪽을 보이, 진 짜로 니가 바다 쪽으로 동동 떠내리가는 기라. 친구들이 죽을 똥을 싸 매 쫓아가 계우 건지노이, 니는 껌벅 죽어 있는 기라. 물을 너무 마이 묵어 갖고 올채이매로(처럼) 배만 뽈록한 기라. 내가 '우야꼬—' 하고 울어대노이 한 아가(아이가) 알라로(아이를) 엎어놓고 물로 빼보라 카는 기라. 한참 그랬디(그랬더니) 쪼매 있다 참말로 니가 캑캑 카고 물로 올 리디(게워내더니) 빼— 하고 우는 기라. 그때 니 죽어뿌시문 우얄 뿐했 노—. 참말로 시껍했데이."

월내 바다는 1년 후 나를 또 한 번 삼키려 했다.

우리 집에 다니러 오셨던 친할머니가 나와 오빠를 데리고 바닷가로 미역을 따러 가셨다. 할머니는 나와 오빠를 판판한 바위 위에 올려놓고, 근처에서 미역을 뜯었다. 물론 오빠에게 나를 잘 보라고 신신당부하신 다음이었다. 그런데 얼마나 지났을까.

"할매! 진술이 없다!"

손자의 자지러지는 고함 소리에, 할머니는 얼른 고개를 쳐들었다. 손녀가 보이지 않았다. 가슴이 철렁했다. 어른 허리까지 차는 물이었다. 세 살짜리 아이가 혼자 걸어나갔을 리는 없었다.

"할매! 저기 있다!"

바라보니, 파도에 휩쓸리는 조그만 물체가 있었다. 허겁지겁 그쪽으로 달려갔지만, 노인네의 몸은 마음처럼 빨리 움직여주지 않았다.

"아이고, 사람 좀 살리주소!"

할머니의 비명에, 마침 해변가에서 쉬고 있던 청년이 달려와 나를 건져놓았다.

할머니는 며느리를 볼 면목이 없었던지, 가까운 친척 집에서 발을 동동 구르며 밤이 이슥해지도록 어찌할 바를 몰라했다. 여기저기 우리를 찾아나섰던 어머니가 늦게야 소식을 전해 듣고 친척 집으로 달려왔다. 그때 할머니는 진저리를 치며 어머니에게 말했다.

"마일 빠지 죽어뿟다 카모, 내 아무 말도 안 하고 이대로 내빼뿔라 캤다."

그때였는지 분명하진 않지만, 내게도 어렴풋이 떠오르는 기억이 있다.

나는 오빠와 단둘이서 잔잔한 파도가 장난치듯 부딪치는 바위 위에 앉아 있었다. 맑고 따뜻한 날씨였다. 바위 아래서 찰랑거리는 파도가 신기했다. 훤히 들여다보이는 바닷물 속에서 미역이 손에 잡힐 듯 나불댔다. 그 사이를 숨바꼭질하듯 작은 물고기들이 돌아다녔다.

오빠는 넓은 바다를 바라보며 넋을 잃고 있었다. 원대한 꿈을 꾸고 있었던 것일까? '사나이 큰 뜻'을 알 리 없었던 어린 가시나는 눈에 보이는 모든 것이 신기해 쉬지 않고 재잘거렸던 것 같다.

"오빠야, 니 여기 띠(뛰어)들어갈 줄 아나? 하나도 안 깊으데이. 내 키도 안 될 끼다. 참말이데이. 내가 보이주까? 바아라. 하나도 안 무섭데이."

나는 어릴 때부터 내 주장을 증명해 보이지 않고는 못 배기는 억센 성격이었던 모양이다. 어린 철부지는 겁도 없이 풍덩, 물로 뛰어들었다.

장면은 생생한데, 거기에 어떻게 갔는지, 또 그 후에 어떻게 되었는지는 전혀 생각나지 않는다. 어쩌면 내가 다 큰 뒤에 꾼 꿈의 한 토막이었는지도 모른다.

월내. 내 생명의 발상지. 그리고 수차례 나를 거두어가려고 했던 곳. 그곳에서 우리 가족은 6·25를 맞았고 아버지는 전선으로 부역을 나가셨다. 그때 열 살 안팎이었던 언니는 우리 집 뒤 숲에서 경찰과 빨치산들이 총격전을 벌이는 것을 몇 차례 보았다고 한다. 전쟁이 터지기 직전에는, 사관학교를 졸업하고 소위로 임관한 삼촌이 소대를 이끌고 이동하던 중 우리 집에서 하룻밤을 묵고 갔다는 이야기도 들려주었다.

"하룻저녁은 좀 껌껌할 때 펑거이(해방둥이 오빠 '펑건'인데, 경상도 발음으로 '펑거이'라고 불렀다) 델꼬(데리고) 마실 갔다 오는데 웬 군인 찌뿌하고 큰 도라꾸(트럭) 몇 대가 우리 집 쪽으로 가는 기라. 깜짝 놀래가꼬 펑거이 손을 꽉 잡고 길 한쪽 옆으로 비키섰는데, 찌뿌 한 대가 우리 앞에 떡 서는 기라. 겁이 덜컥 나데. 그라디(그러더니) 우얀 군인 아자씨가 내리디만 펑거이를 번쩍 안는 거 아이가. 깜짝 놀래가 가마 보이 삼촌 아이가. 그래서 내가 '삼촌!' 했디. 삼촌은 '어, 잘 있었나' 하고는 펑거이만 안고 찌뿌차 타고 마 우리 집으로 가뿌는 거 아이가. 나는 타라 소리도 안 하고."

　　전쟁이 한창일 때는 피난민들이 남으로 남으로 몰렸다. 부산이 가까운 월내에도 수많은 피난민들이 거쳐갔다. 시골 아이들에게는 피난민 행렬이 신기한 구경거리였다. 언니는 오빠와 나를 데리고 자주 역전까지 나갔다. 기차 지붕에까지 올라가 있는 피난민들을 보기 위해서였다.

　　그러던 어느 날 밤, 역전에 나갔다가 부역에서 돌아오던 아버지를 만났다. 그 기억은 유독 생생하다. 나를 유난히도 예뻐했던 아버지는 나를 번쩍 안아 올려 내 뺨에 뽀뽀를 해주었다. 꺼끌꺼끌하기만 하던 아버지의 수염이 지금도 생각난다. 그때 아버지가 쥐여주었던 초콜릿, 그것이 내가 처음 만난 미국이었다. 나에게 미국에 대한 동경이 있었다면, 혀에 살살 녹던 그 초콜릿 맛에서 시작되었다 해도 틀린 말이 아닐 것이다.

아버지는 전선에서 미군들 머리를 깎아주고 남는 시간에는 잡역부로 일했다. 아버지는 그때 배운 실력을 집에 와서 과시했는데, 그때마다 나는 미군들이 참을성이 꽤나 많은가 보다고 생각했다. 아버지가 가위로 내 머리를 자를 때면, 어김없이 내 귀나 목에 상처 자국을 남겼기 때문이었다. 다른 때는 다 좋았는데, 머리를 깎아준답시고 가위를 들고 나서면 아버지에게서 도망치고 싶었다.

아버지가 부역을 나간 사이, 엿 공장을 도맡다시피 한 어머니는 무리를 했는지 늑막염에 걸리고 말았다. 어머니는 갓난아기였던 남동생 규호를 열두 살이 된 언니에게 맡기고, 부산에 있는 병원에 다녔다. 아버지가 집으로 돌아온 후에도, 어머니의 통원 치료는 몇 년간 계속되어 번거로웠다. 결국 내가 여섯 살 때, 온 식구가 부산으로 이사했던 것은 그 이유였다.

아버지는 외가 친척의 주선으로 철도청에 이발사로 들어갔다. 월급은 그야말로 쥐꼬리였다. 여섯 식구 입에 풀칠하기도 어려웠다. 게다가 그 알량한 월급봉투조차 제대로 들어오지 않을 때가 있었다. 평소 화투를 좋아하던 아버지는 자주 노름판을 기웃거리다가 월급을 몽땅 잃고는 했다. 보다 못한 어머니가 생활전선에 나섰다. 길가에 조그만 구멍가게를 차린 것이다. 얼마 후에는 이웃 아주머니의 주선으로 양키 물건 장사를 시작했다. 언니가 다시 집안 살림을 도맡게 되었다.

"니는 초등학교 1, 2학년 때는 참말로 멍텅구리였데이. 지 이름도 못 쓰고 공부는 맨날 꼴찌에서 뱅뱅 돌고…… 참 신기했던 거는, 지 이름도 못 쓰는 기 국어책을 줄줄 읽는 기라. 그래서 글자를 가리키매 '이기 무슨 자고?' 하이 모른다 아이가. 나중에 알고 보이 외우는 거는 잘해서, 펑거이 읽는 거 보고 딸딸 애아(외워)뿌린 기라."

초등학교에 다녔는데도 어렴풋하기만 한 부산 시절을 언니가 가끔 돌이켜주었다.

"그라고 오전반 오후반도 잘 몰라 가꼬, 학교 갔다가는 몇 부(번)이나 햇탕치고 와서 뚜디리 맞고…… 엄마도 '저래 가꼬 쟈는 나중에 우째 살지 참말로 걱정이데이' 했는데……."

그때 나는 한심할 정도로 멍텅구리였다.

나는 오빠와 함께 서면에 있는 성지초등학교에 다녔는데, 걸어서 30분쯤 걸렸다. 학교 바로 옆에 미군 부대가 있었다. 학생 수에 비해 교실이 부족해서 2부제를 시행했는데, 수시로 바뀌던 오전반 오후반을 기억하는 일이 내게는 무척이나 힘들었다. 오전반인데 점심시간이 지나 등교했다가 터덜거리며 돌아온 적도 많았다. 반대로 오후반인데 아침에 갔다가 되돌아온 적도 한두 번이 아니었다. 그러고 보면 교실에는 많이 들어가지 못했지만, 남들보다 학교는 훨씬 더 많이 다닌 셈이다.

내가 초등학교 4학년이 되던 해, 당시 아버지는 철도청의 말단 공무원으로 충북 제천에서 근무하고 있었다. 보일러와 유류 관리를 담당했는데, 월급봉투는 여전히 얇기만 했다. 제천에 홀로 떨어져 있던 아버지의 노름벽은 극에 달했다. 급기야는 어머니가 양키 물건 장사로 가슴 졸이며 모은 돈으로 장만한 부산의 집까지 날릴 지경에 이르렀다. 우리 식구는 부랴부랴 이삿짐을 챙겨 부산을 떠나 제천으로 향했다. 달리는 기차 안에서 어머니도 울었고 언니도 울었다. 왜 우는지 영문을 몰랐지만, 나도 울어야 할 것 같아 덩달아 엉엉 울었다.

초등학교 4학년, 열한 살짜리 여자아이가 제천에서 처음 받은 문화 충격은 사투리, 즉 언어였다. 주변 사람들과 전혀 다른 사투리를 쓴다는 것은 '문화 충돌'이었다. 당시에는 대부분의 집들에 수도가 없었다. 마을 한가운데에 있는 공동 수도에 가서 물을 길어와야 했다. 이사한 첫날 저녁, 어머니와 언니는 집을 정리했고, 초등학교 6학년이던 오빠와 내가 물당번이었다. 오빠와 나는 양동이를 양손에 하나씩 들고 공동 수도로 갔다. 동네 사람들이 물을 받기 위해 줄을 서서 이야기꽃을 피우고 있었다. 우리도 엉거주춤 줄을 섰다. 얼마나 기다렸을까. 우리 차례가 되었다. 내가 양동이를 수도꼭지 밑에 놓자, 오빠가 수도꼭지를 틀며 말했다.

"행가라! 행가라!"

하지만 수도의 물살이 너무 세어서 헹굴 수가 없었다. 나는 오빠에게 다급하게 말했다.

"장가라! 장가라!"

순간 주위가 왁자해졌다. 사람들이 배꼽을 쥐며 웃어대고 있었다. 어떤 사람들은 웃음을 참지 못하겠는지 서로 마구 때려가며 웃었다.

오빠와 나는 어리둥절할 수밖에. 우스워 죽겠다는 사람들을 물끄러

미 쳐다보다가 우리는 서로를 바라보며 고개를 갸우뚱했다.

한참을 웃고 난 아주머니들이 겨우 웃음을 그치며 물었다.

"야들아, 그게 뭔 소리여? 머 행가라 하고, 또 머라 그랬지?"

그러고는 또 떠나갈 듯이 웃음을 터뜨리는 것이었다.

창피해서 죽고 싶었다. 우리는 입을 꾹 다물고 물을 받았다. 물이 다 차지도 않은 양동이를 빼 들고 누가 쫓아오기라도 하듯이 급히 걸었다.

사람들이 보이지 않는 풀밭 길에까지 이르자, 숨이 찼다. 나는 양동이를 내려놓으며 씩씩댔다.

"오빠야 따문에 참말로 부끄럽어 죽을 뿐했데이."

"아이고 지는? 나는 니 따문에 더 챙피했구마는……."

"오빠야가 물만 빨리 장갔으문 내가 암말도 안 해도 됐다 아이가. 암말도 하지 말고 물만 장구믄 돼썰 낀데 게이(괜히) '행가라! 행가라!' 해가꼬……."

마음씨가 착하기만 했던 오빠는 말씨름을 해봐야 득 될 게 없다 싶었는지, 집에 올 때까지 아무런 대꾸도 없었다.

제천 우리 집은 삼거리에 있었는데, 길 쪽으로 난 작은 가게를 술집으로 세주고 있었다. 술집은 늘 주정뱅이들로 시끌벅적해서 처음에는 신기해 보이기까지 했다. 그러나 얼마 안 가 호기심은 깨끗이 사라졌다. 서로 잘난 척하며 떠들어대는 주정뱅이들은 꼴도 보기 싫었다. 그들 틈에서 시시덕거리는 술집 아주머니도 천해 보였다. 나중에는 다른 사람들이 혹시 내가 그 술집 딸이라고 오해라도 할까 봐, 우리 대문도 마음대로 드나들지 못했다. 다른 사람들 눈에 띄는 것이 두려워,

주위를 두리번거리다가 아무도 없을 때만 집으로 들어가곤 했다.

그러나 술집 딸로 오해받을까 봐 그토록 애면글면하던 내가 바로 그 술집 딸이 되고 말았다. 내가 동명초등학교 5학년 때, 세주었던 술집을 어머니가 인수해서 직접 꾸려가기 시작했던 것이다. 가만히 앉아 있다간 여섯 식구가 다 굶어 죽게 될 판이었다.

월내에서 초등학교를 마치고 집에서 살림을 하던 언니가 어머니 뒷바라지를 맡았다. 집안 청소는 내 몫이 되었다. 워낙에 게을러터졌던 나는 어떻게 해서든 빠져나갈 궁리만 했다. 그리고 언니와 나보다 힘센 오빠와 남동생은 오히려 집안일에서 제외시키는 것이 너무 못마땅했다. 내가 언니한테 불공평하다고 항의하자, 언니는 내 머리를 쿡 쥐어박으며 버럭 고함을 질렀다.

"그것도 모리나! 니는 가시나 아이가!"

나는 정말 매를 맞을까봐 겁이 나면서도, '가시나가 우째서. 머시마는 가시나보다 머가 더 잘났는데!'라며 속으로 꿍얼거렸다.

남녀 차별에 대한 반항심은 그렇게 눈뜨기 시작했다. 이전에는 그러려니 하고 넘어갔던 일들에도 부조리가 있다는 것을 깨닫기 시작했다. 어머니나 주위의 많은 사람들이 크건 작건 의식도 하지 못한 채 얼마나 차별을 하고 있는지 보이기 시작했다.

어머니는 딸들을 무척이나 차별했다. "가시나는 다 썰데없다" "가시나가 어데 선방지구로" "집안일은 가시나가 하는 기라"…… 귀에 딱지가 앉도록 들은 말들. 똑같이 학교를 다녔지만, 가시나는 집에 오면 집안일을 도맡아 해야 했고, 사내아이들은 공부를 하든지 나가 놀든지 제 세상이었다. 먹는 것까지도 차별했다. 항상 보리밥 차지였던 나는 쌀밥을 한번 실컷 먹어보는 것이 소원이라면 소원이었다.

매 들기를 물 마시듯 하던 어머니의 불같은 성격이 무서워서 입 밖으로는 아무 말도 못했지만, 차별을 당하면 당할수록 마음속으로는 결심이 굳어갔다.

'여자도 남자들 못지않게 성공할 수 있다는 것을 꼭 증명해 보이리라!'

그 약속을 지키기 위해, 내가 할 수 있는 것은 공부밖에 없다는 생각이 들었다. 틈이 날 때마다 책을 붙잡았다. 성적이 조금씩 오르기 시작했다. 성적은 내가 술집 딸이라는 데에서 오는 열등감을 감싸주는 데도 적지 않은 힘이 되었다.

나는 어머니와 주위 사람들에게 인정받으려 애쓰는 아이였다. 그렇게 하면 가시나도 쓸모가 있음을 사람들에게 보여줄 수 있지 않을까 하는 작은 바람에서였다.

이른 봄날, 어느 일요일 아침이었다. 우리 집에 세 들어 살던 연탄장수 아주머니가 산에 나무를 하러 간다며 나섰다. 그 소리를 들은 어머니가 우리들을 보고, 아주머니를 따라 나무를 해오라고 말했다. 언니와 오빠는 펄쩍 뛰었다.

"챙피하게 우예 나무를 해오능교."

"엄마, 내가 갔다 오께."

나는 어머니에게 인정을 받고 싶었다.

어머니가 싸주신 점심을 들고 옆방 아주머니를 따라나섰다. 어른들에게는 멀지도 않고 높지도 않은 언덕 같은 산이었지만, 5학년 여자아이에겐 꽤 멀고 높았다. 산으로 들어서자, 벌써 등줄기에 땀이 흘렀다. 산바람이 그렇게도 시원했다. 잠시 쉬는 동안, 노란 개나리와 봉오리가 진 진달래를 보자 공연히 가슴이 설레었다. 아주머니가 하는 대로, 떨어진 마른 나뭇가지를 주섬주섬 주웠다. 발밑에서 바삭바삭 부러지는 나뭇가지 소리가 신기했다.

"얘, 이제 그만 점심 묵자."

아주머니와 함께 앉아 도시락을 풀었다. 어머니가 가게에서 팔다 남은 순대와 내장이, 보리가 약간 섞인 밥 옆 반찬통에 들어 있었다. 워낙 손이 큰 어머니가 싸준 도시락은 푸짐했다. 김치와 보리밥이 전부인 아주머니가 내 도시락을 흘끔흘끔 쳐다보았다.

"아주무이요. 이 밥 내한테는 너무 많아예. 나무지는 아주무이 다 드시소."

반도 안 먹은 도시락을 아주머니에게 드렸다.

"아니, 왜 입맛이 없냐? 맛있겠는데."

"배가 불러서 그래예. 아주무이 다 잡수소."

나는 자리에서 일어나 개나리를 꺾으러 갔다.

조그맣게 묶은 나뭇짐을 머리에 이고, 아주머니의 뒤를 따랐다. 해가 막 넘어간 저녁 길을 부지런히 걸어가는 작은 소녀의 등은 땀으로 흠뻑 젖었다. 콧잔등에도 땀이 송골송골 맺혔다. 어루만지듯 스치는 바람이 상쾌했다.

"야! 왜 산에서 나무를 훔쳐 오냐!"

"야, 이 도둑아. 산에 나무를 심어도 시원찮은데, 왜 나무를 훔쳐 와!"

내 또래의 동네 사내애들이 돌을 집어던지며 퍼부어댔다. 내 얼굴은 금세 홍당무처럼 붉어졌다.

"야, 이놈들아. 훔치기는 뭘 훔쳐? 떨어진 나뭇가지를 주워오는 거지. 저리 가지 못해, 이놈들!"

아주머니가 호통을 쳤다.

"주워오기는요. 저 지집아는 꽃을 꺾어오잖아요!"

또 한 아이가 돌을 던졌다. 창피하기도 했고 비참한 생각도 들었다. 울컥 설움이 치밀었다. 하지만 한편으론, 못된 동네 개구쟁이들의 짓궂음에도 까딱하지 않는, 영화 속의 착하고 가난한 주인공 소녀가 된 듯한 우쭐함도 있었다.

집에 돌아오자, 어머니는 내 나뭇짐을 보고 대견해하셨다. 나는 신이 났다. 그러나 내 신바람은 그날 밤을 넘기지 못했다. 팔과 목이 못 견디게 가려웠다. 긁는 데마다 빨간 좁쌀알 같은 것이 오톨도톨 돋아났다. 반점은 순식간에 얼굴에까지 퍼졌다. 옻이 오른 것이었다.

"아이구, 얼굴이 이기 머꼬, 쯧쯧."

언니는 며칠 동안, 아침마다 내 머리맡에 앉아서 정성스레 약을 발라주었다. 나는 지금도 언니의 그 부드러운 손길을 기억하고 있다.

자기 자신을 믿는 힘

5학년 때 담임이었던 양재성 선생님. 제천에서 초등학교에 다닐 때, 스스로 보잘것없는 계집애라고 생각할 뻔했던 나를 다시 보게 해준 선생님이었다. 그날 선생님의 그 한 말씀이 없었다면, 나는 정말 하찮은 삶을 살았을지도 모른다. 희망이란 그런 것이다.

어느 날 시험 시간이었다. 선생님은 무료했던지, 반 학생들의 손금을 하나하나 봐주셨다. 내 손금을 본 선생님은 무척 놀라는 기색이었다. 그리고 쉬는 시간에 다른 선생님들에게 내 손금을 보이며 말씀하셨다.

"우리 진규는 언젠가 크게 될 사람이에요. 내가 장담합니다!"

미신일지 모른다. 그러나 선생님의 그 한마디 '예언'은, '쓸데없는 가시나'란 말을 들으며 희망을 저버릴 수도 있었던 내게는 큰 힘이었다. 앞이 보이지 않던 내 마음에 켜진 희망의 등불이었다. 그 등불이 나로 하여금 희망의 증거가 되고 싶다는 꿈을 갖게 해주었다. 무엇보다도 나 자신을 믿게 된 것이다. 시련과 고통이 내 앞을 가로막을 때마다, 나는 큰일을 할 사람이라고 스스로를 부추기며 앞으로 나아갈 수 있었다. 자기 자신을 믿는 힘, 그것은 종교의 힘 못지않게 큰 것이다.

손금이나 태몽 모두 과학적으로 증명할 수 없는 미신일 것이다. 그러나 한창 자라나는 아이들에게 손금이나 태몽은 어떤 과학으로도 막을 수 없는 엄청난 힘을 갖고 있다. 어떤 학자에게 이런 얘기를 들은 적이 있다. 일부러라도 좋은 태몽을 만들어 아이들에게 들려주라는 것이었다. '너는 태몽이 이렇게 좋으니까, 반드시 훌륭한 사람이 될 거야.' 이 한마디가 아이들에게 자기 자신을 믿게 하는 힘이 된다. 자기 자신을 믿는 힘, 이것이 삶을 이끌어가는 가장 큰 에너지이다. 절망과 좌절의 순간에도 스스로를 저버리지 않는 근거가 되는 것이다.

내가 6학년이 되던 해, 내겐 바람막이였던 언니가 시집을 갔다. 아직 철부지였던 나는 언니의 결혼이 내게 어떤 의미를 갖는지, 내 생활에 어떤 변화를 가져다줄 것인지, 전혀 이해하지 못했다. 곱게 단장한 언니가 너무 예뻐서 부럽기만 했다. 그런데 며칠 지나지 않아, 처음 우리 집에 인사하러 왔을 때는 멀쩡해 보였던 형부가 사실은 팔 하나를 제대로 쓸 수 없는 불구라는 소식이 전해져왔다.

나는 어머니의 신세타령부터 걱정했다. 그렇잖아도 막냇동생 명규가 저능이라는 사실 때문에, 술에 취하거나 속이 상할 때마다 끝없이 이어지던 어머니의 넋두리가 더 길어지게 될 것이었다. 언니의 불행한 결혼이 남긴 그늘은 고스란히 나에게 드리워졌다. 지금 돌이켜보아도 악몽 같은 세월이 시작된 것이다.

"큰 말馬이 없으면 작은 말이 맡아 하는 것이 도리"라는 어머니의 말을 좇아, 대부분의 집안일은 내가 떠안아야 했다. 바쁜 어머니를 도와 술집 설거지까지 해야 했다. 일이 거기서 그쳤다면 얼마나 좋았을까.

나는 겨울이 제일 싫었다. 제천의 겨울은 유난히도 추웠다. 손을 쇠붙이에 대면 살점이 떨어져 나갈 듯이 쩍 달라붙던 강추위였다. 그렇게 추운 겨울날은, 새벽에 일어나는 일부터 고역이었다.

"진술아, 인나 밥 안치라!"

새벽 다섯 시면 어김없이 들려오던 어머니의 목소리는 저승사자의 부름 같았다. 전날 밤 곤히 잠든 나를 깨워놓고 신세타령을 늘어놓으며 술주정을 하던 어머니는 정확히 그 시간이 되면 나를 깨웠다. 일어나기가 싫어 조금이라도 꾸물대면 곧장 불호령이 떨어졌다. 그래도 안 일어나면 그땐 매가 돌아왔다.

뜨이지 않는 눈을 비비며 겨우 일어나 방문을 열면, 숨이 막힐 듯한 찬바람이 자지러지게 했다. 마당에 있는 수돗물은 꽁꽁 얼어 있었다. 수도꼭지를 녹이기 위해, 가마솥에서 뜨거운 물을 퍼서 캄캄한 마당으로 나갈 때마다 나는 간질히 바랐다.

'꿈과 현실이 바뀔 수 있다면 얼마나 좋을까.'

아침 식사가 끝나면 서둘러 설거지를 하고 학교로 달려갔다. 학교에 있을 때가 가장 좋았다. 공부를 열심히 했고 성적도 좋았다. 그것이 내 존재를 스스로 하찮게 여기지 않는 유일한 길이었다. 선생님들로부터 인정을 받았고, 좋은 친구들도 많았다. 부모님이 학교에 오신 적은 두 번뿐이었다. 내가 처음 전학 왔을 때, 그리고 내가 전교 2등(여학생들 중에는 1등)을 했던 초등학교 졸업식 때였다.

학교에서는, 술집 딸이라는 열등의식으로 내가 스스로를 괴롭힌 것 말고는 아무 문제가 없었다. 행복한 시간이었다. 그러나 수업이 끝날 때쯤이면, 나는 마치 유리구두를 잃어버린 신데렐라가 된 기분이었다. 곧장 집으로 가서 정신없이 바쁜 어머니를 도와야 하는 나로서는, 다른 친구들처럼 방과 후에 특별활동을 할 수 없었다. 더욱이 어디를 놀러 간다는 것은 상상도 할 수 없었다. 친구들이 너무도 부러웠다.

'언제나 방과 후에 운동을 하거나 친구들과 어울려 놀러 갈 수 있을까…… 아, 나는 왜 이렇게 어려운 집안에 태어났을까…….'

친구들 눈에도, 그때의 내가 불쌍하게 비쳤던 모양이다.

"우리는 네가 참 불쌍하다고 생각했어. 어린 나이에 우리하고 같이 놀기는커녕 힘든 집안 살림을 혼자 다 하고……."

"얘, 언젠가 일요일날 네가 산더미 같은 빨래를 이고 개울로 가는 걸 보고 우리가 같이 가서 빨래한 거 생각나니? 그날 혼났다, 얘."

"어떻게 그렇게 견뎌냈니? 하루 이틀도 아니고. 우리 같았으면 도망쳤을지도 몰라."

1998년 가을 한 월간지에 실린 내 글을 보고, 친구들이 옛날 추억을 더듬으며 내게 들려준 말이다.

일요일마다 어김없이 빨아야 했던 식구들 옷가지는 어린 내겐 너무나 벅찼다. 특히 늘 기름기가 배어 뻣뻣한 아버지의 작업복이 힘들었다. 비누칠을 하고 시냇가 돌맹이에 치대고, 아무리 빨랫방망이로 두드려도 기름기는 쉬이 빠지지 않았다.

아, 그 겨울 빨래. 집에서 그 무거운 빨랫감을 이고 15분 넘게 걸어야 개울이 나왔다. 겨울에는 빨래터로 가는 길이 몇 배나 더 멀게 느껴졌다. 일요일 오전, 친구들은 늦잠을 자고 일어나 따뜻한 아랫목에서 뒹굴 시간, 나는 뺨이 떨어져 나갈 것 같은 추위를 뚫고 개울가로 향했다.

개울물은 꽁꽁 얼어 있었다. 얼음을 깨고 호호 시린 손을 불어가며 한참 빨래를 하다 보면 손가락이 떨어져 나가는 듯했다. 발가락도 감각이 없어졌다. 요즘처럼 고무장갑이 있을 리 없었다. 빨래하는 아주머니들이 개울가에 피워놓은 모닥불이 유일한 위안이었다.

아주머니들은 빨래하는 틈틈이 모닥불가에 모여 남의 흉을 보든가, 우스갯소리를 주고받으며 추위를 이기려 애썼다. 나이가 어린 나는 버르장머리 없이 어른들 이야기에 끼어들 수도 없었고, 또 굳이 할 말도 없었다. 나는 불 앞에 쪼그리고 앉아 상상 속으로 빠져들곤 했다······ 그 상상 속에서, 나는 따뜻한 온돌방에 엎드려 찐계란을 먹으며 만화책을 읽고 있는 부잣집 딸이 되곤 했다.

빨래를 마치고 돌아오면, 식구들이 입을 옷을 다려놓아야 했다. 전기다리미는 꿈도 꿀 수 없던 때였다. 벌건 숯불을 담은 다리미로 아버지의 작업복을 다렸고, 풀을 빳빳하게 먹인 내 교복을 다렸다. 시간이 많이 걸렸고, 팔도 많이 쑤셨다.

무엇보다도 어린 시절 내가 가장 싫어했던 것은 아버지가 야근하는 밤이었다. 디젤 기관차가 밤에 들어오는 날이 많았기 때문에, 아버지는 주로 밤에 출근했다. 자전거를 타고 얼음이 깔린 어두운 길로 나서시던 아버지의 앙상한 등을 볼 때마다 가슴이 싸아했다.

아버지가 야근을 나가시고 나면, 곧이어 '밤의 태풍'이 몰아치곤 했다. 한 푼이라도 더 벌려는 욕심에 어머니는 손님들과 술을 마셨다. 밤 열두 시쯤 문 닫을 시간이면, 어머니는 몸을 가눌 수 없을 정도로 취해버리곤 했다.

"진술아. 요강 가온나아!"

설핏 잠들어 있던 나는 어머니의 고함 소리에 잠을 깼다.

요강을 붙잡고 부대끼는 속을 다 토해낸 다음에는, 으레 어머니의 눈물 젖은 신세타령이 나를 붙잡고 시작되었다. 어릴 때도 지지리 고생했는데, 시집와서도 이 모양이라며 팔자타령이 이어졌다. 저능아인 막내 명규에 대한 한탄에서부터 언니가 찢어지도록 가난한 불구자한테 속아 시집간 이야기까지, 어머니는 자신의 기구한 팔자를 원망했다. 깊은 밤, 어머니와 딸은 그렇게 울고 있었다.

돈을 벌지 못해 어머니를 고생시키는 아버지가 야속하기도 했고, 당신이 야근 나가시면 어머니가 술에 취할 걸 알면서도 자전거에 몸을 싣던 아버지가 가여웠다. 어쩔 수 없는 가난을 짊어지고 혹한의 어둠 속으로 자전거 소리와 함께 사라지던 아버지. 그럴 때마다 나는 '아버지와 어머니를 잘 모시겠다'고 마음속으로 다짐하곤 했다.

울다가도 문득 생각이 난 듯 어머니가 "가시나는 아무짝에도 쓸데 없다"며 부여잡은 손을 버럭 뿌리칠 때면, 내 마음속의 '천사'는 연기처럼 사라지고 말았다. 술에 취한 손님들과 대거리를 하는 어머니를 볼 때마다 가엾다는 생각이 들었지만, 내게 호통을 치는 어머니와 마주 앉는 밤이면 마음은 착잡했다. 자칫 잘못했다간 어머니한테 매를 맞을지도 모른다는 공포감, 어머니의 넋두리에 대한 지긋지긋함, 단지 딸로 태어났다는 이유로 감수해야 하는 차별에 대한 분노 등이 가슴속에서 뒤엉켰다.

학교가 유일한 안식처였다. 매일 마음속으로 다져온 나 자신과의 약속을 상기하며 자투리 시간도 아껴가며 열심히 공부를 했다. 가끔 무섭게 코피를 쏟았다. 어머니는 당황한 나머지 야단을 치시며, 내 머리에 찬물에 적신 수건을 얹어주셨다. 아버지는 내 머리를 뒤로 젖혀 받쳐주시며 "이놈 자석, 몸을 생각해가매 안 하고……" 하시며 혀를 찼다.

고통스러운 기억이 많은 제천 시절이었지만, 그리운 추억이 전혀 없는 것은 아니다.

여름밤 가게 앞길에 놔두었던 평상. 한가한 여름밤에 식구들과 몇몇 이웃 사람들은 함께 그 평상 위에서 부채질을 하며 더위를 식히곤 했다. 아버지가 쉬는 날에는 어머니노 술을 마시지 않았다. 나는 시원한 평상 바닥 위에 누워 살랑거리며 내 몸을 어루만지던 밤바람을 즐겼다.

두런두런 주고받는 어른들의 이야기가 은은하게 들려오는 자장가처럼 들렸다. 귀뚜라미도 노래했던 것 같다. 눈을 가늘게 뜨고 올려다보던 제천의 밤하늘은 온통 은가루를 뿌린 듯 별들이 총총했다. 나는 그윽한 시선으로 별들의 잔치에 참석했고, 가슴 가득 쏟아져 들어오는 별빛을 어루만지곤 했다.

시골 술장삿집 딸이라는 사실에 나는 꽤나 열등감을 가지고 있었다. 스스로 밑바닥 출신이라는 의식이 있었다. 그 시절 내게는 내게로 쏟아져 들어오던 별빛처럼, 가슴속에 빛나는 꿈과 이상이 있었다.

암행어사, 나는 암행어사가 되고 싶었다. 사회로부터 인정받을 수 있는 자리에 오르고 싶었다. 그래서 여자도, 또 가난하고 배경 없는 밑바닥 출신도, 꿈을 갖고 도전하면 반드시 이룰 수 있다는 것을 증명하고 싶었다. 나를, 아니 무수한 약자들을 괴롭히는 차별과 폐단에 맞서 보란 듯이 일어서고 싶었다.

60년대 중반, 중학생 시절의 내 꿈은 그렇게 당돌하고 허황된 것이었다. 암행어사가 꿈이라는 내 말에, 어른들은 "거참, 엉뚱한 놈 다 있네" 하며 허허 웃어넘기셨다.

사실 어린 시절 내 꿈은 그렇게 구체적인 것이 아니었는지도 모른다. 구체적인 무언가를 꿈꾸기에는 내가 처한 상황이 너무 열악했던 것인지도 모른다. 다만 마음속에서는 불같은 의지가 늘 용솟음치고 있었다. 그 의지가 내 운명을 창조했다고 나는 믿고 있다. 현실이 내가 기대했던 것과는 동떨어졌을 때, 나는 그 현실을 완강하게 거부했다.

그리고 포기하지 않고 현실과 맞서 싸웠다. 나는 내 의지와 노력, 그리고 나에 대한 믿음으로 '진정한 운명'의 길을 개척해왔다.

제천에서 보낸 초등학교 6학년부터 중학교 3학년까지. 그 절망스러웠던 4년이, 내 희망의 토대였다.

스스로를 돕는다는 것의 아름다움

한여름 밤 평상에 누워 올려다보던 은하수를 제외하면, 제천은 나에게 온통 지옥이었다. 나는 악몽으로부터 탈출할 길을 찾기 시작했다.

'그래, 서울. 서울이다.'

나는 서울로 가고 싶었다. 서울에 가면 뭐든지 가능할 것 같은 생각이었다. 서울 사람들은 모두 선택받은 사람들로 느껴졌다. 그들과 같은 대열에 서서 축복받은 삶을 누리고 싶었다.

중학교 3학년 때, 나는 선생님들과 친구들한테 고등학교는 무조건 서울로 가겠다고 말했다. 예상했던 대로 부모님은 펄쩍 뛰셨다. 우선 경제적으로 힘에 겨웠고, 술장사 일로 바쁘고 힘든 어머니가 집안 살림을 모두 떠안기에는 역부족이라는 것이었다. 이유는 또 있었다. 장남인 오빠도 제천에서 고등학교를 다니는데, '가시나'가 감히 어떻게 서울 꿈을 꾸는지 어이가 없다는 것이었다. 어머니에게는 너무도 타당한 이유들이었다.

초조했다. 어떻게 해서라도 그 악몽과도 같은 생활에서 탈출하지 않으면 안 되었다. 내 꿈을 이루기 위해서는 무슨 일이 있어도 서울로 가야 한다고 믿었다.

나는 식음을 전폐했다. 죽음을 각오하고 부모님을 설득하기 시작했다. 양재성 선생님을 필두로 초등학교 선생님들을 찾아가 도움을 요청했다. 중학교 선생님들에게도 부모님을 설득해달라고 매달렸다.

"선생님, 저는 죽는 한이 있더라도 서울로 가야 합니다. 제 꿈을 펼쳐보고 싶습니다."

뜻밖에 어머니가 제일 먼저 허락했다. 경제권을 쥐고 있던 어머니의 허락은 결정적이었다. 평소 '좋은 게 좋은 거'라는 생각을 갖고 계시는 아버지는 어머니의 결정에 순순히 응했다.

사관학교를 졸업한 작은아버지가 당시 서울에서 육군 대령으로 근무하고 있었다. 내가 태어날 때 월내 고향집에서 사관학교 시험을 준비했던 작은아버지였다. 그때 내 삼신할머니의 도움을 조금이나마 받았는지도 모른다. 작은어머니의 배려가 컸다. 집에서 내가 먹을 양식을 대주는 조건으로, 나는 작은집에서 고등학교를 다닐 수 있었다.

이듬해 봄, 나는 풍문여고에 입학했다. 제천에 남아 고생을 계속할 어머니에 대한 죄책감과 식구들에 대한 미안함을 달래며, 내 서울 생활은 시작되었다. 내가 서울로 떠난 후, 어머니는 집 앞을 지나가는 교복 입은 여학생만 보아도 내가 떠올라 눈물지었다고 한다.

하지만 서울은 약속의 땅이 아니었다. 서울에 가면 뭐든지 가능하다고 믿었던 내가 얼마나 어리석었던가를 곧 깨달았다. 가난은 서울까지 쫓아와 나를 괴롭혔다.

하지만 학교생활은 여전히 즐거웠다. 방과 후의 곤혹스러움만 제외하면 그랬다. 학교가 파하자마자 곧장 집으로 달려가야 할 일은 없었지만, 친구들과 마음 편히 어울릴 수도 없었다. 풍문여고는 안국동에 있었는데, 방과 후에 친구들과 함께 버스를 타러 종로 쪽으로 걸어가다 보면, 길가에는 분식집들이 즐비했다. 용돈이 넉넉했던 친구들은 자주 분식집에 들르곤 했다. 내 형편을 잘 알고 있는 친구들은 그때마다 내 빵값을 내주었다. 처음에는 친구들이 고맙기도 했지만, 나중에는 내 쪽에서 피하게 되었다.

수학여행을 갈 무렵이면, 외로움과 서러움이 더했다. 기대감에 들떠 있는 친구들 속에서 나는 풀이 죽어 있었다. 친구들이 부러웠다. 수학여행을 갈 형편이 못 되는 내가 처량했다. 그런 생각을 안 하려고 노력했지만, 다른 애들처럼 괜찮은 집안에서 태어나지 못한 내 처지가 안타까웠고, 부모님이 원망스러웠다. 어린 사촌동생들이 부러웠다. 같은 형제이면서도 작은아버지처럼 출세하지 못한 아버지가 못내 미웠다.

하지만 나는 나 자신을 믿었다. 양재성 선생님의 말씀을 떠올리며, 내 손금을 바라보았다. '나는 크게 될 운명을 타고난 사람이다'라고 스스로에게 말하며, 이 정도 일에 슬퍼하지 말자고 나를 위로했다.

"애, 너 주간 영어 시사잡지 안 팔아볼래? 나 아는 언니가 했던 일인데, 이번에 졸업하니까 후배 중에서 맡아 할 사람을 찾는가 봐."

용돈은커녕 학용품 살 돈도 모자라 쩔쩔매는 내 사정을 잘 아는 친구가 뜻밖의 제안을 했다.

"어떻게 하면 되는데?"

"먼저 구독할 애들에게 신청을 받으라구. 그리고 매주 잡지사에 가서 그 숫자만큼 잡지를 가져와 나눠주고 돈을 받아서 잡지사에 갖다주면 돼. 잡지 한 권당 얼마를 수수료로 떼어주니까 많이 팔수록 많이 버는 거야."

학교에서 잡지를 판다는 것이 창피하기도 했지만, 부모님의 어려운 사정을 생각하면 얼마든지 참을 수 있으리라 생각했다.

"애, 너 이 잡지 안 볼래?"

차마 입이 안 떨어졌지만 마음을 단단히 먹고 친구들에게 물었다. 하지만 나도 꿈 많은 여고생, 누가 "응, 볼게. 얼만데?" 하며 가격을 물어볼 땐 쥐구멍이라도 찾고 싶은 심정이었다. 돈 얘기를 하는 것이 무척 마음에 걸렸다. 게다가 어렵게 가격 얘기를 했는데, "너무 비싸다. 안 볼래"라고 하면 왠지 그 친구에게 차이기라도 한 듯 비참한 심경이었다.

용산에 있는 잡지사로 잡지를 받으러 가면서도, 공연히 누가 비웃기라도 할까봐 잡지사에 들어가기 전에 주변을 둘러보곤 했다. 잡지를 받아 들고 버스에 올라 보문동에 있는 작은집으로 갈 때는, 사람들이 내가 들고 있는 잡지만 쳐다보는 것 같아 얼굴이 화끈거렸다.

그럴 때마다 나 자신에게 말했다.

'넌 아직도 복에 겨워서 그래. 도둑질을 하는 것도 아닌데, 뭐가 그렇게 창피하니? 시골에서 고생하시는 부모님을 생각해봐, 그따위 어리광이 나오나. 너는 고생을 더 해야 돼.'

나 자신이 바보같이 느껴졌다. 마음을 독하게 사려 먹었다. 그렇게 마음먹어서인지, 얼마 후부터는 자연스럽게 잡지 구독을 권유하게 되었다. 얼마 안 되는 수입이었지만, 내게는 적지 않은 도움이었다. 나는 내가 대견스러웠다. 스스로를 돕는다는 것이 얼마나 당당한 것인지를 나는 그때 처음 알았다.

선생님의 소개로 가정교사도 할 수 있었다.

"학교 파하는 대로, 그 집에 가서 두 시간가량 애 숙제를 봐주고 예습을 도와주면 돼. 그 집에서 저녁까지 먹고 가라고 하더라. 잘해봐."

나를 인정하고 추천해준 그 선생님이 너무나 고마웠다.

그 집이 어디였는지, 내가 가르친 그 아이 이름이 뭐였는지는 생각나지 않는다. 다만 그 집이 우리 작은집보다 좋아 보였다는 것, 아이의 어머니와 할머니가 무척 친절하셨고 가난한 여고생이었던 나를 극진하게 대우해주는 바람에 많이 구겨졌던 내 자존심이 조금 펴졌다는 것은 기억이 난다. 그 집에서 먹던 맛있는 저녁도 생각난다. 달착지근한 멸치볶음과 파를 곁들인 계란말이는 지금도 눈에 선하다.

여공

가발공장

영어잡지를 돌리고 가정교사를 하며 고등학교를 졸업했다. 하지만 내 희망의 등불은 좀처럼 켜지지 않았다. 등불은커녕 높은 벽이 나를 가로막고 있었다. 내 성적은 대학 장학금을 받을 만큼 뛰어나지 못했고, 집안은 여전히 가난했다. 대학에 진학하겠다는 나의 꿈은 산산조각이 나고 말았다.

인문계 여고를 졸업했으니, 특별한 기술이 있을 리도 없었다. 돈도 없고, 어디 가서 취직을 부탁할 만한 '끈'도 없었다. 수렁에 빠진 듯했다. 하늘이 무너진 것만 같았다. 제전의 부모님은 고등학교까지 졸업한 말만한 처녀애가 하릴없이 작은아버지 집에서 빈둥대고 있는 것을 보아주지 않았다. 당장 내려오라며, 그나마 대주던 양식도 끊어버렸다. 나는 작은집에 더 머물 수가 없었다.

갈 곳이 없었다. 그렇다고 이대로 제천에 내려가서 집안일이나 거들다가 시집가고 싶진 않았다. 그것은 내 꿈도, 내 운명도 아니라고 믿었다. 밤낮없이 노심초사의 나날이었다.

어떻게 하나. 어떻게 내 길을 찾을 수 있을까.

그런 내 모습이 안쓰러웠는지, 하루는 사촌언니가 만나자고 했다.

초등학교만 졸업하고 고향 영천 상동에서 농사일을 거들다가 상경하여 가발공장에 다니고 있는 언니였다. 언니는 내게, 자기가 다니고 있는 가발공장에서 일해보지 않겠느냐고 말했다. 입에 풀칠이라도 해야 하지 않느냐는 것이었다. 나는 가발공장이고 뭐고 가릴 형편이 아니었다.

1967년, 열아홉 살의 나는 사촌언니를 따라 종로에 있는 가발공장에 들어섰다.

"야가 전에 제가 말씀드린 사촌동생인데예."

사촌언니는 뒤따라 들어온 나를 사무실의 한 아저씨에게 소개했다. 공장 안에서는 이미자의 「동백 아가씨」가 흘러나오고 있었다. 어두컴컴한 공장에서, 여공들은 저마다 사람 머리 모양을 한 나무통을 하나씩 앞에 두고 가발을 엮으며 노래를 부르고 있었다.

공장장이 반장을 소개시켜주었다. 반장은 공장 한구석에 나를 데려가서 자리를 지정해주었다. 일하고 있던 여공들이 호기심에 찬 눈으로 나를 쳐다봤다. 내 자리에도 사람 머리 모양을 한 나무통이 놓여 있었다.

새로운 사람이 들어오는 바람에 잠시 멈췄던 노래가 다시 시작되었다. 누군가가 위키 리의 「눈물을 감추고」를 부르기 시작하자, 여공들은 열심히 손을 놀려 가발을 엮으면서 합창을 했다. 생각해보지도 못했던 진풍경이었다.

"눈물을 감추고 눈물을 감추고……."

노래 가사가 가슴에 사무쳤다. 나는 그때 겨우 열아홉 살이었다. 열아홉 푸른 나이에 가발을 엮으면서 넘치려는 눈물을 감추려 안간힘을 쓰고 있었다. 희망에, 꿈에 부풀어야 할 청춘. 나는 고독에, 좌절에 몸부림을 치고 있었다. 문득 내 모습이 너무도 한심해 보였다.

'어떻게 이렇게 앉아 있을 수가 있단 말인가. 내 꼴이 이게 뭐란 말인가. 가난했지만 고등학교 땐 반장도 했고 우등생이었는데. 내게는 희망이 있었는데…… 이게 내 운명의 종착역이란 말인가.'

여공들의 노랫소리가 들려왔다.

"……고독이 넘쳐 넘쳐 내 야윈 가슴에 넘쳐흐른다."

그럴 순 없었다. 이렇게 언제까지나 좌절에 내 젊음을 송두리째 빼앗길 순 없었다. 매일같이 그런 생각에 사로잡혀 있었다.

마음이 다른 데 가 있는데, 가발인들 제대로 만들어질 리 없었다. 머리 모양의 나무통에 망을 씌워놓고 머리카락을 엮어가노라면 그저 한숨이 나왔고 눈물이 흘렀다. 반장이 가르쳐준 대로 만들었다고 생각했는데도, 내가 만든 가발은 태반이 '퇴짜'였다.

'어쩌면 넌 여기서도 낙제냐. 남들은 즐겁게 잘도 만들어내는 가발을 년 한 개도 제대로 만들지 못하잖아. 차라리 죽어버리는 게 낫지 않니? 여기서 뭘 바라보고 살고 있는 거야. 뭔가 뚜렷한 목적도 없이 그저 하루하루 날짜나 세듯이 사느니, 차라리 죽어버리는 게 낫지 않니?'

자꾸만 그런 생각이 울컥울컥 치밀었다. 죽는 것이 나을지도 모른다는 생각이 뇌리에서 떠나지 않았다.

가발공장에 취직하면서 작은집을 나왔다. 동료 여공의 소개로 동대문 근처에 있던 육영수회관으로 거처를 옮겼다. 육영수 여사의 배려로, 나 같은 여공이나 점원, 식당 종업원 등 대체로 시골에서 올라와 일하고 있는 여성들을 위해 만들어진 시설이었다. 작은 방마다 이층침대가 셋, 작은 붙박이장이 여섯 개. 한 방에 여섯 명이 함께 기거했다. 하루 숙식비 40원에 아침과 저녁 식사가 나왔다.

우리 방에서는 내가 제일 어렸다. 모두들 언니처럼 내게 잘해주었다. 그들 대부분이 국졸이었다. 가난한 집안에서 태어나 고생하고 있는 그들과 함께 하루하루 생활하면서, 나는 늘 불평만 일삼던 내가 부끄러웠다. 그들은 박봉에도 불구하고 열심히 일해서 번 돈을 고향의 가족들에게 보내고 있었다.

그들에 비하면, 나는 서울에서 고등학교를 우수한 성적으로 졸업하지 않았는가. 고3 때는 반장도 하지 않았는가. 그들이 일하던 나이에 나는 어렵게나마 학교에 다니며 공부한 사람이었다. 책임감 같은 것도 느껴졌다. 이렇게 사회의 밑바닥에서 허덕이는 여성들을 위해, 내가 무엇인가 이루어야 한다는 생각도 들었다. 나는 매일같이 떠오르는 '죽는 게 낫지 않을까' 하는 생각을 조금씩 극복하기 시작했다. 희망을 갖고자 노력했다. 내가 희망을 가지면 그들도 희망을 가지고, 내가 희망을 잃으면 그들도 희망을 잃을지 모른다는 생각도 들었다.

희망은 전염병처럼 퍼져나가는 힘이 있다지 않는가.

희망 없이
산다는 것의 막막함

　그 무렵, 나는 육영수회관에 낼 하루 40원의 숙식비도 없어서 굶기를 밥 먹듯 했다. 매일같이 퇴짜만 맞으니, 월급이 거의 나오지 않았던 것이다. 공장 동료들과 회관 언니들이 가끔 사주는 밥으로 견딜 때가 많았다.

　어느 날 저녁, 육영수회관 옆방에 사는 언니가 저녁을 사주며 뜬금없는 말을 꺼냈다.

　"너, 엑스트라 한번 안 해볼래?"

　그 언니는 다른 공장에 다니고 있었는데, 쉬는 날엔 가끔 엑스트라를 모아서 영화 촬영장으로 나간다는 것이었다.

　"응, 해볼게. 사실 식대가 떨어져서 걱정하던 중인데, 정말 잘됐네."

나는 어렸을 때 배우가 되고 싶다는 꿈을 키운 적도 있었다. 중학교에 다닐 때는 당시 최고 여배우 최은희에게 팬레터를 보내 답장을 받기도 했다.

옆방 언니에게 너무 뜻밖의 제안을 받고, 그날 밤은 잠을 이루지 못했다. 암담했던 그 시절, 나는 배우가 되고 싶어 했던 어린 꿈을 다시 끄집어냈다. 중학교 때, 어린 마음에 최은희의 답장을 받고 용기를 내 썼던 편지도 생각났다. 나도 배우가 되고 싶은데 좀 도와달라는 간곡한 사연이었다. 그러나 그 후엔 깜깜무소식이었다. 그 어린 꿈, 배우가 되고 싶다는 욕망이 내 마음 깊은 곳에 그때까지도 남아 있었던가. 엑스트라라고 했지만, 나는 들떠 있었다.

토요일 아침, 그 언니를 따라나섰다. 영화사에서 나온 엑스트라 담당자가 우리를 데리고 간 곳은 어느 대학교 교정이었다. 나는 대학생 역이었다. 주인공 남정임과 두 명의 조연이 교정을 걸어나올 때, 나는 그 뒤에서 걸어나오는 배경 역할이었다. 대학에 들어가지 못한 것을 못내 아쉬워하며 늘 대학생을 꿈꾸던 나는 비록 엑스트라일망정 그 역할이 마음에 들었다.

이른 봄이어서 날씨가 제법 쌀쌀했다. 나는 구호물자 시장에서 산 스웨터와 스커트를 입고 다른 엑스트라와 팔짱을 끼고 주연과 조연의 뒤를 따라 걸었다. 인기 스타 남정임은 스크린에서 보았던 그대로 눈부시게 예뻤다. 그 옆의 조연 역시 예뻤다.

그러나 영화배우를 보며 감탄하던 것도 잠시. 문득 그들 곁에 선 내가 초라해 보였다. 우울해졌다. 멋진 옷을 입고 발랄하게 떠들며 걷는 주연과 조연. 구호물자를 걸치고 끼니조차 자주 거르는 가발공장 여공. 나는 울먹한 시선으로, 봄기운이 배어들기 시작한 대학교 교정을 한참을 바라보았다.

땅거미가 지기 시작하자, 날씨가 무척 추워졌다. 저녁 촬영 장면이 남아 있었다. 나는 구호물자 시장에서 산, 회색 바탕에 검은 체크무늬가 있는 오버를 걸치고 촬영장 한 귀퉁이에 서서 기다렸다. 신성일과 남정임이 나란히 카메라 쪽으로 걸어오면, 나는 두 배우가 오던 방향으로 걸어나가는 역할이었다.

신성일과 남정임, 두 스타가 카메라를 향해 다정하게 사랑을 속삭이며 걸어왔고, 나는 시키는 대로 그들이 오던 방향을 향해 걸어가기 시작했다. 나는 뒷모습이 찍히는 것이었으므로, 안심하고 그 두 배우를 훔쳐보았다. 아주 가까운 거리에서. 그때 신성일이 잠깐 내 쪽을 응시한 것 같았다. 나와 눈이 마주친 것 같았다. 물론 착각이었지만, 공연히 가슴이 뛰었다. 그리고 그 짧은 순간이 지나자, 나는 다시 가발공장 여공으로 돌아왔다.

엑스트라 담당은 우리를 동대문까지 데려다주면서 이것저것 물었다. 나는 우울한 심경에 젖어 건성으로 대답했다.

"오늘 참 잘했어요. 다음에도 또 쓰고 싶은데, 어때요?"

나는 옆방 언니를 흘끗 처다봤다.

"저한테 연락하면 제가 데리고 갈게요."

그 언니가 내 대신 얼른 대답했다.

"응, 그러면 되겠군. 꼭 나오도록 해요. 누가 알아요? 그러다 운이 좋아 발탁되기라도 할지."

그날 밤 나는 잠을 못 이루며 몇 번이고 그 아저씨의 말을 떠올렸다.

큰 기대를 한 건 아니었지만, 그 후 엑스트라 담당으로부터 연락은 오지 않았다.

현실과 꿈 사이의 거리가 크면 클수록 방황은 깊어진다. 공장에서 일하고 육영수회관에 돌아와 지친 몸을 누이던 그 시절, 나는 제천에서 보낸 끔찍한 4년보다 더한 정신적 방황에 빠져 있었다. 제천 시절은 그래도 꿈이 있었고, 막연하게나마 서울에만 가면 그 꿈을 이룰 수 있으리라는 기대가 있었다. 그러나 지금은 어떤가. 서울에 왔고, 고등학교를 졸업하고, 가발공장에서 일하는 지금은…….

그 어렵던 시절, 나를 도와준 친구가 있었다. 나와 함께 가발공장에서 일하던 동료 원미화. 나와 동갑이었는데 자그마한 체구에 얼굴이 예뻤고 마음씨도 착했다. 물론 가발 만드는 솜씨도 나보다 훨씬 뛰어났다. 미화는 어처구니없는 이 망상주의자의 어디가 마음에 들었는지 내게 퍽 잘해주었다. 미화는 주말이면 골프장에 나가 캐디 일을 했다. 쉬지 않고 일했기 때문에, 집안을 먹여 살리면서도 나보다는 경제적인 형편이 훨씬 나았다.

미화는 기회가 있을 때마다 내게 밥을 사주었다. 내가 외롭지 않도록, 다른 친구들과의 모임에도 항상 나를 데리고 가주었다. 틈날 때마다 육영수회관으로 찾아와 내 빨래까지 해주었다. 내 살림까지 도맡아준 셈이다. 정말 고마운 친구였다. 그 착한 친구에게 나는 한 가지 부탁을 더 얹었다.

그 당시 오빠는 군에 입대해 고생이 이만저만이 아니었는데, 나는 차일피일 편지를 미루고 있었다. 그 편지를 미화에게 부탁하며 오빠 이야기를 들려주었다.

내가 서울에 올라와 풍문여고를 다니던 시절, 어릴 때부터 병치레가 잦았던 오빠는 제천의 혹한을 견디지 못하고 폐병이 들고 말았다. 원주 기독교병원을 오가며 약으로 치료하려 애썼지만 허사였다. 어느 틈에 악성으로 발전해서 마산요양소에 입원을 했고, 결국 한쪽 폐를 들어내는 수술을 받아야 했다. 당시만 해도 폐병에 대한 의술이 크게 발달하지 않아, 수술은 최후의 수단이었다. 수술 도중 사망할 확률에 대해, 의사가 미리 설명을 해줄 정도였다. 그렇다고 수술을 받지 않을 수도 없었다. 어차피 폐병균에 의해 쓰러질 몸이었다.

집안에서 유일하게 하나님을 믿어왔던 오빠는 운명을 하나님께 맡기고 수술을 받기로 했다. 수술은 여러 시간 걸렸다. 몇 시간 만에 수술실에서 나온 오빠는 마치 죽음의 덫에서 빠져나온 것처럼 창백한 모습이었다. 회복실로 옮겨졌으나 아직 결과를 알 수 없었다. 아버지는 아들이 깨어나기만을 초조하게 기다렸다. 큰아버지가 폐병으로 세상을 떠난 지 얼마 되지 않은 때여서, 아버지는 더욱 불안에 떨며 괴로워했다.

의사가 예상했던 시간이 훨씬 지나서야 오빠는 깨어났다. 비슷한 시기에 그 병원에서 여덟 명이 수술을 받았는데, 그중에서 오빠 혼자만 살아났다. 맨정신으로는 병상의 아들 얼굴을 지켜볼 수가 없어, 소주로 버텨온 아버지는 다시 살아 돌아온 아들을 보고는 엉엉 울음을 터뜨리셨다.

웬만큼 건강을 되찾은 오빠는 자신의 인내력과 체력의 한계를 시험해보고 싶어 했다. 부모님과 주위의 만류도 뿌리치고 군에 자원입대한 것이다.

내가 미화를 만났을 때, 오빠는 훈련을 막 마치고 체력적으로 몹시 힘들어하고 있을 때였다. 착한 미화의 편지가 오빠에게는 커다란 힘이 되었던 것 같다. 그 편지가 계기가 되어 미화는 오빠의 사랑이 되었으니 말이다.

내가 미국으로 떠나던 1971년, 미화는 오빠와 결혼했다.

가발공장을 벗어나게 해준 것도 미화였다.

내가 가발공장에서 적응하지 못하고 빌빌대는 게 마음에 쓰였는지, 어느 날 미화가 내게 말했다.

"관악골프장이라고 새로 생겼는데, 캐디하고 식당 종업원을 구한대. 한번 같이 가보지 않을래?"

나는 생각할 것도 없이 선뜻 응했다.

그 지원 과정에서도 나는 얼마나 건방졌던가. 응모 자격에 캐디는 중졸, 식당 종업원은 고졸에 한두 마디 영어가 가능한 자였다. 직종은 아예 염두에 두지도 않고, 나는 다만 응모 자격 하나만 보고 식당 종업원을 지원했다.

골프장에서의 생활은 가발공장 때와는 또 달랐다.

가발공장이나 육영수회관에서는 기본적인 식생활을 해결하는 것이

급선무였다. 주위 사람들 대부분이 학벌이나 집안 환경이 나와 비슷한 처지여서, 배가 고프다는 일시적인 문제 이외에는 달리 열등감을 느낄 일이 없었다. 열등감은커녕 나는 내심 '언젠가는 이 사람들을 위해 무언가 할 수 있을 것'이라는 우월감까지 갖고 있었다.

골프장은 달랐다. 골프장은 매 순간 내 자존심을 자극했다. 골프장에서 내가 상대해야 하는 사람들 가운데 나와 비슷한 환경을 가진 사람들은 일부 종업원들뿐이었다. 당시 60년대만 해도 골프장에 드나드는 손님들은 모두 대단한 사람들이었다. 내가 그토록 부러워하던 작은집 식구들조차 근처에도 갈 수 없는 사람들. 나는 그들 앞에서 수시로 열등감을 느꼈다. 그러면서도 마음 한 켠에서는, 대체 내가 그들보다 무엇이 못났다는 것인가, 그들이 나보다 나은 게 무엇인가, 하는 반발심이 고개를 들기 시작했다.

'내 앞에서 잘난 척 으스대는 저 사람들. 그저 운이 좋아 나보다 나은 집안에서 태어났다는 것 말고, 나보다 더 나을 것도 없지 않은가.'

하지만 그렇게 열등감을 억누르며 자존심을 세워보아도 늘 살얼음판이었다. 마음속으로 머리를 당당하게 세우고 정면을 응시하고 있으면, 이번에는 식당 사람들이 나를 짓밟았다.

골프장 안에서 큰소리칠 데라곤 웨이터나 웨이트리스밖에 없던 주방의 요리사들이 칼자루로 도마를 탕탕 치면서 속을 뒤집어놓았다. 만들기 귀찮은 주문을 받아왔다는 둥, 음식을 빨리 안 내간다는 둥, 오만 가지 욕지거리를 내뱉으며 호통을 쳤다.

비참한 심정이었다. 내가 이러한 갈등을 이겨낼 수 있을지 의심스러웠다.

골프장에 취직한 뒤 육영수회관에서 나왔다. 군에서 제대한 오빠와 용산공고에 다니던 동생 규호와 함께 동부이촌동에 작은 방 한 칸을 얻어 자취생활을 했다.

골프장에서 퇴근하고 집에 돌아오면 더욱 참담했다. 경원선 철길과 거의 맞닿은, 나 씨그러져가는 판잣집. 그 좁은 집에서 주인네를 포함해서 세 가구가 생활했다.

우리 자취방은 판자 문을 열고 들어가면 바로 정면에 있었다. 방 앞에 있는 연탄불과 부뚜막, 몇 안 되는 그릇을 엎어둔 낡아빠진 나무 선반이 부엌이었다. 책상 하나가 들어가 있는 방은 삐쩍 마른 사람 넷이 누우면 빈틈이 보이지 않을 정도로 작았다. 옷은 벽에 박아놓은 못에 걸었다. 그나마 다행스러운 것은, 작은 다락이 있어 당장 필요하지 않은 물건들을 그곳에 집어넣을 수 있다는 점이었다. 웬놈의 기차는 그리도 자주 지나다니던지…… 기차가 지나갈 때마다 집이 하도 흔들려서, 처음에는 집이 무너지는 게 아닌가 하고 벌벌 떨었다.

'가시나 조카'에겐 무심하기만 하던 작은아버지의 도움으로 오빠는 시민회관에 일자리를 구했다. 작은아버지는 그때 육군 준장으로 진급해 있었다. 오빠와 나의 쥐꼬리만한 월급에, 부모님이 조금씩 보태주시던 생활비를 합해도 하루하루 먹고 살기도 빠듯한 살림이었다.

골프장과 판잣집을 오가는 가난한 시절이었지만, 나는 이 무렵 희망의 등불을 다시 가슴에 켜고 있었다. 일주일에 한 번씩 영어학원에 다녔던 것이다.

학원비가 적지 않은 부담이었지만, 입을 옷 안 사고 조금 덜 먹더라도 희망을 안고 살아가고 싶었다. 내 희망의 등불을 되살리는 데 그만한 투자는 달게 감수하고 싶었다.

세상에, 희망 없이 산다는 일의 막막함을 무엇에 견줄 수 있겠는가.

내게도 봄이 찾아왔다.

영어학원에서 만났던 사람들이 스터디 그룹을 만들었다. 학원에서 우리를 가르치던 미국인 선생을 따로 모시고 공부하기로 한 것이었다. 함께 영어를 배우던 한 아주머니가 장소를 제공했다.

그때 만났던 젊은 영어선생 부부인 헨리와 윌마, 그분들과 나의 인연은 이렇게 시작되었다.

몇 달째 헨리 선생에게서 영어를 배우고 있을 때였다. 영어 공부 장소를 제공하며 함께 공부하던 아주머니의 아들이 미국에서 돌아왔다. 한국에서 대학을 졸업하고 미국에서 약 2년간 태권도를 가르치다 귀국한 청년. 나보다 아홉 살 위니까, 당시 그는 우리 나이로 스물아홉이었다. 키는 좀 작은 편이었지만, 짧은 스포츠 머리에 미남이었다. 그는 첫눈에 나를 끌어당겼다. 영어가 턱없이 짧았던 우리에게, 그의 영어는 거의 환상적으로 들렸다. 영어선생과 자연스레 대화를 이끌어가는 그의 모습을 바라보며, 나는 가슴이 설레었다. 생애 처음 느껴보는 감정이었다.

그 사람도 갓 스무 살인 앳된 처녀에게 마음이 끌렸던지 내게 관심을 보였다. 미국에 대해 이것저것 알려주기도 했다. 우리는 서로 가까워졌다. 나는 그의 주선으로 태권도를 배우기도 했다. 약한 자를 괴롭히는 깡패들을 흠씬 두들겨 패줘야 하는 철없는 의협심에 혼자 흐뭇해하기도 했다.

그때 처음으로 행복하다는 느낌을 맛보았다. 살아 있다는 사실에 감사했다. 그렇게 싫었던 가난도 겁나지 않았다. 그때만은 철길 가의 판잣집도 그렇게 비참하게 느껴지지 않았다. 철길 가 판잣집이 '기찻길 옆 오막살이'처럼 아름답게 여겨지던 그 시절, 모든 것이 빛나는 아름다움으로 다가왔다. 모든 것이 나의 행복을 축복해주기 위해 존재하는 것 같았다.

그이를 만나면서, 나는 좋아하는 사람과 오순도순 사는 것도 좋겠다고 생각했다. 내 꿈과 희망을 이루는 것 못지않게 좋을 거라고 생각했다. 사랑과 행복이 가득한 가정……

그럴 즈음, 골프장에 자주 오던 손님이 여행사의 비서 겸 경리로 일할 생각이 없느냐고 제안했다. 그 손님이 사장으로 있는 회사였다. 여행사라고 했지만, 직원이라고는 외근 사원 하나와 내가 전부였다. 사무실도 어느 광고회사와 같이 쓰고 있었다. 월급은 골프장보다 나을 것도 없었지만, 사무직이 골프장 식당 종업원보다는 나을 것 같았다. 골프장을 그만두고 여행사로 옮겼다. 직장을 바꾸는 것과 때맞추어 우리 삼남매는 철길 가의 쓰러져가는 판잣집을 떠나 조금 나은 집으로 이사했다.

나는 그때, 안일해져가고 있었다. 사랑하는 남자가 생기고, 직장도 그럴듯해 보이자, 현실에 안주하려고 했다. 그대로 작은 행복을 꾸미며 살고 싶었다. 그래서였을까. 내 운명은 내게, 전혀 겪어보지 못한, 정말 견디기 힘든 고통을 안겨주었다.

어느 날 갑자기, 그이가 연락을 끊어버리고 만 것이다.

내겐 그 사람이 세상의 전부였다. 그이와의 사랑만을 믿고 있었다. 고향집에서 선을 보라는 연락이 왔지만 들은 척도 하지 않았다. 그이는 영원히 내 곁에 있으리라 믿었다. 아니, 그렇게 되기를 간절히 바라는 내 마음이 그렇게 착각했었는지도 모른다. 그이를 사랑하는 마음은 그 누구에게도 뒤지지 않았다. 하지만 부잣집 외아들에 대학원생인 그이와의 결혼은 겁나는 일이었다.

'아무도 없는 곳으로 단둘이 달아날 수 있다면…… 빈부의 차이가 없는 곳으로 갈 수만 있다면…….'

나의 두려움은 곧 현실로 나타났다. 그이의 결혼 날짜가 잡혔다는 소식이었다. 신부는 무슨 차관의 딸로 대학을 갓 졸업한 재원이라고 했다. 내게 태권도를 가르쳐주던 그이의 후배가 알려주었다. 그 소식을 듣는 순간, 귓속으로 벌떼들이 왱 하고 날아드는 것 같았다. 아무것도 보이지 않았다. 아무 생각도 나지 않았다.

나는 허물어졌다. 가슴이 송두리째 도려져 나가는 듯했다. 도무지 살고 싶은 의욕이 나질 않았다. 길을 걸을 때도, 일을 할 때도 그이의 얼굴만 아른거렸다. 멍하니 어디를 걷는지도 모르는 채 하염없이 발걸음을 옮기다 넘어지기도 했다. 잠도 잘 수 없었다.

사랑을 잃고, 나는 모든 것을 놓아버렸다. 몇 달 동안 넋이 나가 있었다.

그 수개월을 어떻게 살았는지 모른다. 죽음과 자살을 가슴에 품고 지낸 나날이었다. 한 번만이라도 그이를 만나보고 싶은 마음에, 이불에 얼굴을 묻고 속울음을 삼킨 나날이었다.

그러던 어느 날이었다.

같은 사무실에서 일하는 직원이 신문 광고 이야기를 하고 있었다. 미 대사관에서 일하는 친구 누나가 어떤 신문에서 '미국 가정집에서 식모로 일할 여자를 구한다'는 광고를 봤다는 것이었다. 나는 정신이 퍼뜩 들었다.

'이것은 나를 위한 비밀의 문인지도 모른다.'

수소문 끝에, 그 국제 직업소개소에 연락이 닿았다. 한국인 형제가 운영하는데, 형은 미국에서 식모가 필요한 가정을 모집하고, 동생은 한국에서 일할 사람을 구해 서로 연결시켜주는 여행사 같은 곳이었다.

가짜 직업소개소가 활개를 치는 세상이었다. 의심스럽기도 했고 겁도 났다. 그러나 열등감과 좌절, 그리고 허무함에 지칠 대로 지쳐 자살을 생각하던 때였다. 어차피 죽을 바에야 죽기 전에 한번 죽을 각오로 도전해보고 싶었다. 나는 스스로를 설득했다.

'정 안 되면, 그때 죽어도 늦지 않잖아!'

주위 사람들이 극구 말렸다.

"다 큰 처녀기 알지도 못하는 소개소를 통해 미국에 갔다간, 십중팔구 창녀로 팔려간다구!"

"그 소개소 말야, 너같이 어리숙한 사람 꼬셔서 돈 뜯어먹는 사기꾼들이야."

"시집이나 가서 자식 낳고 잘 살지, 뭐 하러 그런 모험을 사서 하니?"

아버지는 더더욱 반대였다. 그러나 나는 청개구리였다. 제천에서 상경할 때도 그렇지 않았던가. 주위에서 안 된다고 하면 할수록, 나는 '기필코 하고야 말리라'는 각오를 다져갔다. 이 땅에서 시난고난 살다가 죽으나, 도전이라도 한번 해보고 죽으나 매일반이라는 생각이었다.

부모님을 설득하는 한편, 미국 이민 수속을 밟기 시작했다. 한 자라도 오타가 나면 종이를 갈아 끼우고 새로 칠 정도로 정성을 들여 서류들을 준비했다. 그리고 죽을 각오를 하고 부모님의 마음을 움직였다. 먼저 어머니의 허락을 받아냈다. 아버지도 끝내 머리를 끄덕이셨다. 수수료와 비행기 값은, 부모님이 동네 사람들에게 빚을 얻어 마련해주셨다. 이민 수속은 착착 진행되었다.

미국 땅이 눈앞에 보이는 듯했다. 하지만 수속은 거북이만큼이나 느꼈다. 우선 여권을 발급받으려면 신원조회를 받아야 했다. 우리 집안엔 별 문제가 없었기 때문에, 나는 거기에 대해서는 전혀 신경을 쓰지 않았다.

그런데 어느 날 저녁, 서울에 올라오신 아버지가 신원조회 하는 데 좀 걸리는 게 있다고 말씀하셨다. 의아하게 쳐다보는 내게, 아버지는 당신 호적에 '빨간 줄'이 있다고 말씀하셨다. 가슴이 철렁했다.

결국 미국에 가지 못하고 마는가. 여기에서 주저앉고 마는가.

차라리 죽어버릴까, 하는 충동이 다시 내 마음을 휘저어놓았다. 그러나 다행스럽게도 아버지의 빨간 줄이 내 앞을 가로막지는 않았다.

내가 미 육군 병장이 되어 6년 만에 귀국했을 때, 아버지에게 호적에 왜 빨간 줄이 생겼는지 여쭤보았다. 아버지의 빨간 줄은, 내가 태어나기 전 경주에 살 때 생긴 것이었다.

1946년 대구 폭동 사건이 터진 직후, 부모님은 가난에 찌든 할아버지 할머니의 짐을 덜어드리려고, 언니와 오빠를 데리고 외삼촌이 계신 경주로 가셨다. 경주로 향하는 부모님 수중에는 그야말로 숟가락 몇 개가 전부였다.

경주에서 아버지는 어머니 친척의 도움으로 놋공장 막노동꾼으로 일했다. 하루 한 끼조차 때우기 힘든 생활이었다. 견디다 못한 아버지는 공장에서 숟가락이나 젓가락 같은, 감추고 나오기 쉬운 것들을 하나둘 빼돌렸다가 장에 내다 팔았다. 위험하다고 어머니가 극구 말렸지만, 배고파 우는 아이들을 차마 보고만 있을 수가 없었던 것이다. 아버지의 숟가락 도둑질은 오래가지 못했다. 얼마 후 아버지는 덜미를 잡혔고, 감옥에 갇히고 말았다. 그때 빨간 줄이 그어졌다. 가난이 죄였던 것이다.

그 후 아버지의 기억에서 지워졌던 빨간 줄이 23년 뒤인 1969년, 내가 미국 이민 수속을 할 때 갑자기 다시 나타나, 아버지를 치욕과 두려움으로 몰아넣었던 것이다. 아버지의 빨간 줄은, 내가 미국으로 떠날 때 그랬던 것처럼, 1986년, 내 초청으로 아버지가 미국에 오실 때에도 옆으로 비켜주었다. 아버지는 호적에 그 빨간 줄을 그대로 남겨둔 채 1989년 이 세상을 하직하셨다.

나는 아버지의 속내가 어떠한지는 생각조차 못한 채, 가슴을 졸이며 여권이 나오기를 기다렸다. 이윽고 기다리던 여권을 손에 쥔 나는 마치 내일 모레 당장 미국으로 떠날 것 같은 기분에 들떠 있었다. 그러나 착각이었다. 이민 비자를 받으려면, 1년 가까이를 더 기다려야 했다. 그 1년은 살을 깎는 듯한 고통이었다. 날이 갈수록 의혹이 고개를 들었고, 달이 갈수록 자신감이 없어졌다. 나는 날로 야위어갔다.

그래도 행여나 하는 마음에, 한국에 있는 미국 가정에 들어가 미리 식모 일을 배우기로 했다. 그런대로 친하게 지내던 영어선생 헨리의 부인 월마에게 부탁을 해두었다.

첫사랑에 실패하고 난 뒤 나는 영어 공부 그룹에서 나왔다. 대신 월마에게 한국말을 가르쳐주면서 월마로부터 영어를 배우고 있었다. 그녀는 공인회계사 자격증을 갖고 미 8군에서 근무하고 있었다.

어느 날, 윌마의 소개로 식모를 구한다는 사람을 만나러 광화문에 있는 내자호텔로 갔다. 중년의 한국 여자가 나와 있었다. 백인 남편과 단둘이 살고 있다고 했다. 그 부인은 나에게 몇 마디 물어보고는, 나중에 다시 연락해달라며 일어섰다.

며칠 후 그녀에게 전화를 걸었더니, 사정이 있어 나를 쓸 수 없다는 것이었다.

'나는 식모 될 자격도 못 된단 말인가?'

어깨가 축 처져 있는 나를 보고, 한 친구가 위로해주었다.

"네가 너무 젊고 이뻐서 그 부인이 질투했을 거야. 네가 코쟁이 남편 눈에 들면 곤란하잖아."

며칠이 지났을까. 윌마가 자기 집에서 일할 생각이 없느냐고 물어왔다. 자기네 집 식모가 갑자기 시집을 가게 되어 당장 일할 사람이 필요하다는 것이었다. 나는 쾌히 받아들였다.

윌마 부부가 미국으로 돌아갈 때까지 수개월 동안, 나는 그 집에서 미국 가정 살림을 배웠다. 나는 성심성의껏 식모 일을 했다. 목욕탕 벽까지 매일 닦아 반짝거렸다. 내가 하는 일이 마음에 들었는지, 윌마 부부는 파격적인 제안을 했다. 훗날 내가 미국에 와서도 자기네 집 일을 계속해준다면, 숙식 제공은 물론이고 대학에도 갈 수 있도록 도와주겠다는 것이었다.

그들은 미국으로 떠나면서 내게 전화번호를 알려주었다. 미국에 도착하면 꼭 전화해달라고, 혹시 어려운 일이 있으면 지체 없이 알려달라고 했다.

이민 수속을 밟고 있던 나는, 뉴욕행이 성사되지 않을 경우, 윌마 부부에게 부탁해보리라 마음먹었다. 그들의 호의는, 아무것도 믿을 게 없었던 당시의 내게는 유일한 울타리였다.

꿈을 보는
자기만의 눈

2년 만에 미국 비자가 나왔다. 그동안 반신반의를 거듭하며 초조해했기 때문일까. 비자를 받아들고도 선뜻 실감이 나지 않았다. 비행기표를 손에 쥐었을 때에야 후끈 몸이 달아올랐다. 양 겨드랑이에서 날개가 돋아나는 기분이었다.

'이제야 도전의 길로 접어든 거야. 반드시 꿈을 이루어, 나 자신과의 약속을 지킬 거야. 사회의 편견과 악습에 좌절하고 있는 여성들을 위해, 나는 떠나는 거야.'

얼마나 우스꽝스러운 과대망상이었던가. 하지만 그것이 바로 청년에게만 주어진 특권이 아닌가. 상상 속에서는 우주 저쪽까지도 비상하는 것이 청년들 아니던가. 나 역시 그 순간에는 특별한 사명을 부여받은 정의의 사도였다.

　나는 운명은 창조된다고 믿는다. 현실은 하나가 아니다. 여러 개의 면을 가진 다면체이다. 어떻게 보느냐에 따라 크게 달라진다. '물이 반쯤 차 있는 컵'의 비유가 바로 그것이다. 현실은 현실 그 자체가 아니라, 현실을 바라보는 사람의 눈에 의해 좌우된다. 많은 사람들은, 자기와 다른 현실을 보고 행동하는 사람들을 미친 사람이라고 무시한다. 그러나 미친 사람들에게는 자신들이 보고 느끼는 현실이 진정한 현실이다. 보통 사람들에게는 보이지 않는 현실 속에서 울고 웃고 괴로워하고 즐거워한다. 미친 사람의 현실과 정상적인 사람의 현실. 그중 '참된 현실'이 어느 것인지 누가 단언할 수 있는가.

　예수가 처음 하나님의 말씀을 전했을 때, 많은 사람들이 예수를 보고 미친 사람이라고 손가락질했다. 미쳤다고 천대받던 그분의 현실이, 오늘날 수많은 사람들에게 진정한 현실이 되었다. 종교계에서 종종 보듯이, 사이비 종교 역시 그 교주를 믿고 따르는 신도들에게는 엄연한 현실이다. 밖에서 누가 뭐라 해도 그들은 흔들리지 않는다.

　나는 종교와 '개인이 창조한 운명'을 같은 것으로 보고 있다. 종교에서는 보지 않고서도 믿는 것이 진정한 믿음이라고 강조한다. 천지창조를 보아서 믿는 사람이 어디 있겠는가. 보이지 않고, 또 볼 수도 없는 각 개인의 운명 역시 마찬가지이다. 하나님의 존재를 인정하고 믿고 따르듯이, 올바른 의미의 각자의 운명을 믿고 따르면 비전이 보이게 된다. 주어진 운명에 복종하라는 것이 아니다. 나는 그런 운명론자가 아니다. 자기 자신을 믿는 것! 그것이 바로 스스로의 운명을 창조하는 것이다. 나는 스스로 운명을 창조한다는 의미에서 운명론자이다.

"다 큰 처녀가 잘 알지도 못하는 소개소를 통해 미국에 가면 십중팔구는 창녀로 팔려간다구! 쯧쯧."

비자와 비행기표를 손에 쥐었을 때 부풀어 오르던 기쁨도 잠깐, 또 다른 현실이 나를 엄습했다. 미국행에 대한 꿈과 기대를 산산조각내기라도 하려는 듯, 주위에서 부정적인 말들이 몰려들었다. 머리가 욱신거렸다.

'정말 그럴까? 말도 안 통하고 지리도 모르는데, 정말 내가 매춘부로 팔려간다면, 나는 어디에 하소연해야 한단 말인가. 도망을 친다? 신세를 망치고 나서 도망을 치면 뭐 해. 그래 가지곤 성차별과 억압을 개선하기는커녕 부모형제도 만날 수 없게 될 텐데. 그건 내 자존심이 절대 허락하지 않을 거야.'

겉으로는 자신감 넘치는 모습을 보였지만, 내부의 갈등은 끝이 없었다.

떠나기 며칠 전, 나는 나에게 말했다.

'이미 시작한 일, 모든 것을 받아들이자.'

그리고 마지막으로 마음을 다잡았다.

'지난 20여 년 동안, 나는 결코 행복하지 않았다. 모든 현실이 나에겐 족쇄였다. 미국에 가면 가능성이 있을지도 모른다. 그래, 월마가 자주 말했었지. 미국에서는 여자도 남자처럼 성취할 수 있다고.'

'그렇지. 월마와 헨리가 있었지. 여차하면 그들에게 도움을 청하면 된다.'

'그리고 내겐 또 하나의 비상구가 있다. 죽음. 태어날 때는 아무런 선택권이 없었지만, 태어난 후에는 어느 정도 선택의 자유가 있다. 그렇다. 죽음, 내 최후의 비상구가 있는 이상 겁날 것 없다. 죽을 각오로 한번 해보는 것이다!'

나는 나 자신과의 대화를 거듭하면서 용기와 희망의 힘을 새삼 발견했다. 자기 자신을 설득하는 방법을 터득했다. 나쁜 의미가 아니라 좋은 의미에서의 자기 합리화. 그때 나는 깨달았다. 세상에서 가장 설득하기 힘든 것이 자기 자신이지만, 일단 자기 자신과 합의가 이루어지면, 가장 강한 힘을 발휘한다는 것을. 내가 자기 자신을 믿고 따르라고 말할 때의 자기 자신은, 바로 '대화를 통해 합의된 자기 자신'인 것이다.

자기 자신과 대화를 하기 이전의 나는 여러 개의 나로 분열되어 수시로 갈등한다. 갈등하면 힘이 모이지 않고 분산된다. 자기 자신과 대화하는 과정에서 갈등은 하나하나 제거된다. 하나의 목표만 설정된다. 이것이 바로 꿈을 보는 자기만의 눈이다!

미국으로 떠나기 직전 내가 발견한 '나 자신과의 대화'는 그 후 내가 어려움과 마주칠 때마다 위력을 발휘했다. '물이 반쯤 차 있는 컵'의 비유에서 물이 그렇듯이, 현실 그 자체는 변하지 않는다. 나 자신의 마음가짐, 즉 현실을 보는 시각만 달라지는 것이다. 그런데 놀랍게도 시각만 달라져도 힘이 생긴다. 일체유심조一切唯心造라 했던가. '모든 것이 마음먹기에 달렸다'는 원효스님의 말씀은 신비로운 진실이다!

1971년 3월 9일, 김포공항으로 향했다.

환송 나온 사람들은 모두 울었다. 눈물이 많은 어머니, 심약한 아버지, 불쌍한 언니, 허약한 오빠…… 모두들 울었다. 그러나 나는 울지 않았다.

마음을 독하게 먹었다.

탑승 수속을 밟으면서는 긴장과 흥분으로, 배웅하러 나온 부모형제들의 눈물도 어느새 잊혀졌다.

줄을 서 있는 외국인들, 잘 차려입은 '선택받은' 한국인들 틈에서 나는 내 처지를 깜박 잊고 있었다. 미국으로 식모살이하러 가기 위해 고국 땅을 등지는 스물세 살의 처녀라는 사실을.

막상 비행기를 타려니 실감이 나지 않았다. 내 존재를 건 도전의 출발이라기보다는 마치 며칠간 어디 다니러 가는 기분이었다. 나도 모르게 얼핏 뒤를 돌아보았다. '언제, 어떤 모습으로 돌아오려나.' 누군가의 목소리가 들려오는 것 같았다.

활주로를 질주하던 비행기가 공중으로 날아오르자, 귀가 먹먹해지고 등이 의자 등받이에 달라붙었다. 그 순간 나 홀로 주변 사람들과 동떨어져 있다는 기분이 들었다. 그들 또한 나의 존재를 의식하지 못할 것 같았다. 두려웠다.

'이것이야말로 현실이 아니라 꿈이 아닐까. 희망이 아니라 나쁜 꿈이 아닐까?'

마음을 가라앉히며 창밖을 내다보았다.

김포공항과 주변 마을들이 손바닥만하게 보였다. 그걸 바라보고 있자니 마음이 착잡해졌다.

비행기는 어느덧 구름 위를 날고 있었다. 손에 잡힐 듯 기체를 떠받들고 있는, 부드러운 햇빛을 빨아들이고 있는 뭉게구름을 보며 내 마음도 터질 듯 부풀어 오르고 있었다.

'이 순간부터 성취의 시작이다. 반드시 큰사람이 되어 돌아오리라. 나의 꿈을 증명해 보이고 말리라.'

주머니엔 아버지가 구해 주신 단돈 백 달러! 내가 한국에서 받던 월급 만 원에 비하면 엄청난 돈이었다. 하지만 돌아올 비행기표를 살 수 있는 돈은 아니었다. 미국에 도착해서 무슨 일이 생긴다 해도 나는 한국에 돌아올 수 없었다. '원웨이 티켓' 한 장을 들고 미국으로 향하는 것이다. 백 달러도 아버지가 얻어다 주신 빚이었다. 항공료와 이민 수속 수수료도 내가 벌어서 갚아야 했다.

걱정은 끊이지 않았다. 뉴욕 공항으로 나를 마중 나오기로 되어 있는 한국 남자는 얼굴도 모른다. 동업하는 그의 동생으로부터 들은 것 외에는 아는 것이 하나도 없었다. 서류상 나를 식모로 채용한 미국인 가정에 갈 수 있는지도 확신할 수 없었다.

미국에서 내가 아는 사람이라곤 월마네뿐이었다. 하지만 월마네가 사는 곳은 뉴욕에서 너무나 멀리 떨어져 있었다. 뉴욕에서 한국까지 가는 거리의 반가량 떨어진 곳이라고 했다.

영어 실력도 문제였다. 허리띠를 졸라가며 배웠지만, 내 영어 실력이란 것은 고작 화장실이나 찾을 수 있을 정도였다.

하지만 이미 엎질러진 물.

확실한 것은, 내가 뉴욕행 비행기에 타고 있다는 것뿐이었다.

영화 장면이 바뀌듯, 어느새 내 마음은 자신감으로 가득 차 있었다. 기내식이 나오자 나는 철부지로 돌아갔다. 처음으로 먹어본 양식이었다. 접시를 핥듯이 비웠다.

미국에 첫발을 디디던 이때의 심경을, 나는 기회 있을 때마다 딸 성아에게 들려주었다. 성아는 말했다. 자기는 엄마가 겪었던 어려움 없이 자라난 것을 감사한다고, 그리고 그런 어려움을 겪은 엄마가 부럽다고.

엄마가 겪은 그 많은 어려움이 엄마의 재산이라고. 자기는 그런 엄마가 부럽다고.

한국 식당 아리랑의 웨이트리스 시절

제2장

내 앞을 가로막은 벽, 그것이 내가 열어야 할 문이었다

"네가 여자로 태어난 것은 결코 잘못이 아니야.
죄도 아니야. 네가 그랬고 내가 그랬듯이,
인간은 태어날 때는 아무런 선택의 여지가 없어.
그렇지만 삶에 있어서는 어느 정도의 결정권을 가지고 있어.
나는 네가 여자라고 천대받거나
기회를 부여받지 못하는 일이 없도록 최선을 다할 거야.
우리, 힘을 모아 여자도 얼마든지 훌륭하게 성취할 수 있다는 것을 보여주자."

나보고 호스티스를 하라는 거예요?

뉴욕!

자유의 여신상! 내 꿈의 상징

그러나 비행기는 뉴욕으로 직접 가지 않았다. 시카고에서 내려 뉴욕행 비행기로 갈아타야 했다. 그 짧은 영어로 어떻게 이민국과 세관 검사를 통과했는지 기억이 나지 않는다. 뉴욕행 비행기로 갈아탄 것도 기억에 없다. 다만 '아, 여기가 미국이구나' 하고 감격했던 기억만 어렴풋할 따름이다.

그리고 도착한 뉴욕. 공항에 소개인이 나와 있었다. 중년의 한국 남자였는데, 매우 친절했다. 박씨라는 성만 기억날 뿐, 외모나 인상은 기억에 남아 있지 않다. 그 사람은 한 보따리도 안 되는 내 짐을 들어주

며, 이민 오는 사람치고는 믿기지 않을 만큼 짐이 없다며 웃었다. 아직
도 실감이 나지 않아 어리둥절해하고 있는 나를 안심시키려는 듯 그
는 내가 가서 일할 집에 대해서 이것저것 설명하기 시작했다.

내가 가서 일할 집은 뉴저지 주에 있는데, 뉴욕에서 그리 멀지 않다
고 했다. 그 집 가장은 부인과 사별한 변호사로, 일곱 살짜리 여자아이
와 다섯 살 난 사내아이를 두었으며, 아이들의 조부모가 같이 살며 집
안일을 돌보고 있다고 했다. 나를 식모로 채용하고 초청한 사람은 아
이들의 할머니였다.

나는 반신반의하며 그 사람의 말에 귀를 기울였다.

공항에 있는 것들이 모두 신기할 뿐이어서 나는 수시로 두리번거
렸다.

소개인이 나를 자가용에 태우고 어디론가 달릴 땐 덜컥 겁이 났지
만, 겉으로는 태연한 척하려고 무진 애를 썼다.

한참 만에 자가용이 멈춘 곳은 뉴욕의 한 호텔이었다. 호텔? 다리가
후들거렸다. 미국에 가면 창녀로 팔려갈 거라던 말이 떠올랐다. 나는
떨리는 목소리를 감추려 안간힘을 쓰며 물었다.

"그 변호사 집엔 언제 가나요?"

그 사람은 카운터에서 무엇인가를 쓰다가 힐끗 돌아다보았다.

"내일이오."

나는 주위를 살피며 도망갈 길을 찾고 있었다. 두리번거리던 내 눈
이 그 사람 눈과 마주쳤을 때는 마치 죄를 짓다 들킨 것 같았다. 그가
말했다.

"18불입니다."

무엇이 18불이란 말인가. 나는 어리벙벙했다.

"하룻밤 호텔비가 18불이에요. 미국에 온 것 기념도 할 겸 오늘 밤은 여기서 주무세요. 내일 아침에 그 할머니가 데리러 올 겁니다."

'미국에 가면 십중팔구 창녀로 팔려가고 말아!' 하는 소리가 또다시 귀를 스쳐갔다. 주머니 안에 잘 간식해둔 백 달러 지폐를 건네주었다. 내 전 재산이었다.

'이젠 돈도 한 푼 없게 되었으니, 정말 오갈 데 없는 신세가 되고 말았구나. 모르겠다. 될 대로 되라지.'

그 순간, 내 안에서 멱살을 잡아채듯 나를 일으켜 세우는 소리가 들려왔다.

'정신 차려, 이 멍텅구리야! 될 대로 되라니? 그 배짱 다 어디에 두고 왔니? 여차하면 죽어버리면 되잖아!'

조금은 가슴이 펴졌다. 호텔방에 들어섰을 때는 제법 당돌해져서 소개인의 행동을 살필 수도 있었다. 그는 가방을 내려놓고 나에게 명함을 건넸다.

"이게 내 사무실 전화번호고, 이게 우리 집 전화번호예요. 무슨 일 있으면 연락하세요. 내일은 뉴저지로 가야 하니까, 저녁에 이 부근이나 한번 둘러보세요."

소개인은 문을 열고 나가려 했다.

"저……."

무슨 할 말이 있었던 것도 아니었는데 무심코 말이 나왔다.

그 사람은 무슨 얘긴가 싶어 문고리를 잡은 채 돌아보았다.

"내일 같이 오시나요?"

"나는 내일 바쁜 일이 있어서 못 옵니다. 그 할머니 집에 도착한 후 연락 주세요."

그리고 그 사람은 가버렸다.

맥이 탁 풀렸다. 그 사람을 의심한 것이 미안해서 제대로 인사도 하지 못했다. 그 사람이 돌아가자, 괜히 콧등이 시큰했다. 손등으로 눈물을 쓱 문지르며 침대에 털썩 주저앉았다.

잠시 마음을 진정시키고 윌마의 전화번호를 찾았다. 수화기를 들고 윌마가 일러준 대로 콜렉트 콜을 부탁했다.

"헬로우?"

헨리의 목소리였다.

목이 메어 아무 말도 나오지 않았다.

"헬로?"

헨리가 다시 재촉했다.

눈물이 왈칵 솟았다. 나는 어린아이처럼 엉엉 울고 말았다.

날이 어두워지자 배가 고팠다. 영어에 자신이 없어 망설였지만, 미국에 대한 호기심이 나를 밖으로 밀어냈다. 단어 몇 개로 겨우 물었다. 프런트 데스크의 잘생긴 남자가 일러준 대로 식당에 들어섰다. 윌마네 집에서 몇 달간 식모 일을 했지만, 그들은 라면을 좋아해서 미국 음식에 대해서는 배울 기회가 없었다. 그날 저녁, 내가 그곳에서 무얼 시켜 먹었는지는 전혀 기억나지 않는다. 아주 맛있었다는 기억만 남아 있다.

호텔비와 밥값을 내고 나니, 수중에 남은 돈이 75불 남짓. 하루 저녁 사이에 전 재산의 4분의 1을 써버린 것이었다.

이튿날 아침, 전화벨 소리가 요란하게 울렸다. 소개인 박씨였다.

"잘 주무셨소? 한 시간쯤 후에 그 할머니가 호텔로 갈 테니까, 할머니를 따라가세요. 미스 서가 수속하는 데 2년이나 걸리다 보니, 그 집에서는 벌써 일하는 사람을 구한 모양입니다. 하지만 미스 서에 관해서는 그 할머니가 초청자로서 법적 책임이 있기 때문에 걱정 안 해도 돼요. 아마 지금 있는 사람을 다른 집으로 알선해줄 생각인가 봅니다."

만나보지도 않았지만 그 할머니네 가정부에게 미안했다.

"사무실 일이 너무 바빠서 같이 갈 수 없어 미안해요. 그 집에 가서 좀 안정되거든 연락 주세요."

수화기를 내려놓았으나, 아직도 현실이 믿어지지 않았다.

얼마나 지났을까. 꿈과 현실 사이의 경계선을 넘나들던 나는 가벼운 노크 소리를 듣고서야 번쩍 정신이 들었다. 나를 희망의 세계로 끌어내준 바로 그 사람. 두근거리는 가슴을 억누르며 문을 열었다. 청소하는 아주머니였다. 아주머니는, 얼떨떨해서 서 있는 내게 무슨 말을 하고는 옆방으로 가버렸다.

잠시 후, 밖에서 아이들 떠드는 소리가 났다. 그리고 노크하는 소리가 들렸다. 얼른 문을 열었더니, 여자아이와 사내아이가 방문 앞에 서서 활짝 웃고 있었다. 파란 눈에 금발 머리. 아주 귀엽게 생긴 백인 아이들이었다.

나는 더듬거리며 입을 열었다.

"헬로우, 하우 두유 두?"

아이들이 킥킥거렸다.

나는 멋쩍어지고 말았다.

머리가 하얗게 센, 통통한 체구의 미국 할머니가 웃으면서 다가왔
다. 내 스폰서였다. 인자해 보여서 안심이 되었다. 단어 몇 개로 간신
히 말을 하는 나를 보고, 아이들이 또 쿡쿡 웃었다. 얼굴이 빨개진 나
를 보고 할머니도 빙긋이 웃었다.

나중에 알게 된 것이지만, 그 당시 미국에서는 텔레비전 드라마 〈아
이 드림 오브 지니〉가 인기 절정이었다. 계집아이는 지니와 같은 요정
차림이었다. 인형 같았다. 내 이름에 들어 있는 '진'자를 보고, 여자애
는 나를 '지니'라고 불렀다. 처음 만나는 순간부터 두 아이는 나를 잘
따랐다. 여자아이는 지니 흉내를 내며 내게 마술을 할 줄 아느냐고 물
었는데, 그 드라마를 본 적이 없는 나로서는 무슨 말인지도 몰라서 아
무 말도 못했다.

할머니와 아이들을 따라 호텔을 나와서 지하철을 탔다. 다시 기차
로 바꿔 타고 40분쯤 달렸다.

내가 일하게 될 변호사 집은, 언젠가 월마네 집에서 본 미국 잡지
속의 저택 같았다. 정원이 넓은 이층집인데, 나무와 잔디가 잘 손질되
어 있었다. 집 안에 들어가자, 할머니가 남미 출신으로 보이는 한 아가
씨를 소개했다. 소개인으로부터 들은 그대로였다. 나를 더 이상 기다

릴 수 없는 형편이어서, 다른 사람을 썼다는 것이었다. 마음씨 좋은 할머니는 내가 알아들을 수 있도록 또박또박, 그리고 천천히 설명을 했다.

할머니가 나의 스폰서이기 때문에, 당분간 나를 책임질 의무가 있다는 것이었다. 그래서 내게 선택권을 주겠는데, 만일 내가 원한다면 님미 아가씨를 다른 집으로 보내고 나를 쓰겠다, 그러나 원하지 않는다면 다른 일을 해도 좋다, 다만 자기에게 내가 사는 곳과 어떻게 지내는지를 수시로 알려달라는 것이었다.

식모가 아닌 다른 일을 해도 좋다는 말은 뜻밖이었다. 어떤 선택이 현명한 것인지 전혀 알 수가 없었다. 내가 머뭇거리자, 할머니가 전화를 가리켰다. 미스터 박과 전화로 상의해보라는 것이었다.

박씨 아저씨는 반색하며 말했다.

"아니, 그런 행운이 어디 있습니까? 다른 일을 하겠다고 하세요. 일자리는 얼마든지 있으니까. 미스 서는 행운을 잡은 겁니다."

하지만 나는 이 집을 근거로 삼아 미국에 왔는데, 선뜻 결정하기가 쉽지 않았다. 내가 머뭇거리는 걸 눈치챘는지 박씨 아저씨가 말을 이었다.

"잘 데는 걱정 말아요. 마침 브롱크스에 한국 처녀 둘이 한 아파트에 살고 있는데, 거기 같이 살면 될 거예요. 그 사람들도 미국에 온 지 얼마 되지 않았는데 직장에 다니거든요. 좋은 사람들이에요. 아마 미스 서하고 나이도 비슷할 거예요."

그 말에 나는 박씨 아저씨의 의견을 따르기로 했다.

나는 곧 브롱크스로 향했다.

뉴욕의 브롱크스, 그곳이 내 미국 생활의 스타트 라인이었다.

나는 박씨 아저씨가 일러준 대로, 내 또래의 한국인 아가씨들과 함께 지내며 미국 속으로 뛰어들어갔다. 하지만 안타깝게도, 내 기억력이 워낙 좋지 않아서 그녀들의 얼굴조차 생각이 나지 않는다. 내 인생에 결정적인 계기를 만들어준 그 스폰서 할머니와 소개소 형제들의 이름조차 떠오르지 않는다.

내 기억력은 나 자신도 이해하지 못할 때가 많다. 어떤 것은 사진을 들여다보듯 아주 상세하게 기억하는 반면, 어떤 것은 금방 돌아섰는데도 전혀 기억이 나지 않는다. 특히 사람의 이름이나 장소, 책 제목 등에 약한 편이다.

'처음 뵙겠습니다. 서진규입니다'라고 인사를 하면, 상대방이 '이번이 사실 세 번째 인사하는 겁니다'라고 대꾸하는 경우도 있다. 어떤 사람과 같이 가다가 아는 사람을 만났을 때, 그 사람 이름이 생각나지 않아 고민스러울 때가 한두 번이 아니었다. 그럴 때는 그냥 태연하게 '초면들이시죠? 서로 인사하시죠'라며 위기를 모면한다. 반가운 사람이 지나가는데도 이름이 떠오르지 않아 모른 척하고 가는 경우도 많다.

브롱크스에 같이 살던 그녀들은 내가 수중에 돈이 별로 없는 걸 알고는, 방세는 취직해서 벌거든 내라며 나를 받아주었다. 미국 생활에 대해서도 이것저것 일러주었다.

몇 달 전에 그 아파트가 있던 곳을 찾아갔었다. 20여 년간 거의 잊고 지내던 곳이어서 그런지 쉽게 찾지를 못했다. 실낱같은 기억을 더 듬어가며 겨우 찾아낸 브롱크스의 한 귀퉁이. 가슴이 먹먹해왔다.

그곳은 내가 살던 때에 비하면 폐허가 된 것 같았다. 하지만 그동안 내 눈이 바뀌었기 때문인지도 모른다. 1971년 처음 미국에 왔을 때의 내 눈과 지금의 내 눈은 많이 달라져 있을 테니까.

그때 나는 브롱크스에서 직업도 없는 이방인이었다. 영어도 거의 하지 못했고, 수중의 돈이래야 며칠 밥값도 안 되는 정도였다. 그때의 나에게 미국 사람들은 모두 대단한 사람들로 보였다. 브롱크스에서 어슬렁거리는 미국인들도 그렇게 보였다.

나중에 브롱크스를 떠나면서 알게 되었지만, 그곳은 위험한 슬럼가였다.

하지만 내가 첫발을 디딘 브롱크스는 나를 따뜻하게 품어주었다. 직장도 없던 나를 친절하게 받아준 룸메이트들은 물론이고, 그네들이 소개해준 이웃의 타일랜드 사람들도 인정이 많았다. 그 아파트에는 타일랜드 사람들이 많았다. 그들은 파티를 좋아했는데, 항상 나를 초대했다. 또 여기저기 데리고 다니면서 내가 향수병에 걸리지 않도록 배려해주었다. 내가 피자를 처음 먹어본 것도 타일랜드 사람들 덕분이었다. 그 피자가 얼마나 맛이 있었던지.

타일랜드 사람들은 대부분 식당 접시닦이나 아파트와 사무실 청소부 같은 밑바닥 생활을 하고 있었지만, 내 눈에는 모두 나보다는 훨씬 나은 처지로 보였다.

미국에서의 첫 직장도 그들 도움으로 구할 수 있었다. 그들이 소개한 일자리는 월스트리트에 있는, 유대인이 경영하는 미국 식당이었다. 그곳에서 접시닦이로 일하는 타일랜드 친구가 마침 점심 식사 시간에 일할 호스티스를 구한다는 말을 듣고 나를 추천했던 것이다.

'뭐라구? 호스티스?'

나는 펄쩍 뛰며 고개를 절레절레 흔들었다. '십중팔구 창녀가 되고 말걸'이라던 고향 사람들의 목소리가 들리는 듯했다. 나는 그들에게 호의는 고맙지만, 미국까지 와서 술 파는 여자가 될 수는 없다고 말했다.

놀란 것은 오히려 타일랜드 사람들이었다. 그들의 설명을 듣고 보니, 미국에서 말하는 호스티스는 레스토랑에서 자리를 안내하는 직업이란 것이었다. 미국에 대해 너무도 무지한 나 자신이 부끄러웠고 그들에게 미안했다.

나는 월스트리트로 갔다.

낮에는 대학생, 밤에는 웨이트리스

　영어가 걱정이었다. 하지만 유대인 주인은 내 서툰 영어가 오히려 귀여워 보였던지 그 자리에서 채용해주었다. 같이 일하는 종업원들은 물론이고, 손님들도 더듬거리는 나를 친절하게 대했다. 일이 고되기는 커녕 신이 났다. 월급도 한국에서 받던 것보다 몇 배나 많았다. 나는 맡은 일 외에도 내가 할 수 있는 일이면 주저하지 않고 팔을 걷어붙였다.

　한 달쯤 지나자, 주인은 내게 저녁 일까지 해달라고 부탁했다. 수입이 세 배 가까이 늘어났다. 벼락부자가 된 기분이었다. 자기가 가진 돈이 아무리 많아도 스스로 만족하지 않으면 부자가 아니다. 그런 사람은 그 돈으로 삶을 즐기지 못한다. 돈에 눈이 먼, 돈의 노예일 뿐이다.

그런 의미에서 나는 부자였다. 비록 가진 것은 얼마 되지 않았지만, 나는 기쁜 마음으로 아버지에게 용돈을 부쳤다. 미국에 올 때 수수료와 항공료를 마련하느라 아버지가 진 빚도 머지않아 갚게 되리라는 사연도 빼곡히 적어 보냈다. 부러워만 했지 감히 살 엄두를 내지 못했던 텔레비전도 샀다. 극장에도 가고 파티에도 참석했다.

하지만 돌이켜보면 나는 매우 위험한 환경 속에서 살고 있었다. 유대인 식당이 있는 뉴욕 맨해튼 중심가에서 브롱크스의 아파트까지는 지하철로 30분 이상 걸렸다. 지하철, 특히 밤늦은 시간의 지하철은 안전하지 않았다. 내가 저녁 일을 마치고 집으로 향할 때면 거의 밤 열한 시. 스물세 살의 '철부지'가 혼자서 지하철을 타는 것도 위험했지만, 지하철에서 내려 집으로 걸어가는 길도 위험천만이었다. 브롱크스의 길가에는 양쪽으로 술집들이 즐비했다. 내가 퇴근하여 그 길을 지나갈 때면 언제나 술집 앞에는 왁자지껄하게 떠들어대면서 맥주를 마시는 흑인들이 몰려 서 있었다.

식당 웨이트리스들은 나를 동생처럼 여겼다. 내가 옷을 사입지 않자, 자기 조카들이 입던 옷을 여러 벌 갖다주었다. 나는 그중에서도 미니스커트를 즐겨 입었다. 식당 종업원들과 손님들이 하나같이 날씬해 보인다고 칭찬하는 바람에 자주 입고 다녔다. 미니스커트 차림의 동양 처녀가 심야 지하철과 브롱크스의 밤거리에서 봉변을 당하지 않고 무사히 지나다녔다는 것은 기적에 가까운 일이었다.

그렇게 유대인 식당에서 몇 달을 일하던 어느 날, 한국인 손님들이 식사를 하러 왔다. 내가 한국인이라는 것을 첫눈에 알아본 그들은, 맨해튼 56번가에 아리랑이라는 한국 식당이 개업하는데 웨이트리스를 구하고 있다고 귀띔해주었다. 하지만 관악골프장에서 일할 때 주방 사람들의 횡포가 떠올라 썩 내키지 않았다. 그 손님들은 그곳 일이 미국 식당 호스티스보다 수입이 몇 배는 많을 거라며, 내 손에 아리랑 연락처를 쥐여주었다.

집으로 가는 길에 골똘히 생각해보았다.

'식당 사람들이 나를 얼마나 귀여워해주는데. 나는 지금 행복해.'

하지만 나는 아버지가 진 빚을 생각했다. 제천의 춥고 미끄러운 겨울 밤길을 자전거를 타고 야근 나가는 아버지의 추운 어깨, 저능아인 막내아들을 키우며 술꾼들에게 시달리고 있을 어머니를 생각했다. 목이 잠겨왔다. 대학에도 가고 싶었다.

'수입이 몇 배라는데. 빚도 갚을 수 있고 부모형제에게 용돈도 더 보내드릴 수 있는데. 어쩌면 대학도……'

몇 달 전 찾아갔던 56번가에 아리랑은 흔적도 없었다. 대신 현대식 미국 식당이 들어서 있었다. 아쉬움과 함께 그리움이 물밀듯 밀려왔다. 아, 그때 그 사람들.

아리랑에 찾아가 처음 만난 사람은 지배인이었다. 작은 키에 다부진 체격인 그는 다정한 미소를 머금고 있었다. 지배인은 머뭇거리는 내게 몇 가지 인적 사항을 물어보곤 곧바로 일을 해도 좋다고 했다. 그때까지도 일자리를 바꿔야겠다는 확신이 서지 않았었는데, 나는 얼떨결에 고개를 끄덕이고 말았다. 아리랑과의 인연은 그렇게 시작되었다.

월스트리트의 유대인 식당에서 만난 한국 손님들 말마따나 아리랑은 고급 한국 식당이었다. 나는 그곳에서, 한국에선 명절 때나 입어보던 고운 한복을 날마다 바꿔 입었다. 거울에 비친 내 모습이 너무 화사했다. 그러나 한가하게 거울이나 보고 있을 시간이 없었다. 우리는 콩 볶듯 뛰어야 했다. 그 곱던 한복이 시간을 다투는 우리들에겐 그렇게 거추장스러울 수가 없었다. 아리랑은 2층까지 손님이 꽉 찰 정도로 문전성시였다. 커다란 쟁반에 곰탕이나 찌개를 가득 담아 1, 2층을 쏜살같이 오르내리는 모습은 곡예사 같았다.

내 한 달 수입은 천 달러에 가까워졌다. 아리랑에서 일한 지 몇 달 만에 아버지가 진 빚을 모두 갚은 것은 물론이고, 내 딴에는 '엄청난' 돈도 모았다. 이사도 했다. 식당 언니들의 도움으로 브롱크스를 떠나 퀸스로 옮겼다.

내 꿈이 하나하나 현실이 되어가고 있었다.

정식 대학생은 아니었지만, 대학에도 들어갔다. 퀸스 대학이 외국인들을 위해 개설한 영어 회화 과정에 등록한 것이다. 낮에는 대학에서 영어를 공부하고, 저녁에는 아리랑에서 웨이트리스로 일하는 '야경주독夜耕晝讀'이 시작된 것이다.

나는 학교나 식당에서 만난 사람들에게 근처에서 가장 좋은 공립대학이 어디냐고 물어보았다. 학비가 부족했기 때문에 공립대학을 가야 했다. 전공은 크게 고민하지 않았다. 월마처럼 나도 회계사가 되고 싶었다.

1972년, 회계학으로는 꽤 유명하다는 바루크 대학에 등록했다.

9월에 첫 학기가 시작되었다. 미국에 첫발을 내디딘 지 1년 반 만에 이룬 첫 성취였다. 식모살이를 하러 미국에 왔던 내가, 한국에서 그토록 갈망하던 진짜 대학생이 된 것이었다. 그것은 내게는 가슴 벅찬 사건이었다. 내 '희망의 등불'이 처음으로 '희망의 증거'로 떠오르기 시작한 것이었다.

바쁜 식당 일도 힘들지 않았다. 쟁반 가득 음식을 담고 긴 치맛자락을 들어올리며 1, 2층 계단을 분주하게 오르내리면서도 나는 늘 웃었다. 무서운 주방장 아저씨나 까탈스러운 손님들도 그저 고맙고 반갑기만 했다. 내 꿈이 나를 힘차게 밀어주고 있었다. 우수한 성적으로 대학을 졸업하는 딸을 대견한 눈으로 바라볼 부모님의 환한 얼굴이 눈에 선했다.

지금도 크게 달라지진 않았으리라. 당시 한국에서 유학은 주로 상류층 자녀들에게만 주어지던 특권이었다. 반면 이민은 살길을 찾으러 떠나온 것이었기 때문에, 미국에서도 유학생과 이민 온 사람을 대하는 시선은 하늘과 땅 차이였다.

나도 그렇게 생각했다. 유학은 선택받은 사람들만 갈 수 있는 거라고. 먼발치에서 유학생들을 부러워하는 수밖에 없었다. 유학에 대해서만큼은 '나라고 해서 못 갈 이유가 뭐란 말인가?'라는 자존심을 내세우지 않았다. 식모가 되기 위해 미국으로 오는 비행기에는 유학을 떠나는 내 또래의 한국 젊은이들이 있었다. 나는 그 비행기 안에서 심한 열등감을 느꼈다. 그들이 서 있는 대열에 나란히 설 수 없다는 자괴감 때문이었다.

그런데 식모로 왔던 내가 그 '선택받은 사람들'과 함께 같은 교실에서 미국 교수의 강의를 듣고 있는 것이었다.

그뿐 아니었다. 이민으로 태평양을 건너온 나와는 달리, 유학생은 미국에서 일할 자격이 없었다. 집에서 보내주는 돈으로 비싼 학비와 생활비를 충당해야 했으므로, 웬만한 부잣집 자녀가 아닌 이상 항상 쪼들렸다. 하지만 나는 훨씬 유리한 조건이었다. 나는 부자 대학생이었다. 밥을 사주기도 하고, 필요할 땐 돈을 빌려주기도 하며 어려운 유학생들을 도왔다. 남을 돕는 것이 얼마나 행복한 일인지 그때 처음 알았다. 유학생 사회만 한정시켜 말한다면, 나는 이미 성공한 한국인이었다.

대학생활이 즐거운 것만은 아니었다. 강의실은 내게 지옥이었다. 교수님의 강의 내용을 알아들을 수가 없었다. 미국에서 공부해본 한국인이라면 알리라. 중고등학교에서 배운 영어는 아무짝에도 쓸모가 없었다.

입학시험 중에는 영어, 수학 등이 포함되어 있었다. 내가 예상했던 대로 수학은 월등했던 반면 영어는 점수가 형편없었다. 그래서 나는 학점이 없는 기초 영어를 두 과목이나 들어야 했다.

그중에 영작문이 있었는데, 내가 가장 힘들어하던 시간이었다. 선생님이 어떤 주제를 던져주며 작문을 하라고 하면, 그 주제를 적은 종이를 찢어버리고 싶은 충동을 느낄 정도였다. 한국에서 주입식 교육에 익숙해진 탓인지, 머리를 아무리 쥐어짜도 참신한 아이디어가 떠오르질 않았다. 평소에는 그렇게 잘 떠오르던 생각들이 영작문 시간만 되면 캄캄해졌다. 정해진 시간 안에 써야 한다는 것도 스트레스였다. 그 지옥 같은 영작문에서 어떻게 낙제를 면했는지 모르겠다. 당시 내 영어 성적은 항상 C 이하였다.

기초 영어 시간은 지옥의 입구에 불과했다. 다른 과목은 영어 문제에다 문화적 차이까지 겹쳐 있었다. 미국 문화에 무지했던 내게는 미국에 관한 모든 것이 벽이었다. 카운슬러가 일러준 대로, 나는 학점 없는 영어 이외에도 마케팅과 음악 이론, 수학과 태권도 등을 배웠다. 나는 우등생이었던 중고등학교 시절로 돌아갔다. 잠잘 때와 식당에서 일하는 시간 이외에는 오직 공부에만 몰두했다. 길을 걸을 때는 단어를 외웠고, 지하철에서는 교과서를 읽었다. 너무 긴장해 있어서였을까. 그렇게 심하던 멀미도 나지 않았다.

밤 열 시에 식당 문을 닫고, 열시 반이나 열한 시에 식당을 출발해서 퀸스의 아파트에 도착하면, 보통 밤 열두 시가 가까웠다. 원래 씻는 데 게을렀던 나는 자기 전에 세수를 해본 적이 없다. 그때나 지금이나 피부 손질을 하지 않았던 내가 요즘에 와서 피부가 곱다는 말을 자주 듣는다. 그러고 보면 먼지가 피부에 좋은 것인지도 모른다.

각오와 열의만으로 미국 학생들과 경쟁하기란 사실상 불가능했다. 중고등학교 시절, 나는 가정환경 때문에 교과서 이외에는 달리 교양을 쌓을 기회가 없었다. 문학은 말할 것도 없고 외국의 역사나 문화에 관한 일반 상식이 턱없이 부족했다.

내 영어 실력은 교과서 한 장*을 읽는 데 무려 여섯 시간이 걸리는 수준이었다. 사람들은 설사 모르는 단어가 나오더라도 읽어나가다 보면 문맥은 파악할 수 있을 거라고 했지만, 그것은 영어 실력이 어느 정도 있는 사람에게나 통하는 말이었다. 3분의 2 이상이 모르는 단어 투성이였던 내게는 아예 문맥 파악이 불가능했다.

예습은 단어 찾기였다. 교과서의 여백이 모자랄 정도로 새까맣게 단어의 뜻을 적어놓았다. 그렇게 준비를 하고 강의에 임했지만, 교수의 말을 전혀 알아들을 수 없었다. 특히 마케팅 시간은 머리를 쩧고 싶은 심정이었다. 교수가 '시보레'니 '포드'니 하며 열강을 했지만, 나는 그게 자동차 이름이라는 것조차 몰랐으니. 내가 알고 있는 자동차 이름은 '새나라'와 '찌프차'가 전부였다. 내가 무모했던 것이다. 남 앞에서 눈물 한 방울 보이지 않던 내가 강의실에서 나도 모르게 눈물을 흘렸다. 나도 놀랐지만, 뚝뚝 눈물을 흘리는 나를 보고 교수도 적잖이 당혹스러워했다.

한국은 어떤지 모르겠지만, 미국 대학의 교수들은 강의 중에 유머를 자주 섞는다. 유머가 지식인의 조건처럼 보일 정도이다. 수업 내용 못지않게 힘들었던 것이 바로 교수들이 던지는 유머였다. 한마디라도 알아듣기 위해 교수의 얼굴만 뚫어져라 쳐다보고 있는데, 갑자기 '와―' 하고 터지는 학생들의 웃음소리라니! 그 순간, 나는 길 잃은 아이 꼴이 되곤 했다. 나 혼자만 웃지 않고 멍한 표정으로 앉아 있는 것이었다. 나는 미운 오리 새끼였다. 바로 그럴 때 나도 모르게 눈물이 솟구치는 것이었다.

함께 웃지 못하는 내가 안돼 보였는지, 옆자리 학생이 교수가 한 농담을 내가 알아들을 수 있도록 설명해주기도 했다. 하지만 그것도 고역이었다. 한바탕 웃음이 휩쓸고 간 강의실은 조용하기만 한데, 뒤늦게 농담을 알아들은 나는 터져나오려는 웃음을 참느라 입을 틀어막아야 했다. 시원하게 터뜨리지 못한 웃음은 재채기가 나오려다 말았을 때처럼 찜찜하기만 했다.

내 처지가 너무도 한심했다. 꿈을 향한 나의 도전은 하루하루 긴장을 잃고 느슨해져갔다. 낙제보다는 포기가 낫다 싶은 생각이 들었다.

바루크 대학의 첫 한 달은 그렇게 지나가고 있었다.

곰곰이 며칠을 생각한 끝에, 용기를 내어 교수를 찾아갔다. 교수는 안쓰러운 표정으로 나를 바라보았다. 그러고는 조금만 더 참고 강의를 들어보라며 나를 위로했다. 그 따뜻한 말에, 나는 또 한바탕 눈물잔치를 치르고 말았다. 교수는 내 눈물에 어지간히 당혹스러웠던지, 시험은 교수 연구실에서 시간 제한 없이 치르게 해주겠다고 약속했다. 한영사전, 영한사전을 사용해도 좋고, 설령 답안지의 영어가 서툴더라도 문제 삼지 않겠다고 덧붙였다.

하늘은 스스로 돕는 자를 돕는다고 했던가. 믿기 어렵겠지만, 영어를 제외한 다른 과목은 모두 성적이 B 이상이었다. 그때 나는 깨달았다.

'사람도 스스로 돕는 자를 돕는다.'

그렇다. 사람들도 하나님처럼 스스로 돕는 자를 도와주고 싶어 한다.

나는 그 덕을 톡톡히 본 셈이었다. 그때 마케팅을 가르치던 교수도 내가 스스로를 돕는 모습을 보이지 않았다면 그런 배려를 하지 않았을 것이다.

그러나 헌 신문지 조각처럼 찢기고 바랜 내 자존심을 보란 듯이 세워준 과목도 있었다. 미국에서 공부하는 많은 한국 학생들이 그런 것처럼, 나 역시 수학에는 자신이 있었다. 수학에만 매달렸다. 그 결과, 수학만큼은 미국 학생들에게 전혀 뒤떨어지지 않았다. 아니 뒤떨어지지 않는 정도가 아니었다. 내 수학 실력은 교수들이 고개를 설레설레 흔들 정도로 뛰어났다.

미적분 과목을 들을 때였다. 학기 초에는 열다섯가량의 학생이 등록했는데, 너무 어렵다면서 한두 명씩 떨어져 나가기 시작했다. 학기가 끝날 때쯤엔 절반도 남지 않았다. 나는 그 과목에서 100점 만점에 평균 99.9를 맞았다. A+. 모두들 눈이 동그래졌다.

수학에 집착할 수밖에 없었던 내 심정을 알 리 없는 교수나 학생들은 내가 수학의 천재인 줄로 알았다. 수학 교수들은 수학을 전공해보라고 적극적으로 권유하기도 했다. 중고등학교 때 선생님을 좋아하다 보면 그 선생님이 가르치는 과목을 잘하는 경우가 종종 있다. 하지만 나는 수학 선생님을 사모했던 적은 없었다. 수학은 어릴 때부터 자연스럽게 좋았다. 수학 문제를 하나하나 풀어나가다 보면, 나를 옥죄는 가정과 사회로부터 벗어나는 해방감을 느꼈다.

중학교 때부터 나는 새 교과서를 받으면, 그 학기의 첫 수업이 있기 전까지 수학책에 나와 있는 모든 문제를 다 풀어버렸다. 간혹 잘 풀리지 않는 문제를 만날 땐 책을 집어던지기도 했지만, 화가 좀 풀리면 곧 다시 달려들었다. 풀어야 할 문제를 풀지 못하고 돌아서면 마치 독감으로 코가 꽉 막힌 듯 답답했다. 그렇게 힘들었던 문제를 기어코 풀어냈을 땐 마치 개선장군이 된 듯한 성취감을 맛보았다. 수학은 누구에게도 지지 않았다. 수업 시간에 자주 선생님의 실수를 지적해서 선생님들을 긴장시켰고, 아침 자습 시간에는 우리 반 학생들을 가르치기도 했다.

수학은, 바루크 대학에서 영어에 시달리던 내게 고향이었다. 한국에서와는 전혀 다른 열등감에 빠져들려는 나를 지켜주는 든든한 자존심이었다.

세월이 훨씬 지난 후에 깨달은 것이지만, 생(生)은 수학 문제 풀기와 많이 흡사하다. 우리 인생에도 풀어야 할 크고 작은 문제들이 수없이 많다. 그리고 그 해답으로 가는 길도 여러 개가 있다. 그 선택은 개개인의 여건과 취향에 따라 좌우된다. 물론 삶에서 주어진 문제를 풀어냈을 때의 만족감은 수학 문제를 풀었을 때와는 비교할 수가 없으리라. 그러나 문제가 어려우면 어려울수록 해답을 구했을 때의 쾌감은 높아진다는 점에서 수학과 인생은 서로 닮아 있다.

성장기에 주어졌던 환경과 내가 이루고 싶었던 꿈의 격차가 유난히도 컸던 나는, 내 앞에 닥친 문제를 수학 문제처럼 생각했다. 나는 문제 풀기를 포기하지 않았다. 반드시 해답이 있기 때문이었다. 그리고 그 해답은 다른 누구도 아닌 바로 내가 찾아내야만 하는 것이었다.

"나는 엄마의 힘들었던 과거가 부러워."

나를 꼭 빼닮은 딸 성아가 내게 자주 하는 말이다.

바루크 대학에서 수학이 나를 지켜주었다면, 아리랑 식당에서는 대학생이라는 신분이 나를 두드러지게 했다. 아리랑 종업원들은 모두 나보다는 나은 환경에서 자랐지만, 대학생은 없었다. 내가 유일한 대학생이었다. 내가 종업원들은 물론 손님들에게 좋은 대우를 받을 수 있었던 것도 어린 나이와 학생이란 신분 때문이었다. 그 식당에 취직한 후 처음 얼마 동안은 내가 나이가 제일 어려서, 언니들의 사랑을 독차지했다. 나는 스물네 살에야, 어린 시절 못해본 어리광을 부려보았다.

종업원들 중에서도 유난히 나를 끔찍이 위해주시던 분이 있었다. 다행히 그분 성함은 기억이 난다. 하만보 씨. 우리가 모두 '만보 아저씨'라고 불렀던 그 아저씨는 부주방장이었다. 30대 중반이었는데, 늦장가를 들어 두 살 된 딸이 하나 있었다. 그 만보 아저씨가 어느 날부터 나를 자기 딸이라고 부르는 것이었다. 보이게, 때로는 보이지 않게 언제나 내 편에서 나를 도왔다. 깜빡깜빡하는 기억력 탓에 성질 급한 주방장으로부터 자주 호통을 듣던 내게는 만보 아저씨가 든든한 방패막이였다.

영어 때문에 잔뜩 저기압이 되어 학교에서 돌아오면, 만보 아저씨가 그때마다 농담을 던지며 나를 위로해주었다. 그리고 내 몫의 점심식사까지 챙겨놓았다가 학교에서 허기져 돌아오는 내 앞에 내놓는 만보 아저씨.

"미스 서 말예요, 만보 아저씨가 데리고 들어온 딸 아니에요?"

종업원들은 아저씨와 나를 부녀 사이라며 놀렸다. 쉬는 날이면, 아저씨의 부인이 나를 초대해서 맛있는 음식을 만들어주며 용기를 잃지 말라고 북돋워주었다.

그 시절, 나는 청혼도 많이 받았다. 아리랑에는 한국에서 온 고위 관리나 상류층 사람들이 자주 드나들었다. 내가 대학생이라는 것을 아는 사람들은 팁을 더 많이 주거나, 격려의 말을 아끼지 않았다. 한국에서라면 나를 상대조차 하지 않았을 남자들이 여러 차례 청혼을 해왔다. 집안도 대단하고 매력적인 남자들도 몇몇 있었지만, 나는 오래 생각하지 않았다. 공부에 전념하고 싶었다.

내 꿈을 포기하고 싶지 않았다.

첫눈에 반한 남자

1974년 여름, 내 나이 만 스물다섯 살.

뉴욕에서 3년이 흘렀다.

나는 좀 더 새로운 모험을 해보고 싶었다. 그때부터 나의 방랑벽이 고개를 들기 시작했다. 미국의 내 고향인 뉴욕을 떠나 캘리포니아로 향했다. 아리랑에 있는 언니가 로스앤젤레스에 있는 바이킹이라는 한국 나이트클럽을 소개해준 것이다.

제법 미국 생활에 익숙해졌고, 어디에서든지 새로운 삶을 개척할 수 있다는 자신감이 생겼다. 영어도 웬만큼은 장악했고, 그동안 저축도 해놓았다. 든든했다. 아버지가 진 빚은 벌써 오래 전에 청산했다. 도로 계획 때문에 제천 부모님이 집을 옮겨야 했는데, 그 비용의 3분의 1 이상을 내가 부쳐드렸다. 식당 사람들이 효녀라며 칭찬을 아끼지 않았다. 학교와 식당을 오가는 정신없이 분주했던 뉴욕 생활이었지만, 내 꿈과 용기는 굽힘 없이 자라나고 있었다.

캘리포니아 주립대학으로 학교를 옮기고, 금요일과 토요일 저녁에 바이킹에서 웨이트리스로 일했다. 학교 강의가 없는 시간을 틈타, 일주일에 나흘은 스파게티를 전문으로 하는 이탈리아 식당에 취직했다. 뉴욕과 다름없는 나날이었다.

로스앤젤레스에서도 몇몇 한국 남자들에게 청혼을 받았다. 스파게티 식당 부근에서 주유소를 하는 한국계 젊은 사업가가 있었는데, 꽤 재산가로 알려진 청년이었다. 그가 내게 많은 관심을 보였다. 어느 날 그에게 데이트 신청을 받았다. 그는 포르셰 스포츠카를 몰고 집으로 나를 데리러 왔다. 스포츠카에 어울리는 세련된 옷차림의 그에게 호감이 갔다.

스포츠카는 처음 타보는 것이었는데, 어릴 때부터 고질병이었던 멀미 때문에 혼이 났다. 저녁 식사를 마치고 그는 '분위기'를 찾아 차를 해변으로 몰았다. 그러나 나는 멀미가 심해서 속이 영 거북했다. 하필 이럴 때 복통이라니. 화장실에 가고 싶었다. 그래도 첫 데이트가 아닌가. 나는 참으려 애썼다.

그는 바다가 한눈에 들어오는 해변가에 차를 세웠다. 저녁노을이 고왔다. 차 안에는 달콤한 음악이 흐르고 있었다.

그는 분위기를 잡으려는 듯 한껏 목소리를 낮추어 말했다.

"바다가 참 멋있지요?"

"……네."

나는 복통을 억눌러 참으며 가까스로 대답했다.

"저 바다 끝에 고국이 있지요. 나는 고국이 그리울 때면, 여기로 달려와 바다를 한참 바라보곤 합니다."

하지만 나는 고국 생각을 할 수가 없었다. 눈앞이 흐려져왔다.

'빨리 집에 갔으면 좋겠는데. 말을 할 수도 없고, 자연의 명령을 막을 수도 없고.'

나는 죽을 지경이었다.

"한국을 떠나 처음 여기 왔을 때는 아는 사람도 없고 무척 외로웠습니다."

"……."

"그래도 사나이의 큰 포부를 이루려는 결심으로……."

도저히 참을 수가 없었다. 그와 함께 한가하게 무드를 잡고 있을 여유가 내겐 없었다.

"저, 집에 갔으면 좋겠는데요!"

"아니, 왜 그러십니까? 제가 뭐 실례한 거라도 있습니까? 여기가 싫으시면 다른 곳으로 옮길까요?"

우수에 젖어 있던 그는 점잖게 말하며 내 눈치를 살폈다.

"아니요. 좀 급한 일을 잊고 있었어요. 미안하지만 좀 서둘러주세요. 굉장히 중요한 일이어서……."

세상에 그보다 더 급한 용무가 또 어디 있겠는가. 그러나 내 사정을 알 리 없는 남자는 어떻게 해서든 나를 달래보려 했다.

하지만 나는 단호하게, 그리고 날카로운 목소리로 집에 데려다 달라고 말했다.

멀미로 인한 '자연의 요구' 때문에, 결국 그 데이트는 여지없이 망가지고 말았다.

그로부터 넉 달 후, 나는 사랑에 빠졌다.

합기도 시범 경기를 위해 한국 사람들이 왔는데, 그중에 '잘생기고 멋진' 남자가 있었다. 키가 훤칠한 남자였다. 나는 그에게 첫눈에 반해 버렸다.

우리는 곧 사랑에 휩싸였다. 그리고 행복했다.

얼마 후, 나는 그이의 청혼을 받았다. 주위에선 극구 말렸다.

"네가 손해 보는 거야. 그 사람보다 나은 남자들이 얼마나 많은데. 정신 차리고 조금만 기다려봐."

그들의 말이 옳았는지도 모른다. 그러나 사랑에 손해 보고 말고가 어디 있겠는가. 만에 하나라도, 내가 그이에게 줄 게 있다면 그게 곧 행복이 아닌가.

나는 그들의 간곡한 만류도 뿌리치고 그의 청혼을 기쁘게 받아들였다. 그이와 함께 있는 것만으로도 나는 행복했다. 우리의 젊고 뜨거운 사랑을 믿었다. 둘이 힘을 합하면, 어떤 어려움이라도 헤쳐나갈 수 있으리라 믿었다.

사랑이 한창 무르익어가던 어느 날, 그이가 고백했다.

"실은 말이야…… 네 살 된 딸이 하나 있어. 지금 어머니가 한국에 데리고 있는데……."

갑자기 정전이 된 것처럼 눈앞이 캄캄해졌다.

그이의 얼굴을 가만히 쳐다보았다. 용서를 구하는 듯한 그이의 눈동자가 맑아 보였다. 무어라 말하려 하는 그이의 입을 막았다. 사랑은 "미안해"라고 말하지 않는 것이잖는가. 나는 사랑에 눈이 멀어 있었던 것이다. 사랑은 모든 것을 포용할 수 있게 했다. 그이의 딸이라면 그이의 분신이 아닌가. 나는 그 아이까지도 사랑스럽기만 했다.

다음해 1월, 나는 그이와 결혼했다.

그이가 원하는 것이라면, 나는 무엇이든 하려고 했다. 그는 시애틀로 가자고 했다. 시애틀에 그와 의형제를 맺은 친한 형이 있다는 것이었다. 우리는 시애틀로 이사했다.

우리는 가난했다. 그 사람은 가진 것이 전혀 없었고, 내가 저축한 돈도 결혼과 이사 비용을 치르자 거의 바닥이 나고 말았다.

생활비를 벌기 위해, 내가 나서야 했다.

나는 임신해 있었다. 그 몸으로 낮에는 한 회사의 경리사원으로 일했고, 밤에는 또 식당의 웨이트리스로 일했다. 그런 것은 전혀 문제가 되지 않았다. 사랑의 힘이 있었던 것이다. 몸은 피곤해도 마음은 마냥 행복하기만 했다.

하지만 결혼하고 나서 2년 동안, 나는 처음 미국에 왔을 때보다도 더 혹독한 가난을 경험했다. 그이는 합기도 7단 자격 이외에는 미국에서 살아갈 아무런 능력이 없었다. 그의 영어는 내가 처음 미국에 왔을 때보다 훨씬 형편이 없었다.

그이는 합기도 도장을 차려 워싱턴 대학의 학생들을 가르치고 싶다고 했다. 나는 그의 뜻을 받들었다. 어렵사리 돈을 구해 조그만 도장을 마련했고, 영어를 못하는 그이를 도왔다. 그이가 합기도를 가르치면 옆에서 내가 통역을 해주었다.

도장은 완전히 적자였다. 그이는 목공 조수로 있으면서 목수 일을 배웠는데, 도장은 그 쥐꼬리만한 수입까지도 몽땅 삼켜버렸다. 그래도 도장은 그의 마지막 남은 자존심이었다. 나는 아무런 불평 없이 뒷바라지를 했다.

시애틀로 오고 나서, 나의 대학 공부는 무기한 보류 상태로 내게서 멀어지고 있었다. 하지만 그래도 나에겐 사랑이 있었다. 점점 무거워지는 몸을 이끌고 열심히 일했다. 그이와 곧 태어날 우리의 아기를 생각하면, 피곤함도 즐거움으로 느껴졌다.

문득문득, 내 대학 공부는, 내 꿈은, 하는 생각에 가슴이 허전했지만, 그럴 때마다 그이를 바라보았고 뱃속에서 자라고 있는 아이를 생각했다.

네가 여자로 태어난 것은 결코 잘못이 아니야

행복한 마음으로 열심히 일하던 어느 날, 나는 내 일생에서 가장 커다란 사고를 칠 뻔했다. 성아를 임신한 지 3개월. 내 생명보다 귀한 딸 성아를 영원히 잃어버릴 뻔했던 것이다.

그날 저녁은 식당 일이 유난히도 바빴다. 나는 말 그대로 발바닥에 불이 날 정도로 열심히 음식을 나르고 빈 그릇을 치웠다. 그런데 갑자기 배에 통증이 왔다. 속옷이 젖는 것 같은 느낌. 이상했다. 급히 화장실을 찾았다. 속옷이 흥건할 정도로 피가 흘러나와 있었다. 나는 아찔했다. 두려웠다.

'설마 우리 아기가?'

온몸이 와들와들 떨려왔다. 등줄기에서 식은땀이 흘렀다. 구역질이 그치지 않았다. 창자라도 끌어낼 것처럼 심하게 꿱꿱거렸다. 콧물과 눈물 때문에 앞이 잘 보이지 않았다. 그냥 그 자리에 주저앉고 싶었다.

'아, 내 아기.'

나는 몸속의 아기를 살려야 한다는 일념으로, 혼신의 힘을 다해 몸을 일으켜 세웠다. 화장실 벽에 몸을 기대며 겨우 밖으로 나왔다. 마침 화장실로 오던 웨이트리스가 귀신 같은 내 몰골을 보고 기겁을 하며 주인을 불렀다.

주인은 나를 주방 옆 창고에서 쉬도록 한 다음, 남편에게 연락을 취했다. 1분 1초가 다급했다. 남편을 기다리던 그 시간이 한없이 길게 느껴졌다. 온몸이 떨려 아랫니 윗니가 맞부딪쳤다. 계속 식은땀이 흘러내렸다.

나는 떨리는 손으로 배를 어루만졌다.

"아가야, 정말 미안하구나. 이 엄마가 너무 무심했어. 내 몸이 지금 나만의 몸이 아니라는 걸 그만 깜빡했구나. 네 생명의 보금자리를 함부로 하다니. 그래, 조금만 더 참아다오. 힘내야 된다, 아가야. 이렇게 허무하게 가면 안 돼."

가슴이 무너지는 것 같았다. 아기가 들을까봐 숨을 죽여가며 흐느꼈다. 할딱거리는 아기의 입에 생명의 물방울을 흘려 넣으려는 듯, 눈물은 꺽꺽 울음을 참는 내 목을 타고 아기가 있는 배로 흘러내려갔다. 내 마음의 눈물은 아기의 입술을 적시려 애썼다. 그렇게 영원과도 같은 시간이 흐르고 있었다.

남편이 허겁지겁 달려왔다. 남편을 보는 순간, 막아놓았던 폭포가 터지듯 울음이 터져나오고 말았다.

"아니, 정말 큰일날 뻔했어요. 유산 일보 직전이었다구요. 어떻게 그렇게 무리를 하셨어요. 다행히 아기는 구했지만……."

연락을 받고 아파트로 달려온 담당 의사의 말을 듣고서야 숨을 돌릴 수 있었다.

"아무튼 앞으로도 3, 4일간이 고비니까 정말 조심해야 합니다. 절대 몸을 함부로 해선 안 돼요. 아니, 화장실 가는 일 외에는 침대에서 일어나지도 마세요. 안정, 안정을 취해야 합니다."

중년의 백인 의사는 내 손을 쥐고 하나하나 당부했다. 아이가 살았다는 안도감과 그 의사에 대한 고마움이 또 눈물을 솟구치게 했다. 눈물이 내 눈꼬리를 타고 흘렀고, 나는 씰룩거리는 입술로 고맙다는 말만 되풀이했다.

의사가 떠나고 남편이 걱정스러운 얼굴로 나를 위로했을 때, 나는 형언할 수 없이 복잡한 심정이었다. 남편에게 무슨 말이고 해주고 싶었지만 삼켜버리고 말았다. 삼켜버린 말이 눈물로 솟아나왔다.

나는 의사가 지시한 것 이상으로 안정을 취했다. 거의 일주일 동안 침대를 떠나지 않았다. 나는 배를 어루만지며 쉬지 않고 속삭였다.

"아가야, 꼭 이겨내야 해. 엄마는 너를 하늘만큼이나 사랑한단다. 너도 곧 그렇겠지만, 엄마는 너와 함께 하고픈 것이 아주아주 많아. 너와 엄마는 함께 할 일이 정말 많을 거야. 힘내야 돼, 아가야. 내 소중한 아가야."

언제였는지는 확실히 기억나지 않지만, 뱃속의 아기가 태동을 시작했을 때 나는 새 생명에의 사랑으로 가슴이 터질 듯 부풀어 올랐다.

그리고 1976년 3월 16일.

이날은 지금까지도 내게 가장 중요한 날로 남아 있다. 나의 분신, 성아가 태어난 것이다. 나는 환희를 맛보았다.

갓 태어난 아기를, 나는 그때 처음 보았다. 내가 낳은 아기는 빨간 핏덩이였다. 신기하기도 했지만, 기대했던 것보다 예쁘지 않아 실망스럽기도 했다. 혹시 같은 병실에 있는 일본 여자가 낳은 아기와 바뀐 게 아닌가 하는 의심이 들었다. 하지만 그 갓난것이 내 가슴에 안겨 힘차게 젖을 빨 때, 나는 난생처음 생명의 신비를 느꼈다. 내가 엄마가 되었다는 사실에 행복으로 충만했다.

그러나 신생아 앞에서 모든 것이 충만했던 것은 아니었다. 산후 우울증이라고 했던가. 나는 마치 사춘기 소녀처럼 감정의 기복이 심해졌다. 때론 허전한 마음이 엄습해 어찌할 바를 몰랐다. 외롭고 쓸쓸하기도 했다.

더욱이 무척이나 아들을 바랐던 남편이 실망한 표정으로 한마디 툭 던지고는 병실을 나가버렸을 땐 서러움이 북받쳐 목놓아 울었다. 옆 병상에 일본 여자가 있다는 것도 안중에 없었다. 일본 여자는 내가 왜 우는지 전혀 이해할 수 없었으리라.

장밋빛 결혼생활을 꿈꿨건만, 장미는 오간 데 없고 날카로운 장미 가시만 남았다는 느낌이었다. 남편이 다녀간 날 저녁, 아무것도 모르는 채 힘차게 젖을 빨고 있는 성아를 꼭 껴안았다. 그리고 눈물로 맹세했다.

"아가야. 네가 딸이라는 거, 나에게는 아무 상관 없어. 네가 아들이 건 딸이건 나는 너를 사랑해. 내 생명보다 소중한 내 딸. 엄마가 너를 보호해줄게. 엄마는 네가 여자로 태어났다고 해서 차별하지는 않을 거야. 절대 그러지 않을 거야."

나는 마치 성아가 내 말을 알아듣기라도 한다는 듯이, 내 속마음을 털어놓았다.

"네가 여자로 태어난 것은 결코 잘못이 아니야. 죄도 아니야. 네가 그랬고 내가 그랬듯이, 인간은 태어날 때는 아무런 선택의 여지가 없어. 그렇지만 삶에 있어서는 어느 정도의 결정권을 가지고 있어. 나는 네가 여자라고 천대받거나 기회를 부여받지 못하는 일이 없도록 최선을 다할 거야. 우리, 힘을 모아 여자도 얼마든지 훌륭하게 성취할 수 있다는 것을 보여주자."

성아가 잠시 젖을 빨지 않고 가만히 있었다. 나는 성아가 내 말에 귀 기울이고 있는 거라고 생각했다.

시
애
틀
의

매
맞
는
아
내

객관적으로 볼 때, 나의 결혼은 많은 문제점을 안고 있었다. 하지만 사랑에 빠지면 그런 문제점들까지 좋아 보이기 마련이다. 처음에는 그런 장애물들이 오히려 사랑을 더욱 공고하게 한다. 가난도, 그이의 무능력도, 그이에게 딸린 딸아이도, 우리가 풀어가야 할 문제였지 근본적인 장애물은 될 수 없었다. 나는 사랑으로 그 모든 문제를 풀어갈 수 있으리라 믿었다.

사랑에 눈이 멀어 앞을 보지 못하기도 했지만, 나는 근본적으로 봉건적인 남녀 차별에 한을 품고 살아온 여자였다. 그러한 폐단을 견디지 못해 고향 땅을 떠나온 젊은 여자였다.

그런데 그이는 남존여비 사상에 철저하게 물든, 아내는 무조건 남편에게 복종하고 헌신하는 것이 당연하다고 믿는 전형적인 남성우월론자였다.

남성우월론자와 남녀평등주의자의 갈등.

갈등은 수시로 표면화되기 시작했다. 당당하게 가장 노릇을 하지 못한다는 사실이 그로 하여금 심한 열등의식에 시달리게 했다. 월급을 벌어다 주지 못하는 남편은, 아내가 생각 없이 던진 사소한 말 한마디에도 불같이 화를 냈다.

부부싸움은 잦아졌지만, 태어날 아기를 기다리고 있을 때는 그래도 마음을 달랠 수 있었다. 곧 우리의 첫아기가 태어난다! 그 사실만으로도 갈등은 곧 사그라지곤 했다. 불룩한 내 배를 보고 주위 사람들은 틀림없이 아들일 거라고 말했었다. 이미 딸아이가 하나 있는 남편은 아들이 태어나기만을 학수고대했다.

그러나 나의 첫아기는 딸이었고, 남편은 실망했다. 그래도 성아가 방긋방긋 웃기 시작했을 땐 남편 역시 아빠였다. 아기가 귀여워 아기 앞에서 시간 가는 줄 몰라했다. 아이가 서기 시작하자, 아기를 손바닥 위에 세워놓고 어르기도 했다. 성아는 마치 뽐내기라도 하듯 아빠의 손바닥 위에 꼿꼿이 서서 주위를 두리번거렸다. 그 순간만큼은 우리는 하나였다.

힘든 환경 속에서 어떻게든 일어서려고 애쓰는 남편이 가여워 보일 때도 많았다. 나는 그의 자존심을 살려주기 위해 많은 신경을 썼다. 경리 일을 마치고 돌아오면, 어린 성아를 안고 도장에 나가 남편을 도왔다. 집에 오면 순종하는 부인이 되어 남편을 받들었다.

하지만 가정불화는 그칠 줄 몰랐다.

급기야 남편은 손찌검을 하기 시작했다.

남편의 폭력은, 내 눈을 가리고 있던 사랑의 베일을 한순간에 벗겨 버렸다. 모든 것이 선명하게 보였다. 나의 현실이 어처구니가 없었다. 눈먼 내게서 버림받아 한쪽 구석에서 시들어가는 내 꿈, 내 희망의 처참한 모습이 확연히 눈에 들어왔다.

평소에는 살림살이에 전혀 신경을 쓰지 않다가도, 화만 나면 남편은 불쑥불쑥 내뱉곤 했다. 살림을 아기자기하게 꾸려나가지 못한다느니, 여자들과 부엌살림 이야기나 할 것이지 감히 남자들 이야기에 끼어들어 정치가 어떻네, 사회정의가 어떻네 하며 쓸데없는 참견을 한다느니. 남편은 때와 장소를 가리지 않고 폭발했다. 나는 그 자리에서 대꾸하고 싶었지만 참았다. 진정으로 분노하는 사람은, 화가 날 때 입을 다무는 법이다.

'자기가 어떤 사람인지, 정말 생각 안 해보나? 그렇게 남성우월주의를 주장하는 사람이 어떻게 부인이 벌어다 주는 돈으로 먹고살 수가 있단 말인가. 남자의 의무는 10분의 1도 해주지 못하면서.'

물론 생각뿐이었다. 그이에게 이런 말을 하지는 못했다.

'그래도 남편의 자존심을 지켜주기 위해 내가 얼마나 애쓰고 있는데? 나가서 돈 벌어오라고, 집안일 좀 도와달라고 바가지 긁은 적이 어디 한 번이라도 있었어? 하기야 그런 불평을 털어놓았다간 그 성질에 나를 가만 놔두지도 않았겠지만…… 그렇게 바쁘고 피곤한데도 할

일 다하고 고분고분 말 잘 들으면 됐지, 어떻게 살림에 취미가 없다며 아내를 달달 볶을 수가 있어?'

밖에서 일을 마치고 지친 몸으로 집에 돌아오면 남편은 텔레비전 앞에 앉아서 꿈쩍도 하지 않았다. 정신없이 저녁 준비를 하는 나를 수시로 불러댔다. "어이, 재떨이 좀 가져와." "물 한 잔 줘."…… 세상에 이런 이기주의자가 또 있을까.

정말 저이가 나를 사랑하는 것일까. 사랑한다면 어떻게든 살려고 버둥대는 내가 안쓰러워서라도 저렇게는 못할 텐데…….

'남편 체면에 먹칠하는 것은 아닐까, 혹여 마음에 상처를 주는 것은 아닐까 하며 내가 얼마나 조심하고 있는지 알기나 하는지.'

남편에게 한 번도 털어놓지 못하고 가슴속에 쌓여가는 불만이 무거워질 지경이었지만 나는 말하지 않았다.

'인간은 화가 난 상태에서는 상대방의 가슴에 못을 박는 말도 해버리게 된다'고 믿어온 탓도 있지만, 언제 어디서든 폭발하는 남편의 성질과 손찌검이 무섭기도 했다.

손찌검은 정말 죽기보다 싫었다. 때리는 남편보다, 매를 맞고 있는 나 자신이 혐오스러웠다. 나 자신을 견디기 힘들었다. 남편의 손찌검에 대해서는 한두 번 지적한 적이 있었다. 그것도 남편의 기분이 괜찮아 보일 때를 틈타서.

"아니, 얼마나 맞았다고 야단이야. 그래봤자 1년에 한두 번 아냐. 옆집 형네 좀 봐. 그 형수는 거의 한 달에 한 번씩 두들겨 맞는데도 고분고분 잘만 살잖아."

어이가 없었다. 말문이 열리지 않았다.

"넌 너무 안 맞아서 복에 겨운 거야. 그러니까 그따위 불평이 나오지. 한국 놈치고 나만큼 제 여편네 안 때리는 놈 있으면 나와보라 그래!"

남편과 의형제 사이인 옆집과 비교하면, 사실 남편의 손찌검은 아무것도 아니었다. 옆집 부인은 허구한 날 눈두덩이 시퍼렇다. 그 집 남편, 그러니까 내 남편의 '형'은 자동차 정비 기술을 갖고 이민 왔는데, 웬일인지 일은 하지 않고 국가가 주는 연금에 의존해 살고 있었다. 보다 못한 부인이 사과통조림 공장에 나가 생활비를 보태고 있었다. 식구도 적지 않았다. 남편 전처의 딸과 이번 부인과 결혼해서 낳은 딸과 아들, 모두 다섯 식구였다. 불행한 여자였다.

"어떻게 그러고 살 수 있어요. 더구나 미국까지 와서."

"그렇지만 어떻게 해요. 아이들 봐서 그냥 참고 사는 수밖에……."

그들 부부는 아이들이 보는 앞에서도 마구 싸웠다. 아이들 몸에도 매 맞은 자국이 자주 보였다. 그 아이들이 얼마나 심한 불안감에 휩싸여 살고 있을까. 그래도 참고 사는 것이 아이들을 위하는 일일까.

그들의 삶을 보며, 나는 절대로 아이들 앞에서는 싸우지 않겠다고 다짐했다. 한편으로는 내가 남편한테 맞을 때의 그 죽기보다 싫은 혐오감을 생각하며, 그녀의 끔찍한 삶에 진저리를 쳤다. 비참한 현실을 바꿔보려는 생각조차 하지 않고 체념한 채 살아가는 그녀가 밉기도 했다.

영어 때문에 몇 번 내게 도움을 청했던 그 집 남자는 나를 어려워했다. 의동생의 부인이지만, 미국에서 대학 공부까지 하던 '대단한 여자'

라며 아첨까지 했다. 그것이 더욱 비위에 거슬렸다. 남들 앞에서는, 특히 자기보다 좀 나은 사람들 앞에서는 비굴해 보일 정도로 고개를 숙이면서, 자기 부인이나 자식들에게는 욕설과 매질이 예사인 그 남자가 꼴도 보기 싫었다. 그런 사람과 비교하면 내 불만이 호강에 겨운 것이라는 남편의 생각도 무리는 아니었다.

남편 생각대로라면, 남편은 아내를 잘못 만난 것이었다. 1년에 한두 번 맞는 매는 보통으로 받아들이고, 남편에게 복종하며 자식 키우는 일을 여자의 숙명으로 받아들이는 평범한 여자와 결혼했다면 행복하게 살았을 거라고 그는 믿고 있었기 때문이다.

그러나 나는 그렇게 살 수 없었다. 어릴 때부터 엄마에게 매 맞는 것이 너무 싫었고, 이 다음에 아이를 낳으면 나는 절대로 때리지 않겠다는 결심을 하며 자란 여자였다.

그렇게 구타를 싫어하고 미워하는 내게, 때와 장소를 가리지 않고 퍼부어지는 남편의 거친 언행은 말로 표현할 수 없을 만큼 혐오스러웠다. 남편은 180센티미터의 키에 100킬로그램의 대단한 거구였다. 거기에 합기도 7단. 그런 운동선수가 어떻게 자기보다 훨씬 작은 여자를, 그것도 사랑하는 아내를 무지막지하게 때릴 수 있을까. 도저히 이해할 수가 없었다. 사람들이 있건 없건, 아이가 있건 없건, 가리지 않고 화풀이를 할 때마다, 나는 사라지고 싶었다. 그 순간 어딘가로 훌쩍 사라져버렸으면 하고 몸을 떨었다.

생각의 차이는 해결될 것 같지 않았다. 우리는 자주 이혼을 거론하게 되었고, 여러 번 합의도 했다. 그렇게 몇 번을 결심한 이혼. 그러나 시간이 지나면 매번 서로에 대한 그리움과 외로움 때문에 다시 만났다. 그러다 또 한바탕 싸우고, 또 이혼을 결심하고…… 결심, 돌아서기, 다시 만나기, 그리고 후회하기.

나는 그런 나 자신이 싫었다.

그럴 때마다, 그렇게 나 자신이 싫어질 때마다, 시들어가고 있는 내 꿈이 떠올랐다.

희망을 잃고 살아가는 사람의 당연한 업보라는 생각이 들었다.

나는 학업만이라도 계속해야겠다고 결심했다. 가족의 생계 때문에 정규 과정에 등록하는 것은 꿈도 꿀 수 없는 형편이었다. 급한 대로 야간대학에라도 다니기로 했다. 나의 네 번째 대학, 워싱턴 주립대 야간대학에 등록했다. 그러나 백일이 채 안 된 성아를 맡길 데가 없었다. 어떤 때는 남편이 도장으로 데리고 갔고, 그것도 여의치 않을 땐 아기 바구니에 담아 함께 학교에 가곤 했다.

그날은 성아가 일찍 잠이 들었다. 엄마 공부하라고 잠이 들다니, 효녀로구나 싶어 잠든 성아를 혼자 남겨놓고 학교에 갔다. 그러나 강의 시간 내내 아기가 걱정되어 교수 말이 한마디도 들어오지 않았다. 나는 강의가 끝나기가 무섭게 집으로 달렸다. 문을 여는데 아기 우는 소리가 나지 않았다. 휴, 하고 한숨이 나왔다. 그러나 아기 침대를 들여다본 나는 가슴이 미어졌다. 어떻게 굴러갔는지 성아는 침대 창살에 달라붙다시피 누워 흐느끼고 있었다. 혼자 얼마나 울다가 지쳤는지 기운 없는 표정으로 모깃소리만하게 울고 있었다. 눈에서 왈칵 눈물이 쏟아졌다. 나는 얼른 성아를 안고, 그 조그만 젖은 얼굴에 내 얼굴을 비비며 울었다.

"성아야, 엄마가 잘못했어. 엄마가 잘못했어. 우리 아기를 이렇게 혼자 두고 나가다니……."

한참을 울고 나서야 아기가 배가 고플 거라는 생각이 들었다. 우유를 데워 먹이면서도 가슴이 아팠다. 이럴 때 젖을 물리면 아기의 마음이 좀 누그러들 텐데, 나는 매일 일을 나가야 해서 아기를 탁아소에 맡기곤 했기 때문에 젖이 나오지 않았다.

미국 사회에 대한 나의 무지는 그때까지도 심각했다. 미국에서는 법적으로 인정하는 나이의 보호자 없이 아이를 혼자 두는 것은 명백한 불법이었다. 그 사실이 발각되면 정부가 아이를 강제로 데려간다. 만일 성아의 울음소리를 듣고 누군가 경찰에 신고했다면, 나는 성아를 빼앗겼을지도 모른다. 그 사실을 나중에 알았을 때 나는 온몸에 소름이 끼쳤다.

성아를 혼자 둘 수가 없어서 이혼은 더욱 어려웠다.

그러나 얼마 후 또다시 남편의 손찌검이 있었다. 더 이상 참고 견딜 자신이 없었다.

남편이 저주스러웠다. 복수하고 싶은 욕구에 가슴속이 부글부글 끓었다. 죽이고 싶다는 생각에까지 이르자, 오히려 나 자신이 무서워졌다. 이러다간 내 꿈을 이루기는커녕, 성아를 차별로부터 보호하기는커녕, 후회할 짓을 저지르고 말 것 같았다. 냉정해야 했다.

나는 비상구를 찾기 시작했다.

미국 군대!

무의식적으로 군대가 떠올랐다.

'그렇지, 미군에 입대하면 되겠구나. 미군에 들어가면 남편으로부터 벗어날 수 있을 거야. 내 마음이 굳어질 때까지만이라도 나를 격리시키자. 그 사람으로부터 떠나 있으면, 우리는 헤어질 수 있을 거야. 그렇게 되면 내가 평생 후회할 짓을 저지르지는 않을 거야.'

한편으로 생각해보면, 군대는 내 어린 시절부터 동경의 대상이었다. 고등학교 다닐 때, 나는 내 삼신할머니의 '도움'을 받고 8기생으로 육군사관학교에 들어갔던 작은아버지 댁에서 지냈다. 육군 대령이었던 작은아버지는 무척 미남이었는데, 군복을 입으면 눈이 부실 정도였다. 내가 고등학교를 졸업할 때 준장으로 진급한 작은아버지는, 말 그대로 우리 집안의 '영웅'이었다. 작은어머니 역시 모두가 감탄하는 미인이었다. 파티에 참석하기 위해 정장을 입고 집을 나서는 부부의 모습이 그렇게 부러울 수가 없었다. 예감이었을까. 내 선망과 동경의 눈길은 작은어머니가 아니라 작은아버지에게로 향하는 것이었다. 아내가 남편의 성취를 함께 한다는 것은 내겐 별 매력도 가치도 없어 보였다. 나는 나 자신의 힘으로 꿈에 도전하고 싶었다.

1976년 7월 12일, 나는 미군에 지원했다.

대단한 기대를 품고 입대시험에 지원했던 나는 당황하지 않을 수 없었다. 수학을 잘하던 나는 우수한 성적으로 입대시험에 합격했지만 대학 2학년의 학점도 제대로 못 채운 학벌로는 장교가 불가능하다는 것이었다.

겨우 일등병 계급이 주어졌다.

"입대 훈련은 11월 9일부터니까, 그리 아시고 준비하세요."

"아니, 그게 무슨 말씀입니까? 당장 시작하는 게 아닌가요?"

난감한 표정으로 쳐다보는 내가 한심하다는 듯, 미 육군 지원사무소의 앳된 군인 아저씨는 차근차근 설명해주었다.

"다 아실 줄 알았는데…… 합격했다고 해서 곧바로 훈련에 들어가는 게 아닙니다. 빈자리가 생길 때까지 기다려야 합니다."

그런데 그 빈자리는 11월이 되어서야 가능하다는 것이었다.

나 자신을 남편으로부터 당장 해방시켜주려 했던 나의 시도는 실패로 끝났다.

입대 예정일인 11월 9일 훨씬 이전에 우리는 또 이혼 수속을 포기했다. 나는, 체념하고 살아가는 옆집 부인과 다를 바가 없었다.

넉 달이 쏜살같이 지나갔다. 입대 수속을 밟는 데 해야 할 일이 한

두 가지가 아니었다. 예방주사만 해도 여러 가지를 맞아야 했다.

미국에 별다른 기반이 없는 남편은, 내가 훈련받는 동안 한국에 가 있기로 했다. 남편은 마침 한국에서 열리는 전국체전에 미주팀 간부 자격으로 귀국할 수 있었다. 남편은 미리 준비할 것이 많아 10월 초, 로스앤젤레스로 먼저 떠났다.

성아는 10월 중순 경 로스앤젤레스를 거쳐 한국으로 들어가는 성아 사촌언니 내외 편에 보내기로 했다. 제천의 친정 부모님이 성아를 맡아주기로 했다. 아버지는 정년퇴직을 하셨고, 어머니도 그 지긋지긋해하던 술장사를 그만두고 쉬고 있었으므로 별문제가 없었다.

남편이 떠나고 성아를 보내기 전까지의 며칠 동안, 나는 일곱 달 된 성아를 데리고 정신없이 뛰어다녔다.

10월 10일 경이었다. 성아를 데리고 잠을 자는데 갑자기 심한 복통이 느껴졌다. 화장실로 갔다. 잠옷 바지에 피가 흥건했다. 속옷은 더욱 심했다. 변기 속으로 핏덩이가 쏟아졌다. 나는 꿈이길 바랐다. 아찔한 현기증이 일었다.

'내가 죽으려고 이러는 건가? 그러면 우리 성아는? 안 돼. 지금 죽으면 안 돼. 아, 누가 좀 도와주세요.'

전화를 걸어야 하는데, 어디로든 전화를……. 하지만 쏟아지는 피를 감당할 수가 없었다. 바들바들 떨리는 몸을 수건으로 덮었다. 숨을 쉬기 힘들 만큼 배가 아팠다. 기절할 것만 같았다. 무서웠다. 자꾸만 달아나려는 의식을 붙잡고 정신을 놓지 않으려 안간힘을 썼다.

"야, 겁내지 말고 정신 차려!"

누군가의 목소리에 깜짝 놀라 주위를 두리번거렸다. 그러나 아무도 없었다.

그 목소리는 내가 좌절할 때마다 내게 자신감과 희망을 일깨워주던 나 자신의 목소리였다.

'그래. 쓰러지면 안 돼. 성아를 생각해야지. 죽을병은 아닐 거야. 우선 친구 수전하고 의사한테 연락을 하자.'

하혈도 좀 줄어든 것 같아, 나는 기다시피 하면서 전화기로 향했다.

밤이 깊었지만 어쩔 수 없었다.

졸린 듯한 의사선생님의 목소리에 나는 몇 번이나 사과부터 했다. 그리고 겁에 질린 채 급작스러운 하혈에 대해 설명했다.

"유산인 것 같군요. 하혈이 좀 뜸해졌다니 다행입니다. 좀 안정하고 있다가 내일 아침 아홉시에 병원으로 오세요. 너무 걱정 말고 쉬어요. 참, 재스민은 별일 없지요?"

나는 얼른 성아를 돌아보았다. 성아는 천사 같은 얼굴로 쌔근쌔근 자고 있었다. 왠지 가슴이 뭉클했다.

"왜 그래요? 무슨 일이 있습니까?"

내가 목이 메어 머뭇거리자, 걱정스러운 듯 의사가 물었다.

"아뇨, 잘 자고 있어요."

"그럼 내일 아침에 봐요. 잘 자요."

수화기를 놓는 순간, 설움이 북받쳐 올랐다. 나는 왜 이렇게 바보일까. 임신한 줄도 모르고 그렇게 함부로 몸을 굴렸으니.

그때 우리 형편에 아이가 또 생긴다는 건 반가운 일은 아니었다. 그래도 내게 왔다가 그렇게 사라져간 아기가 가여워 견딜 수가 없었다.

'미안하다, 아가야. 어떻게 소식도 없이 왔다가 그렇게 갑자기 떠났니…… 우리 형편이 이래서 떠났니? 정말 미안하다.'

허전한 가슴을 견디기 어려워, 자고 있는 성아를 꼭 껴안았다. 성아는 잠깐 움찔거리더니 내 품으로 파고들었다. 나는 잠든 아기가 깰까봐 소리를 죽이며 껵껵 울었다.

사흘 후, 나는 간단한 짐을 챙겨들고 성아와 함께 로스앤젤레스행 비행기에 올랐다. 아직 몸이 회복이 안 된 상태여서 자주 현기증을 느끼긴 했지만, 성아를 한국에 보내야 했기 때문에 미룰 수가 없었다. 성아는 착한 아기였다. 엄마의 사정을 아는지 한 번도 보채지 않았다. 비행기 안에서도 쌕쌕 잘 잤다. 우리 둘만의 첫 여행이었다.

성아는 그때까지 엄마 곁을 떠나본 적이 없었다. 나를 무척이나 따랐다. 그렇다고 낯을 가리는 편도 아니어서 누가 안아도 재롱을 떨었다. 몇 달간이지만 헤어져 있어야 한다고 생각하니 마음이 흔들리기 시작했다.

'군대고 뭐고 다 집어치우고 성아를 데리고 그냥 집으로 가버릴까?'

초조했다. 유산으로 상태가 좋지 않은 몸도 걱정이었다. 입대를 포기할까 하는 생각이 물밀듯 밀려왔다.

'아, 어떻게 할까. 어찌하면 좋을까?'

성아는 피곤했는지 내내 잠만 자고 있었다.

이튿날, 공항에서 헤어질 때도 성아는 자고 있었다. 성아를 제 사촌언니 품에 건네줄 때는, 내 가슴이 송두리째 떨어져 나가는 듯했다. 성아는, 한동안 낯선 사람들과 생활해야 한다는 것도 모르는 채 사촌언니 어깨에 얼굴을 기대고 자고 있었다. 목이 메었다.

'잠에서 깨어나면 얼마나 놀랄까? 낯선 사람들 속에서 눈을 뜨고 얼마나 어리둥절해할까?'

아기를 다시 빼앗아오고 싶었다. 눈물이 쏟아졌다. 로스앤젤레스에 먼저 와 있던 남편이 다정하게 어깨를 다독거렸지만 아무런 도움이 되지 못했다. 그렇게 허둥대는 사이 비행기는 문을 닫고 천천히 활주로로 나갔다. 나는 창가에 서서 점점 멀어져가는 비행기를 애타는 마음으로 좇고 있었다.

1979년 병장 진급, 1976년 사병훈련 당시 동료와 함께

제3장

실패했다고 해서 좌절하지 마라, 높이 그리고 멀리 보라

'그래. 나도 할 수 있어. 쟤들은 하는데,
내가 못할 이유가 없잖아. 끝까지 해보는 거야!'
나는 다시 일어섰다. 누구보다 열심히 뛰었다.
스스로에게 박차를 가하며 훈련에 임한 덕분에
두 달 동안의 훈련을 무사히 마칠 수 있었다.

1976년 11월 9일. 나는 스물여덟 살 생일을 하루 앞두고 군에 입대했다.

낯선 훈련병들과 함께 밤늦게 도착한 앨라배마의 포트 머클랄란.

그곳은 내게 외로움부터 안겨주었다. 한국으로 떠난 성아가 보고 싶었다. 수십 명의 여자 훈련병들이 목청 높여 떠들어대는 버스 안에서, 나는 줄곧 성아만을 생각했다. 흐르는 눈물을 남들이 눈치채지 못하게 살며시 훔쳐가며.

막사 안에서 40여 명의 소대원들이 함께 잤다. 군대생활의 첫 밤. 나에게 배정된 이층침대에 엎드려 나는 한껏 울고 말았다. 그러고는 나도 모르는 새에 성아를 찾아 꿈속을 헤매고 있었다.

"아니, 뭣들 하는 거야! 모두 벌떡 일어나지 못해? 여기가 너희들 집인 줄 알아? 기상!"

갑작스레 들려오는 날카로운 고함 소리에 훈련병들은 혼비백산했다. 나도 우당탕거리는 소리에 눈을 떴다. 시야에 들어온 풍경이 너무나 낯설었다. 나는 한동안 어리둥절해 있었다.

"야, 너! 거기 이층침대에서 꾸물거리는 멍텅구리 훈련병. 뭘 그렇게 멍청하게 보고 있어. 빨리빨리 움직이지 못해? 집합에 늦으면 국물도 없을 줄 알아! 기합받고 싶나?"

교관이 부릅뜬 눈으로 나를 쳐다보았을 때에야 정신이 들었다.

'아차, 나는 지금 군대 훈련을 받으러 왔지!'

나는 내 키보다도 높은 침대에서 미끄러지다시피 하며 바닥으로 내려왔다. 빳빳하게 날 선 군복과 거울같이 번쩍거리는 군화를 신은 교관이 닥치는 대로 훈련병들을 몰아치고 있었다. 어느 정도 자신이 있었던 영어 실력도 군대에서는 귀머거리나 다름없었다. 고함을 쳐대는 교관의 명령을 반도 알아듣지 못해 우왕좌왕하며 허둥댔다.

군대에서의 첫날, 내 스물여덟 생일은 그렇게 시작되었다.

훈련은 무척 고달팠다.

성아 생각을 할 겨를도 없었다. 열여덟에서 스무 살 사이인 '어린' 훈련병들 틈에 낀 나이 많은 동양인. 8개월밖에 안 된 산후 여파에다 한 달 전의 유산 후유증까지 겹쳐 있었다. 그러나 나는 젊은 훈련병들에게 뒤지지 않으려고 안간힘을 다했다.

당시는 여군단 제도가 존재하던 때여서, 내가 들어간 훈련소는 여군 훈련소였다. 2백 명이 넘는 훈련병들은 백인, 흑인, 스페인계 등 여러 인종으로 구성되었는데, 아시아계는 내가 유일한 것 같았다.

교관들도 마찬가지였다. 아시아계는 없었다.

말을 잘 알아듣는다 해도 시행착오와 긴장의 연속인 훈련병 시절. 나는 생소한 군대 영어 때문에 고충이 많았다. 특히 남부 지역 출신 교관들의 심한 악센트는 여러 차례 나를 당황하게 했다. '우향 앞으로 가!'를 잘못 알아들어 혼자서 좌향 앞으로 가기도 했다. 그 바람에 우리 소대원 전체가 기합을 받기도 했다. 지시 사항을 잘 이해하지 못하고 군복과 장비를 제대로 갖추지 못해 벌을 받기도 했으며, 길을 잃어버린 적도 많았다. 가끔 자신감도 잃었다.

좌절했고, 포기하고 싶었다. 그럴 때마다 나는 나 자신과 대화를 나눴다.

'서진규, 정말 포기하고 싶니? 포기하면 안 돼. 힘을 내, 이 바보야. 그 독한 마음 다 어디에 버렸니? 정의의 사도니 암행어사니 하며 너 자신과 수도 없이 했던 약속은 어떡하고? 미국 가면 창녀 된다느니 하던 사람들의 코를 납작하게 해주겠다던 각오는 어디 갔어? 차별 앞에서 좌절하는 사람들을 돕겠다는 그 사명감은 다 어디로 간 거야? 네 꿈을, 희망을 증명하겠다고 했잖아.'

육체적인 고통도 고통이있지만, 교관들이 내리는 벌이 부당하게 느껴져 반발하고 싶을 때가 많았다. 그럴 때면, 정말 다 포기해버릴까 하는 마음이 불쑥불쑥 솟았다.

'서진규, 네겐 죽음을 선택할 수 있는 권리가 있잖아. 죽음을 각오하면 못할 게 없는 거야. 해봐. 넌 해낼 수 있어. 그리고 지금 너를 괴롭히는 교관들. 그들은 너를 훌륭한 군인으로 만들기 위한 게임을 하고 있는 거야. 그게 아니라 해도, 그 사람들은 네 장래와 맞바꿀 정도로 중요한 사람들이 아니야.'

차별 속에서 희망을 잃어버린 사람들을 돕겠다던 내가 이 정도 일에 포기할 수는 없었다. 나는 질 수 없었다.

'그래. 나도 할 수 있어. 쟤들은 하는데, 내가 못할 이유가 없잖아. 끝까지 해보는 거야!'

나는 다시 일어섰다. 누구보다 열심히 뛰었다. 스스로에게 박차를 가하며 훈련에 임한 덕분에 두 달 동안의 훈련을 무사히 마칠 수 있었다.

최우수 훈련병으로 졸업하는 영예가 주어졌다. 믿을 수 없는 성취였고 영광이었다. 처음 대학에 들어갔을 때와는 또 다른 자신감이 내 안에 가득 차올랐다.

내 병과는 보급이었다. 보병 훈련이 끝난 후 우리는 사우스캐롤라이나의 포트 잭슨에서 보급 주특기 훈련을 받았다. 거기서는 남녀가 같이 훈련을 받았는데, 각자 5주 동안에 15개의 과목을 통과해야 했다. 바루크 대학에서 배워둔 회계학과 나의 '주특기'인 수학이 큰 도움이 되었다. 나는 불과 11일 만에 15개 전 과목에서 만점을 받아, 그 보급학교에 새로운 기록을 세우며 최고 우등생으로 졸업했다.

영어에 대한 열등의식에 시달렸던 나에게 훈련소에서 받은 두 차례의 영광은 자신감을 불어넣어주었고 군생활에도 활력소가 되었다. 앞으로 펼쳐질 나의 새로운 도전을 위한 축포였다. 군에는 어떠한 차별도 없다는 것은 내게 희망을 안겨주기에 충분했다. 인종과 성별, 나이 따위에 관계없이 우수한 사람은 그에 걸맞은 대우를 받을 수 있었다. 자신감이 생겼다. 더 큰 도전을 해보겠다는 의욕으로 가득 찼다. 여자라는 이유만으로 차별을 받아야 했던 나에게 미국 군대는 꿈의 무대였다. 여자도 하면 된다! 나는 한껏 내 꿈을 펼쳐보리라 다짐했다.

생각해보면 나는 늘 군인을 동경해왔던 것 같다. 뉴욕 바루크 대학에 다닐 때, 군 복무를 마치고 복학한 친구들이 몇몇 있었는데, 나는 그들에게 관심이 많았다. 그들은 다른 학생들에 비해 어딘지 모르게 의젓했고, 무슨 일이든 솔선수범했다. 그들은 당당한 정의감 위에 두 발을 딛고 우뚝 서 있는 것 같았다.

귀국 | 6년 만의

첫 부임지는 한국, 서울이었다.

1977년 3월, 한국을 떠난 지 6년 만에 귀국하는 길. 비행기가 연료 공급을 위해 알래스카 공항에 잠시 착륙했다. 얼마 되지 않는 시간이 었지만, 내게는 그 시간이 영원처럼 길게 느껴졌다.

사실, 주특기 교육을 마치고 내가 처음 받은 발령지는 독일이었다. 기가 막혔다. 무슨 근거가 있는 것은 아니었지만, 나는 훈련이 끝나면 당연히 한국으로 가리라고 믿고 있었다. 성아가 그리웠고, 부모형제가 보고 싶었다.

'한국에 가서 자랑하고 싶었는데. 미국 가면 십중팔구 창녀가 될 거라고 걱정하던 사람들에게 내 모습을 보여주고 싶었는데…….'

같은 성취라도, 모르는 사람보다 아는 사람이 인정해줄 때 더 기쁘다. 그 아는 사람이 자신보다 나은 위치에 있던 사람일수록 그 성취감은 더욱 뿌듯해진다. 나도 나의 성취를, 나를 아는 사람들이 인정해주기를 바랐던 것이다. 그런데 독일이라니! 나는 울었다.

"조(내 남편의 성이 조씨였다) 일병, 내가 중대장한테 건의해볼 테니 너무 조급하게 굴지 말고 기다려봐. 최우수 졸업생에 신기록까지 세웠으니 참고가 될 거야."

울고 있는 내가 안쓰러워 보였는지 특무상사가 나를 달랬다.

한 달 동안 피를 말리는 줄다리기가 시작되었다. 중대장이 자기가 아는 사람들을 총동원하다시피 하며 육군본부를 설득한 끝에, 나는 한국으로 나갈 수 있었다. 그렇게 얻어낸 한국행이었다. 앵커리지에서 잠시나마 지체하는 것도 나는 참을 수가 없었다.

오산 비행장은 처음이었지만 전혀 낯설지 않았다.

부모님이 첫돌이 막 지난 성아를 데리고 마중 나와 있었다. 얼마나 그리던 재회였던가! 눈시울이 빨개진 아버지는 눈물을 감추려고 '눈에 웬 티가 이렇게 많이 들어가냐'며 잠긴 목청을 가다듬었다. 어머니는 그저 펑펑 우시기만 했다.

나를 가장 슬프게 한 것은 다름 아닌 성아였다.

그렇게도 복메어 그리던 내 딸 성아가 엄마인 나를 알아보지 못했던 것이다. 나를 낯설어하며 내 품에 안기지 않으려 했다. 넉 달이란 기간은 한 살배기 아기가 엄마 얼굴을 잊기에 충분한 시간이라는 것을 이해 못하는 것은 아니었지만, 막상 성아가 날 외면하자, 어찌할 바를 몰랐다.

그때, 남편이 다가왔다. 남편은 부모님과 함께 왔다가, 비행기가 연착되자 그 사유를 알아보러 갔다 오는 길이었다. 서먹서먹했다. 남편이 낯설어 보였다. 하지만 겉으로는 반가운 척하며 인사를 했다. 그 순간, 그이가 반갑다며 나를 와락 껴안았다. 달갑지 않았다. 부모님 앞인데다가, 군복을 입고 있다는 사실을 의식해서인지 무안하고 당혹스러웠다. 남편에게서 풍기는 짙은 마늘 냄새까지도 역겨웠다.

남편은 유난히 생마늘을 즐겨 먹었다. 예전에는 느끼지 못했는데, 훈련 기간 동안 김치를 잊고 살아서인지 남편의 몸에 밴 마늘 냄새가 코를 찌르는 듯했다. 그러나 인간이란 간사한 동물이다. 마늘 냄새가 주던 역겨움도 잠깐. 어느 정도 감정의 고비를 넘기자, 오히려 그 냄새에서 포근한 향수 같은 것이 느껴졌다.

나는 가족들과 헤어져서 군용 버스에 올랐다. 우선 용산에 있는 주한 미군 사령부에 가서 배치를 받아야 했다. 한국으로 발령받은 미군들을 태운 군용 버스는 오산 비행장을 출발했다. 창밖으로 정겨운 밭들이 스쳐 지나갔다. 그런데 밭에 거름을 주었는지 버스 안에까지 인분 냄새가 진동했다. 내가 싫어한 한국의 온갖 폐단에도 불구하고, 나는 동료들에게 내 조국을 자랑하고 싶었다. 그런데 그들을 처음 맞이한 것은 코를 찌르는 인분 냄새였다.

"와, 이게 무슨 냄새야. 화장실 냄새 아냐? 지독하군."

"숨도 못 쉬겠는걸. 한국은 아직도 미개국인 것 같아. 서울도 그럴까?"

"꼭 서울로 발령받는다는 보장도 없잖아. 시골로 가면 이보다 더할걸."

나는 혼자 미소를 지으며 숨을 깊게 들이마셨다.

용산 미군 사령부에 들어설 때는 꿈을 꾸는 것 같았다. 배치소에 들어가자, 한국인 여사무원이 놀라는 표정으로 나를 반겼다.

"한국 분이신가 봐요. 어쩌면 여자분이. 너무 자랑스러워요. 정말 존경스러워요."

가슴이 뿌듯하면서도 왠지 멋쩍었다. 문득 미국에 가기 전의 내 모습이 떠올라 가슴이 아련해졌다. 나는 그녀에게 겸손하게 대답하며 씨익 웃어 보였다.

"예, 반갑습니다."

"항상 2사단이 우선권이 있어요. 지금 곧 2사단이 배치될 겁니다. 조 일병님은 가족이 있으니 서울에 배치되는 게 좋을 텐데."

실무를 맡고 있는 카투사가 그 여사무원을 보며 물었다.

"조 일병님은 보급 주특기 교육에서 최고 성적으로 졸업하셨으니까, 용산에서도 조 일병님을 원하는 부대가 많을 거예요. 특무상사한테 한번 부탁해보세요."

팔은 안으로 굽게 되어 있었다. 나는 미군 일병이었지만, 그들은 나를 한국인으로 대해주고 있었다.

나는 그들의 도움으로 용산의 142헌병대로 배치받았나.

군복을 입고 만난 시어머니

자대 배치를 받고 나서 집으로 향했다.

처음 뵙는 시어머니와 처음 만나는 성희(가명). 미국에 살 때, 사진을 많이 봤기 때문에 별로 낯설지는 않았지만 어딘지 어색하기만 했다. 세 사람이 저마다 부끄러워했다. 시어머니와 나는 그런 속마음을 절제하며 예의를 갖추었지만, 여섯 살인 성희는 그러지를 못했다. 성희가 '엄마'인 내게 다가오는 데는 시간이 걸렸다. 제 아빠를 쏙 빼닮은 그 아이. 친엄마의 얼굴은커녕, 내가 그 사람과 결혼한 이후에도 엄마라는 존재가 있었는지조차 모르던 성희가 가여웠다. 나는 잘 키우고 싶었다. 성희와 나는 곧 친해졌다.

결혼하기 전 그이로부터 성희라는 딸아이가 하나 있다는 고백을 들었을 때, 나는 그 아이가 우리 부모와 형제들에게 진정한 내 자식처럼 사랑받기를 원했다. 그래서 미국에서 결혼식을 올리기 전, 부모님께 거짓을 담은 편지를 올렸었다.

내용은 이랬다. 한국을 떠나기 얼마 전에 성희 아빠를 만났다, 임신한 사실을 모른 채 미국으로 왔다가 도착한 그해에 성희를 낳았다, 혼자 미국에서 아이를 키울 수 없어서 한국으로 보냈고 그때까지 시어머니가 키우셨다, 그동안 부모님께 비밀로 했던 이유는 성희 아빠와 결혼할 생각을 안 했기 때문이다, 결혼을 결정하고 나서 이 사실을 부모님께 알리는 것이다, 머리 숙여 용서를 빈다.

부모님께 거짓말을 했던 것이다. 죄 없는 작은 생명이 천대받는 것을 막아보겠다는 마음이었다. 차별과 천대가 인간을 얼마나 비참하게 만드는지는, 누구보다도 나 자신이 잘 알고 있었다.

성희가 나를 닮은 데가 전혀 없어서 부모님은 석연찮아했지만, 내가 낳은 자식이라는 데에야 달리 어쩔 도리가 없었다.

아들을 선호하고 딸을 차별하던 어머니는 손자손녀들에게도 마찬가지였다. 태생과는 무관하게 애초부터 성희에게는 정을 별로 주지 않았다. 그러나 아버지는 달랐다. 간혹 어머니가 "가시나는 아무짝에도 쓸데없다"며, 특히 언니 일로 푸념을 하면, 아버지는 언제나 말씀하셨다.

"딸이 우째서. 우리가 시집을 살못 보냈시. 가가(그애가) 무신 질못이 있노. 진술이도 뭐가 잘못이고. 공부 잘하지, 일 잘하지, 또 을매나(얼마나) 착하노. 내사(나는) 딸도 좋더라."

그런 아버지께 나는 못할 짓을 한 셈이었지만, 언젠가 내 진정한 뜻을 이해해주시리라 믿으며 마음속으로 용서를 빌었다.

아버지는 내 편지를 받자마자 당장 성희를 보아야겠다며 서울에 있는 시어머니 댁으로 달려갔다고 한다. 그리고 내가 가엾어서, 또 어린 '손녀'가 가엾어서, 사돈 앞인데도 불구하고 아이를 붙들고 흐느꼈다고 한다.

성희를 나의 분신으로 알았던 아버지는 진정으로 '손녀'를 사랑했다. 그리고 지금은 스물여덟 살이 된 성희 역시 아직까지도 나의 아버지를 친할아버지로 여기며 사랑하고 있다. 일가친척 중 가정 형편이 어려운 아이들에게 조금이나마 도움을 주기 위해, 아버지의 손자손녀들에게 조금씩 돈을 걷어, 본촌에 아버지 이름으로 조그만 장학금을 만든 일이 있는데, 그때 그 일에 누구보다도 앞장을 선 사람이 바로 성희였다. 성희는 '지금까지 이렇게 보람 있게 돈을 써본 적이 없다'며 기뻐했고, 장학금이 할아버지 이름으로 주어진다는 데 더욱 감명 깊어했다. 덕분에 성희 아빠와 이혼하기 전까지는, 내 쪽 친척들과 친구들이 모두 성희를 내 친딸처럼 아껴주었다. 성희는 지금도 우리 친척들을 그리며 향수에 젖곤 한다고 한다.

시어머니는 대부분의 한국 사람이 그러했듯, 일제 강점기와 6·25를 거치며 많은 고생을 겪으신 분이었다. 그 와중에 남편과 일찍 사별했고, 장남과 장손마저 잃었다. 그 아픔을 고스란히 가슴에 묻은 채 남은 남매자식을 키웠고, 큰아들이 남겨놓고 간 손녀를 키웠다. 그리고 그들이 다 자란 후에는, 아들이 바람을 피우다가 낳은 성희를 키웠다. 기구한 삶이었다.

시어머니는 남존여비 사상이 몸에 배어 있었지만, 나에게만은 예외였다. 두 가지 이유 때문이었을 것이다. 먼저, 성희에 대한 나의 배려가 고마우셨던 것 같다. 그리고 아들 대신 생계를 책임지는 내가 든든했으리라. 평생 가난을 벗어나본 적이 없었던 시어머니는 돈의 힘을 뼈저리게 느끼고 계셨다. 냉혹한 사회에서 홀로 자식과 손녀를 키워야 했던 것이다. 그래서 나를 며느리이기보다는 '집안의 기둥'으로 보았다. 남편과는 늘 갈등했지만, 시어머니와 나 사이에는 이른바 고부갈등이 전혀 없었다. 오히려 시어머니로부터 대우받으며 살았다. 군대일로 항상 바빴던 나는 집안 살림을 도맡아 하시는 시어머니가 항상 고마웠다.

6년을 미국에서 살다 보니 나도 모르게 '미국 물'이 들었는지, 한동안 시어머니 속을 썩여드린 재미있는 일도 있었다.

나는 매일 아침 커피를 마시는데, 내가 내 커피를 타면서 "어머니 커피 드시겠어요?" 하고 여쭈면 어머니는 그때마다 "아이다. 니나 묵어라" 하시는 것이었다. 나는 어머니가 커피를 좋아하지 않는 걸로 생각하고, 혼자 커피를 마시곤 했다.

그러던 어느 날, 어머니 친구분이 놀러 오셨다. 마침 그날 집에 있었던 나는 '착한 며느리'처럼 굴며 손님에게 여쭤보았다.

"차 한잔 드릴까요?"

손님은 손을 저으며 사양했다. 그때만 해도 그렇게 사양하는 것이
우리네 예의였다.

"아니, 괜찮아요."

손님이 그렇게 말하는 순간, 시어머니가 친구분의 손을 붙잡고 말
했다.

"그라모 안된다, 돌라(달라고) 캐라(해라). 쟈는 안 묵는다 카몬 진짜
로 안 준다 카이."

나는 처음엔 그게 무슨 말인 줄 몰랐다. 잠시 후에야 그 뜻을 알아
듣고, 어느새 미국 문화가 몸에 밴 내가 우습기도 하고 부끄럽기도 했
다. 그때까지 나 혼자 커피를 마셔왔던 것이 얼마나 죄송했는지. 그 다
음부터는 커피를 마실 때 달리 여쭙지 않고 시어머니 커피도 끓여드
렸다. 간혹 여쭤보면, 시어머니는 서슴지 않고 대답했다.

"오야(오냐), 도고(주렴)."

남편의 불같은 성격은 어머니에게도 마찬가지였다. 평소에는 어머
니를 끔찍이 생각했지만 화가 나면 물불을 가리지 않았다. 나를 대하
는 방식과 다를 바 없었다. 하지만 시어머니는 나와 달랐다. 내가 가만
히 참고 있는 반면, 아들 못지않게 성질이 급한 시어머니는 맞다투고
서 집을 나가버리시는 것이었다. 그러면 며칠 동안 집안 분위기가 험
악해지곤 했다. 그런 시어머니가 가여워서, 나는 남편이 기분 좋을 때
를 골라 자주 달랬다. 은근히, 그렇지만 진심으로.

그러고 나면 남편은 며칠 동안 어머니에게 잘하려 드는 것이 역력
했다. 시어머니도 순순히 응해주었다. 그러나 이런 '화해 무드'는 며칠

을 못 넘겼다. 어머니와 아들은 다시 티격태격했다.

큰 소리가 끊이지 않던 집안에도 경사가 찾아왔다. 시어머니와 남편이 그렇게도 기다리던 아들이 태어난 것이다. 나는 그제야 며느리의 '의무'를 한 셈이었다.

의술이 발달되어 출산 몇 개월 전부터 내 뱃속에 사내아이가 자라고 있다는 것을 알 수 있었다. 아들을 낳으리란 사실을 알게 된 시어머니와 남편은 내가 행여 아플세라, 다칠세라 염려가 이만저만이 아니었다. 웬만하면 움직이지도 못하게 했다. 그러나 나는 군인이었다.

군대 일만으로도 몸을 움직일 일이 많았고, 산책이나 수영 같은 가벼운 운동을 계속했는데도 내 배는 산더미처럼 불러왔다. 원래 허리가 가느다란 몸이었는데, 배가 그렇게 크고 보니 아기는 보통이 아닐 것 같았다. 걱정스러워 군의관에게 물어보았다.

"자연분만은 좀 무리가 아닐까요? 수술하는 것이 더 나을 것 같은데……."

군의관은 나처럼 한국계 미국인이었다. 계급이 중령이었던 것으로 기억되는 중년 남자였다. 그는 한국인 특유의 무뚝뚝한 어조로 나의 말을 막았다.

"아니, 초산이 아니니까 괜찮을 거요."

1978년 9월 12일 오후, 나는 여느 때와 다름없이 카투사 한 명을 데리고 군용차에 올랐다. 중대원 보급품을 구입해와야 했다. 쇼핑을 하는데 아랫배에 통증이 왔다. 어렴풋하게 기억나는 바로 그 통증. 팬

티가 젖어오는 것을 느꼈다. 중대로 돌아오는 차 안에서 통증은 더욱 심해졌다.

"중대에 가기 전에 나를 121병원에 내려놓고 가. 아무래도 아기가 나오려나봐."

내가 태연하게 말하자, 카투사는 농담으로 알아들었는지 빙그레 웃으며 나를 돌아보았다.

"아니, 정말이세요?"

"응, 정말이야. 아직은 괜찮으니까 걱정 말고 운전이나 잘해. 사무실에 가거든 우리 집에 전화하고, 특무상사한테도 보고해. 물론 확실한건 병원에 가봐야 알겠지만."

태연한 척하며 통증을 감추었는데도, 그제야 농담이 아니란 걸 알았는지 젊은 총각은 조금 허둥대기 시작했다.

121미군 병원은 평소와 다름없이 복잡했다.

"오늘 낳는 건 확실한 것 같군요. 수속을 하고 입원하세요. 그리고 촉진제를 놓아 출산 시간을 단축하려고 하는데, 산모가 참을 수만 있으면 진통제는 삼가는 게 좋겠습니다. 진통제는 아이에게 좋지 않아요. 어때요, 괜찮겠어요?"

내가 조금만 참으면 아기 건강에 좋다는 군의관의 제안을 받아들이기로 했다.

2분 간격으로 격렬한 통증이 찾아왔다. 소리를 지르고 싶었지만 참기로 했다.

'소리를 지른다고 해서 통증이 약화되는 건 아니야. 조금만 참아, 호

흡으로 고통을 줄여가면서. 이제 곧 끝날 거야.'

나는 내 자존심과 의지를 믿었다. 그러나 통증은 갈수록 극심해졌다. 아이를 생각하며 나 자신을 타이르기 시작했다.

'지금이 태교의 마지막 순간이고 가장 중요한 순간이야. 이제 막 세상에 태어나는 새 생명에게 인내하는 법을 가르쳐주자. 앞으로 세상을 살아가는 데는 인내심이 필요하잖아. 그러기 위해서는 엄마인 나부터 모범을 보여야 해.'

태어날 때부터 인내를 배운 아이가 훗날 사회를 위해 공헌할 수 있는 인물이 될 거라면서 스스로를 설득해 나갔다.

자신이 하는 일이 그저 살아남기 위한 것이라고 생각하는 사람은 결코 큰일을 하지 못한다. 일에는 보다 큰 의미가 있어야 한다. 세계나 인류까지는 아니더라도, 사회나 이웃을 위해 일한다고 하는 자세가 필요하다. 그러면 일에 임하는 태도가 달라진다. 보다 큰 뜻을 위해 일한다고 생각하는 순간, 일은 즐거워지고 신바람이 난다. 일에 집중하게 된다. 그렇게 몰두한 일은 성사될 가능성이 매우 높다. 일에 대한 성취감과 보람은 이때 생겨난다.

일에 끌려다니지 말고, 일을 이끌어 나갈 것. 나를 위해 일을 하되, 그 일의 결과가 남들에게도 돌아갈 수 있도록 할 것. 나는 이 원칙을 늘 내 일에 적용한다.

"정말 신통하게도 의젓하시네요. 참 잘도 견뎌내시네요."

나를 지켜보던 간호병이 감탄스럽다는 듯 말했다.

바로 옆 병상에서는, 초산인 듯한 젊은 산모가 고래고래 소리를 지

172

르고 있었다.

내가 나를 설득하며 이끌어가는 그 방법은 역시 효과가 있었다. 나는 이제 몇 초 간격으로 찾아드는 진통을 소리 한 번 안 지르고 견뎌냈다.

이제나저제나 하며 견뎌내던 진통이 무려 여덟 시간이나 계속되었다.

"이제 아기가 태어날 모든 준비가 다 되었소. 자궁도 다 열렸고…… 조금만 참으면 끝날 겁니다."

군의관이 벌써 여러 차례 그렇게 말했는데 아기는 나올 생각을 않는 것 같았다.

"어떻게 된 거예요? 아기가 곧 나올 거라고 한 지 다섯 시간이 지났는데."

내가 숨을 몰아쉬며 묻자, 군의관은 자못 난처한 표정으로 고개를 갸우뚱하는 것이었다.

겁이 났다.

"아니, 우리 아기가 어디 잘못된 건 아닌가요? 어떻게 좀 해보세요. 우리 아기 좀 구해주세요. 의사선생님, 제발 부탁이에요."

나는 군의관의 옷자락을 움켜쥐었다. 체면이나 자존심이 문제가 아니었다.

"그렇게 심각한 문제는 아니오. 아기에겐 아무 탈이 없소. 다만 아기가 생각보다 커서 자연분만이 불가능할 것 같아요. 이대로 두었다간 산모와 태아가 모두 위험해집니다. 아무래도 곧 수술을 해야 할 것 같소."

어떻게 이럴 수가. 화가 치밀었다. 무려 여덟 시간이나 지난 마당에.

"그래서 내가 처음부터 물었잖아요! 그런데 그때 당신 뭐라고 했어요? 초산이 아니니까 괜찮다고 했잖아요! 의사가 그렇게 모르면 어떤 환자가 안심할 수 있겠어요. 여태껏 소리 한 번 안 지르고 참아왔는데. 이런 돌팔이 의사를 내가 믿었으니……."

나는 자제하지 못하고, 못할 말을 마구 쏟아내었다. 마취약이 온몸에 퍼질 때까지 쉬지 않고 퍼부어댔다.

수술을 집도한 군의관은 한국계 여자 중령이었다. 그녀는 메스를 가로로 대지 않고 세로로 댔다. 여군 상병의 거친 언사에 대한 중령의 보복이었는지도 모른다. 둘째 아이를 낳고 나는 길게 난 수술 자국 때문에 비키니 수영복을 입을 수 없게 되었다.

그렇게 태어난 내 아들 성욱이는 그 병원에 기록을 남길 만큼 무척 컸다.

"온몸이 짜릿해진다는 게 뭔지 처음으로 경험했어. 수고했어. 고마워."

그렇게도 갈망하던 아들을 얻게 된 남편은 흥분을 감추지 못하고 싱글벙글이었다.

나 역시 아들이 반갑고 기뻤지만, 딸 성아가 태어났을 때 실망하던 남편 얼굴이 생각나 마음 한구석이 아팠다. 신이 난 남편은 친구들과 한잔해야겠다며 나가버렸다. 남편이 미웠다. 주변의 산모들이 남편과 다정하게 소곤대고 있었다. 무심한 남편을 둔 내가 더욱 불쌍했다.

아들 성욱이가 태어나자 시어머니가 좋아하는 모습은 이루 말로 표현하기 어려웠다.

손자는 곧 당신이 사는 이유가 되었다. 어머니는 아들에게도 좀 더 인자해지려고 애를 썼다. 그렇다고 해서 우리 집의 불화가 사라진 건 아니었다. 시어머니와 남편은 그 후에도 집안 분위기를 어지럽히곤 했다.

가장 심각한 문제는 나와 남편이었다. 우리는 서로 너무나 동떨어진 생각 때문에 팽팽하게 맞서고 있었다. 남편은 뚜렷한 계획도 없이 사업을 하겠다는 둥, 친구들과 한잔한다는 둥, 거의 매일 귀가가 늦었다. 나는 밤마다 귀를 세워놓고 남편의 발걸음 소리를 기다리곤 했다.

남편을 기다리는 동안 나의 상상력은 제멋대로 활개를 쳤다. 별의별 생각들이 다 떠올랐다.

남편은 춤을 잘 췄다. 미국에 살 때 한국 나이트클럽에 간 적이 있었는데, 한 한국 여자가 내게 다가와 남편을 잠깐 '빌려달라'고 했었다. 나는 속으로는 불쾌했지만 '착한 마누라'처럼 처신했다. 모처럼 서로 기분이 좋은 날이어서 공연한 일로 남편의 화를 돋우고 싶지 않았다. 질투심이 일었지만 나는 남편을 잠시 '빌려줬다'.

남편은 그 여자와 함께 지르박을 췄다. 춤 솜씨가 단연 돋보이는 커플이었다. 나는 그 춤을 전혀 추지 못했다. 자리로 돌아온 남편에게 지르박을 가르쳐달라고 했더니, 남편은 버럭 소리를 쳤다.

"왜, 어디 댄서로 나설 일 있어?"

남편의 귀가를 기다리는 동안, 내 상상은 한없이 부풀어 올랐다. 젊고 예쁜 여자를 껴안고 춤을 추는 남편의 모습이 어른거렸다. 그러다가도, 한 남자 때문에 천국과 지옥을 오르내리는 내 감정 상태가 볼썽사나웠다.

'그 주제에 뭐, 다른 어려운 사람들을 구제하겠다고? 너야말로 꿈깨라. 제 앞가림도 못하고 쩔쩔매는 못난이가 뭐가 어쩌고 어째? 그럴 바에야 차라리 죽어버리든지.'

'이혼! 이혼을 하는 수밖에 다른 길이 없다.'

이혼이라는 말이 몸 밖까지 뛰어나올 듯이 엄습해왔다. 그러나 이혼하겠다는 나의 결심 또한 믿을 수가 없었다. 그동안 몇 번이나 결심했던 일인가.

남편은 한국에 돌아와서도 심한 콤플렉스에 시달리고 있었다. 계획했던 일들이 잘 풀려나가지 않았다. 남편의 봉건적인 생각은 한국에서 더욱 노골적으로 드러났다. 조그만 일에도 신경질적인 반응을 보이며, 남자로서의 권위를 세우려 안간힘을 썼다. 그런 남편이 가엾기도 해서 가능한 한 나는 그의 비위를 맞춰주려고 노력했다.

남편이 화를 낼 때도 되도록 참고 견뎠다. 무시로 폭발하는 남편의 성질이 겁도 났고, 창피스러운 혐오감을 피하기 위해서였다. 그러나 내가 입을 꾹 다물고 있으면, 남편은 답답하다며 더 화를 냈다. 그래도 나는 분노를 속으로 삼켰다. 그럴 때면 어김없이 손찌검이 날아왔다. 나는 그 최악의 상태를 벗어나기 위해, 겉으로는 더욱더 아무렇지도 않다는 표정을 지었다. 분노와 혐오감으로 속에서는 불이 일어나고 있었지만, 나는 자존심을 버리지 않았다. 그러나 발산하지 못하고 안으로 쌓이기만 한 불만은, 내가 감당하기 어려운 상태에 달해 있었다. 불만이 마치 '큰 산'처럼 커져 있었던 것이다. 그렇게 내 내부에 쌓인 불만은 생각지도 못한 엉뚱한 방향으로 튀어나갔다.

나는 아이에 대한 분풀이는 금기로 삼고 있었다.

화가 난 상태에서는 결코 아이들에게 큰 소리를 치지 않았다. 그러던 어느 날, 남편이 한바탕 폭발을 하고 난 직후였다.

나는 터져나오려는 울화를 꾹 눌러 참으며, 성아를 목욕시켰다. 머리를 감기는데, 성아의 눈에 비눗물이 들어갔던 모양이다. 성아가 눈이 따갑다며 칭얼거렸다. 다른 때 같았으면 얼른 달래주며 비눗물을 씻겨주었으리라. 그런데 그날, 나는 아이를 벽으로 확 밀어버렸다. 난생처음 대하는 갑작스러운 엄마의 행동에 성아는 겁을 집어먹었다. 나를 쳐다보며 입을 삐죽거리더니 소리 없이 눈물을 흘리는 것이었다. 그제야 나는 정신이 들었다. 연약한 아이에게 화풀이를 하려 했던 나 자신이 짐승처럼 느껴졌다. 머리에 비누 거품이 그대로 남아 있는 성아를 품에 안고 울었다. 내 품에 안긴 성아도 어깨를 흔들며 울고 있었다.

그날 이후, 며칠 동안 고민했다.

'정 헤어질 수 없다면, 무슨 다른 대책을 세워야 할 것 아니냐!'

이 혐오스럽기만 한 현실에서 벗어나야 했다.

남편과 나를 격리시켜야 했다. 한 남자 때문에 감정이 뒤흔들리는 보잘것없는 나를 버리고, 나의 꿈이 요구하는 내가 되어야 했다.

군대…….

내가 하는 일이 유일한 희망이었다. 나는 군대 업무에 전념했다.

당시 나는 중대 인사과에서 보급과로 자리를 옮긴 직후였는데, 한눈에 보기에도 보급과는 엉망이었다. 서류 처리가 규정대로 되어 있지 않아서 직속 상급부대의 검열도 통과하지 못하고 있었다.

해결책이 보이지 않는 집안 문제로 자신을 괴롭히고 있는 나에게 다른 목표를 주어야 했다. 나는 나 자신에게 명령하고, 그 명령을 수행하기로 했다. 보급과의 검열 통과가 1차 목표였다. 그날부터는 아침 일찍부터 밤 열두시가 넘을 때까지 보급과 업무에 몰두했다. 2년 전 서류부터 꺼내놓고 하나하나 치밀하게 검토해 나갔다.

그러기를 꼬박 두 달.

저녁이면 남편이 사무실로 찾아오기 시작했다. 남편은, 내가 집에서 기다려주지 않으니까 저녁에 별로 할 일이 없게 되더라며 멋쩍게 웃었다. 웃으라고 하는 소리였지만, 나는 웃음이 나오지 않았다. 이미 두 달 넘게 진행해온 일. 나는 목표를 이루기 위해, 그리고 무엇보다도 나 자신과의 약속을 지키기 위해, 매일 밤늦게까지 일에 매달렸다. 일에 집중하자, 남편이 다른 여자와 춤추고 있을 거라는 소모적인 상상으로부터 벗어날 수 있었다.

나는 목표를 초과 달성했다. 나의 보급과 업무 능력은 직속 상급부대의 검열관은 물론 8군의 최고 검열관들까지 인정했다. 우리 보급과는 8군 내 중대 중에서 최우수 성적으로 검열을 통과했다. 나는 표창장을 받았을 뿐만 아니라, 병장으로 특별 진급까지 했다. 영자 신문인 코리아 헤럴드와 코리아 타임스에 내 기사가 실리기도 했다.

나는 만족할 수 없었다. 실력을 인정받자, 나 자신의 가치를 새삼 다시 보게 되었다. 내 주위에 있는 장교들은 나보다 계급만 높았지 능력은 더 뛰어나 보이지 않았다. 일도 내가 더 열심이었다. 부하들이나 상관들과의 관계에 있어서도, 장교들에게 뒤지지 않았다.

아래에서는 나를 존경했고, 위에서는 나를 신뢰했다.

'그런데 왜 그들이 나보다 더 나은 대우를 받고 있는 것인가.'

장교들에게 경례를 붙일 때마다 내심 못마땅했다.

표창장과 진급만으로는 어림없었다. 나는 여전히 사병이었다. 이 정도의 성취는 성취라고 할 수도 없었다. 여자도 남자 못지않게 꿈을 이룰 수 있고, 가난하고 배경 없는 사람노 노선하면 싱취할 수 있다는 것을 증명하기엔 턱없이 부족했다. 사병 신분으로는, 차별의식과 권위주의에 물들어 있는 많은 사람들을 설득하기엔 역부족이었다.

나는 장교가 되기로 결심했다.

그 결심을 더욱 다지는 뜻에서, 그동안 접어놓았던 대학 공부를 다시 시작했다. 용산 미 8군 영내에 있는 메릴랜드 대학 분교에 등록했다. 다섯 번째 대학이었다.

그때만 해도 기대가 그렇게 크지 않았다. 나는 보급 주특기에 대한 실력만 믿고 병참 준위〔이등병-일등병-상등병-병장이 병사들의 계급이고, 하사-중사-상사(특무상사 포함)가 하사관들의 계급이다. 소위-중위-대위는 위관급 장교 계급, 소령-중령-대령은 영관급 장교 계급이다. 준장부터는 장성이다. 준위는 전문직으로 하사관과 위관尉官의 중간 계급인 준사관이다. 상사와 소위의 중간 계급으로 보면 된다〕가 되려 했다. 그러나 준위 신청에서 보기 좋게 낙방했다. 경력이 부족하다는 것이 이유였다. 준위가 되려면 최소한 10년 이상의 전문직 경력이 있어야 하는데, 나는 겨우 3년에 불과했던 것이다.

맥이 빠져 있던 어느 날, 특무상사가 나를 불렀다. 무슨 일인가 의아하여 특무상사를 찾아갔더니, 내게 간부후보생에 지원해보는 것이 어떻겠느냐고 물었다. 소위가 될 생각이 없느냐는 질문이었다.

"소위보다 계급이 낮은 준위에 지원했다가 떨어졌는데요?"

나는 특무상사의 제안이 비현실적이라고 생각했다.

"준위는 전문직 장교예요. 그러나 일반 장교는 일반 상식과 지도력을 우선시해요. 거기에 남다른 의지와 체력이 요구되는데, 조 병장이라면 충분히 해낼 수 있을 거라고 봐요."

특무상사는 추천서를 써주겠다고 했다.

육군 소위! 그 말에 용기를 얻었다.

정성껏 서류를 준비해 접수했다. 그리고 얼마 후 나는 합격 통지를 받았다. 다시 한번, 꿈이 현실이 되는 순간이었다. 준위에 지원했다가 낙방한 것이 오히려 다행이었다.

그때 나는 새삼 절감했다.

'한 가지 일에 실패했다고 해서 좌절하지 마라. 그 실패는 더 큰 성공으로 가는 우회 도로일 수도 있다. 높이, 그리고 멀리 보라.'

1980년 가을, 나는 간부후보생 학교가 있는 미국 조지아 주의 포트 베닝으로 떠났다.

네 살이 된 성아와 두 살 난 성욱이는 시어머니에게 맡겼다.

포트 베닝에 있는 간부후보생 학교는, 낙하산 훈련과 특수 훈련 (ranger)의 본거지로 유명했다. 간부후보생 보병 훈련은 14주 과정이었는데, 남녀가 같이 받았다. 성별, 피부색을 가리지 않는 혹독한 훈련이었다. 육체적, 정신적 고통을 이기지 못해 도중 하차하는 후보생들도 적지 않았다. 간부후보생 중에는 아시아계가 두어 명 있었지만, 한국인은 나 혼자였다.

내가 '최고령' 후보생이었다. 처음 미군에 들어올 때도 그랬지만, 다른 후보생들은 대부분 나보다 열두어 살가량 아래였다. 사병 훈련 때보다 더 가혹하게 나를 일으켜 세워야 했다. 니는 나 자신을 야단쳤고,

때로는 비판하기도 했으며, 또 때로는 잘했다고 등을 두드려주기도 했다. 목표에 도전할 때마다 그랬듯이, 나는 나를 '영웅화'시켰다. 나 자신을 위해 장교가 되려는 것이 아니라고, 약한 자를 돕기 위해 장교가 되어야 한다고, 스스로를 어르고 희망과 자신감을 심어주었다. 그러지 않고서는 견딜 수 없을 만큼 힘이 들었다.

나는 나와의 싸움에서 결국 승리했다.

1981년 3월 20일, 나는 미 육군 소위가 되었다.

울고 싶을 정도로 가슴이 벅찼다. 그러나 울지 않았다.

'나는 장교다. 남 앞에서 눈물을 보이면 안 된다. 울보를 따르는 부하가 어디 있겠는가!'

14주 동안 고락을 함께하면서 서로를 격려하고 의지하면서 팀워크를 다졌던 동료들과, 다시 만날 것을 약속하면서 아쉬운 작별을 고했다.

나는 병참 장교로서 다시 주특기 교육을 받기 위해 버지니아에 있는 포트리로 향했다.

포트리에서, 한국에 있는 가족과 합류하기로 했다. 가족들을 기다리면서 전해인 1980년 겨울, 크리스마스 휴가 동안 포트 베닝을 다녀갔던 남편을 떠올렸다.

휴가를 함께 보내고 애틀랜타 공항에서 헤어지기 직전이었다. 남편은 내가 그릇이나 가구 같은 세간살이에 관심이 없다며 불평을 늘어놓다가 또 화를 내었다. 그런 아내를 둔 자기는 참으로 불행한 남편이

라는 것이었다. 생각하고 곱씹을수록 남편의 파렴치함을 용서할 수
없었다.

'어떻게 그런 말을. 새파란 나이의 훈련생들 틈에서 죽음을 각오하
고 훈련에 매달리는 서른두 살의 여자가 가엾지도 않단 말인가? 자기
의 딸과 아들을 낳은 여자, 그리고 가족의 부양을 책임진 아내에게 미
안하지도 않단 말인가? 그 사람은 내게 사랑은커녕 한 움큼의 동정도
없는 거야. 인간이 아니야. 도저히 용서할 수 없어. 하늘과 땅에 대고
맹세해. 이번 결정은 결코 번복하지 않는다!'

그날, 애틀랜타 공항에서 남편을 한국으로 떠나보내고 혼자 고속도
로를 달리면서, 나는 하염없이 흐르는 눈물을, 창에 내리는 비를 바라
보듯 내버려두었다. 그리고 누구에게랄 것도 없이 가슴속에 떠도는
말들을 혼자 중얼거렸다. 하늘과 땅에 대고 맹세한 것을 오래오래 마
음에 새겼다.

그 맹세가 아니었다면, 포트 베닝의 고된 훈련을 이겨내지 못했을
지도 모른다.

'이번에야말로 남편과의 관계를 깨끗이 청산하고 말리라!'

먹구름이 밀려드는 포트리의 하늘을 바라보며, 나는 다시 한번 그
맹세를 떠올렸다. 한낮인데도 사위가 어두워지더니 비가 내리기 시작
했다. 나는 비를 피하지 않았다. 내리는 비를 온몸으로 맞으며, '헤어
지리라'고 마음먹었다. 얼굴을 때리고 볼을 타고 흘러내리는 차가운
빗물 사이로, 어느 틈엔가 뜨거운 눈물이 흐르고 있었다.

때리더라도 죽이지만 말아줘

가족이 도착했다. 그리고 우리는 곧 별거에 들어갔다. 마음이 약해 질 때마다 나는, 한국에서 남편을 죽일 계획을 몇 번인가 세우던 그 끔찍한 나를 떠올렸다.

'남편이 손찌검을 하다가, 실수로 나를 죽이면 어떻게 하나.'
정말 큰 걱정거리였다. 항상 죽음을 각오하고 살아온 몸. 죽음이 두 렵지는 않았다. 그러나 남편에게 맞아 죽는다면, 남편은 감옥에 갈 것 이었다.
'부모를 모두 잃은 우리 아이들은 어찌 될 것인가? 우리 부모형제는 얼마나 슬퍼할 것인가?'

이런 고민을 하고 있는 나 자신이 서러워 목이 메었다.

'죽지는 않더라도, 매를 맞다가 불구가 되면 또 어쩌나? 그렇게 되면 우리 아이들은 누가 먹여 살리나?'

다급한 마음에, 언젠가 또 팔을 걷어붙이는 남편에게 진심으로 부탁했다.

"때리더라도, 다치게 하거나 죽이지만 말아줘."

그리고 나는 온몸의 맥을 탁 풀어놓았다. 그때 알았다. 마음을 놓아버리면 아무리 센 주먹도 전혀 아프지 않다는 것을.

그러던 어느 날, 나는 더 무서운 사실을 발견하고 몸서리를 쳤다.

남편의 폭력에 대항을 못하고 참기만 하던 내가 어느새 엄청난 계획을 세우고 있었다. 남편을 죽일 계획을 차근차근 짜고 있었던 것이다. 이 사실을 깨닫고 나는 경악했다. 나는 나에게 이렇게 말하고 있었다.

'너는 총을 다루는 군인이야. 사격도 명수잖아. 그러니까 총을 하나 사라고. 살 수 없으면 보급창에 있는 총을 가지고 오면 되잖아. 헌병부대에 흔해빠진 것이 총과 실탄인데. 힘으로는 어림없잖아. 하지만 총을 당할 사람은 없어. 총을 집에 갖다 두었다가 또 억울하게 다잡거나 폭력을 쓸 땐, 총으로 혼을 내주라구.'

내가 거눈 총 앞에서 기겁을 하는 남편의 몰골을 상상해보았다. 통쾌했다. 상상은 날로 구체화되었다. 급기야 정말 총을 구하려는 나 자신을 발견하고 멈칫하고 말았다. 나는 얼른 정신을 수습했다.

'안 돼. 진짜 그럴 생각은 아니었어. 망상이었을 뿐이야.'

나는 나 자신을 계속 타일렀다. 하지만 내부의 갈등은 쉽게 사라지지 않았다.

'그냥 겁만 주면 되잖아, 쏘지는 말고.'

'그러나 그이가 겁도 없이 덤벼들어서, 내가 방아쇠를 당기게 되면 어떻게 하고?'

내 총에 맞고 쓰러진 남편을 상상했다. 통쾌한 느낌 이외에는 별다른 감정이 일지 않았다. 그러나 이내 아빠의 주검 옆에서 공포에 떨고 있는 아이들이 어른거렸다. 피에 젖어 있는 아들 위에 엎어져 통곡하는 시어머니도 보였다.

나는 내가 무서워졌다. 이러다간 자칫 분노의 노예가 되어, 평생 후회할 일을 저지를지도 모른다는 생각에 불안했다. 누구와 상의할 수도 없는 일이었다.

그럴 즈음에 장교 훈련이 나를 구해주었다. 장교 훈련 속으로 나를 투신할 수 있었다. 그 혹독한 훈련이 아니었다면, 나는 악마의 유혹에 넘어갔을지도 모른다.

별거에 들어간 지 1년 후, 나는 그와 이혼했다.

1982년, 성아는 여섯 살이었고, 성욱이는 네 살이었다. 나는 서른넷이었다.

성아는 물론 내가 맡았다. 시어머니와 남편의 남존여비 사상에 짓눌리게 하기 싫어서이기도 했지만, 그보다는 성아를 떠나서는 내가 살 수 없을 것 같았다.

남편은 성욱이까지 데려가도 좋다고 했다. 성욱이도 키우고 싶었다. 그러나 그럴 수 없었다. 시어머니가 너무 가여웠다. 할머니에게 손자는 당신의 생명 그 자체였다. 달리 정 줄 곳이 없던 시어머니에겐 당신이 살아가는 유일한 이유였다. 네 살 난 성욱이도 할머니밖에 몰랐다. 그런 할머니와 손자를 떼어놓을 수가 없었다. 성욱이는 내 가슴에 묻기로 했다.

'잘 가라, 성욱아. 언젠가는 이 엄마의 마음을 이해할 날이 올 거야. 그때 이 못난 엄마가 진심으로 용서를 빌게. 그리고 그때 네가 이 엄마를 용서한다면, 나는 이렇게 말할 거야. 엄마는 언제나 너를 사랑했어, 한시도 너를 잊은 적이 없었어.'

마음 같아서는 그 사람의 전처가 낳은 딸 성희도 내가 맡고 싶었다. 할머니와 아빠의 가부장적 사고방식 때문에 피해를 볼 것이 불 보듯 뻔했기 때문이었다. 그러나 그 말을 꺼내진 않았다. 시어머니와 남편이 내 말을 이해할 리 없었던 것이다.

그때 우리에게는 양녀가 하나 있었는데, 그 아이는 내가 맡기로 했다.

그 아이는 내가 한국에 근무할 때, 우리 헌병중대와 자매결연을 맺은 고아원에 있던 고아였다. 당시 나이가 열여섯. 나는 그 고아원에 자주 다니면서 그 아이들의 앞날을 걱정했다. 그 아이들의 앞날이 고통스러울 것 같았다. 꼭 스무 살 전후의 나처럼, 가발공장에서 꿈과 기회를 찾지 못한 채 끼니를 걱정하던 시절의 나처럼……. 한 아이라도 돕고 싶었다.

그 고아원에서 양녀를 하나 들이자고 남편을 설득했다. 우리 형편에 어린아이를 데려올 수는 없었다. 미국에서 살림을 맡게 될 시어머니도 어린아이는 탐탁해하지 않았으리라. 성아, 성욱이 키우는 일도 노인네에겐 만만치 않은 일이었다. 웬만큼 자란 여자아이라면 성희와 함께 할머니를 도울 수도 있어서 반대가 없으리라 생각했다. 그러나 한 가지 조건이 있었다. 그 아이도 친자식과 다름없이 학교를 보낸다는 것이었다.

그런 우리의 제안을 고아원에서도 크게 반겼다. 당시 한국 고아원은 중학교까지만 보내주었다. 그 이후는 아무런 보장이 없어서, 중학교를 졸업한 이후의 장래는 대체로 불행했다. 고아원 원장과 보모는 한 아이라도 구제할 수 있게 되었다는 마음으로 기꺼이 협조했다. 그들은 자기들 말처럼 어딘지 나를 닮은 구석이 있는 여자아이를 추천했다. 마음씨도 착하고 공부도 열심이라고 했다. 나는 그 아이가 마음에 들었다. 이름은 귀자(가명)였다.

그런데 막상 출국 수속을 시작하니, 나이가 문제였다. 만 14세가 넘으면 미국으로 입양될 수 없다는 것이었다. 그 이야기를 듣고, 고아원에서는 우리 눈치를 살피며 말했다.

"귀자의 실제 나이는 16세지만, 호적이 없어요. 새로 호적을 만들 때 13세로 얘기하면 아무 문제 없을 거예요.'

군인으로서 법을 어기는 것이 좀 꺼림칙하긴 했지만, 한 인생을 구제하기 위한 선의의 거짓말이 아닌가. 나는 나 자신을 설득시켰다.

그렇게 해서 귀자는 우리의 큰딸이 되어, 1981년 다른 가족들과 함께 미국으로 오게 되었던 것이다.

소위 진규 로버슨

포트리는 내게 또 다른 자신감과 활력을 불어넣어주었다. 병참장교
주특기 교육 과정에서 나는 약 50명의 우수한 남녀 장교들을 물리치
고 일등상과 최우수지도자상 둘 다를 거머쥐는 영예를 누렸다.

병참학교 졸업식이 있기 직전, 나는 야영 훈련을 하다가 옻이 심하
게 올라 병원에 입원해 있었다. 나는 환자의 몸으로 졸업식에 참석했
다. 가려움증 때문에 신경을 약간 마비시키는 약을 복용하고 있어서,
나는 약간 몽롱한 상태였다. 그런 상태에서 일등상을 받고 단상을 내
려오는데, 나시 내 이름이 들렸다. 얼떨결에 돌아보니, 내가 최우수지
도자상도 수상한다는 것이었다. 강당 가득 박수 소리가 울려 퍼졌다.

포트리. 내가 장교로서 처음 근무한 곳이지 내 삶에서 또 하나의 분

기점이었던 곳. 그곳에서 병참중대 유류소대 소대장으로 근무하면서, 나는 또 하나의 벽에 도전했다. 고소공포증을 극복하고 싶었다. 낙하산 훈련을 받기로 한 것이다.

몇 주 동안의 지독한 훈련을 마치고 헬리콥터에 올랐다.

수천 피트 상공. 점점 작아져서 손바닥만해진 투하 지점을 내려다보았다. 가슴은 마구 쿵쾅거렸고 온몸이 마비되는 것 같았다. 교관이 내 귀에 대고 버럭 고함을 질렀다. 나는 죽음을 각오하고 허공을 향해 몸을 던졌다.

나는 눈을 꼭 감고 있었다. 급강하……. 숨도 제대로 쉬지 못했다. 몇 초가 흘렀을까. 갑자기 턱, 하고 내 몸이 위로 솟구쳤다. 누군가 나를 낚아채는 것 같았다. 그 순간, 나는 낙하산이 헬리콥터에 걸린 것이라고 생각했다.

'아, 내가 여기서 이렇게 죽는구나…….'

그러나 그것은 낙하산이 펴지는 순간 생긴 반동이었다.

안도의 한숨을 내쉬며 아래를 내려다보는데, 또 다른 위험이 닥치고 있었다. 내 낙하산이 한겨울의 심한 바람을 타고 투하 지점 옆에 있는 번잡한 고속도로 쪽으로 떨어지고 있었던 것이다. 대기하고 있던 헌병차와 구급차가 사이렌을 울리며 고속도로를 향해 질주하기 시작했다.

고속 질주하는 차들이 번잡하게 통행하는 고속도로에 떨어지면 무사할 리가 없었다. 하늘을 쳐다보며 운전하는 사람이 어디 있단 말인가. 공포에 휩싸인 나는 낙하산을 조종할 생각도 잊은 채 속수무책으로 정신을 놓고 있었다.

하늘이 도왔다. 내 운명의 여신은 나를 고속도로 바로 옆에 내려놓았다.

나는 주먹으로 눈을 쓱 문지르며, 계면쩍은 표정으로 교관의 호된 꾸지람을 달게 받았다. 그 후 네 번 더 이어진 낙하는 모두 성공적이었다. 한없이 고요하고 맑은 공중에서 구름이나 새들과 대화를 나눌 수 있을 것 같은 여유도 생겼다. 나는 자랑스러운 공수 배지를 받았다. 그 배지는 내가 나와의 싸움에서 이겼다는 또 다른 증거였다.

엄마의 고생을 부러워하며, 언제나 엄마의 성취에 기쁘게 도전해오는 딸 성아가 1997년 여름, ROTC 생도 자격으로 공수 훈련에 성공했다. 우리는 모녀 공수 자격자가 되었다.

포트리에서 이혼 문제로 속을 끓이던 무렵, 나는 한 친한 동료의 도움을 많이 받았다. 간부후보생 동기였는데, 나보다 열 살이나 어린 청년이었다. 보병 훈련을 받으면서 내가 육체적으로 힘들어할 때, 곁에서 많은 힘이 되어주었다. 내가 버지니아 병참학교로 왔을 때, 그 친구는 기갑 훈련을 받으러 켄터키로 갔다. 그는 그곳에서도 계속 편지를 보내왔다. 교육을 마친 후 기갑부대 소대장이 되어 독일로 발령을 받았다.

그리고 얼마간 소식이 뜸했다.

이혼 수속이 거의 끝나갈 무렵, 그 친구로부터 편지가 한 장 날아왔다. 나를 사랑하고 있다며 결혼하고 싶다는 내용이었다.

내 눈을 의심하지 않을 수 없었다.

그는 공수 훈련에다 특수 훈련까지 받은, 촉망받는 우수한 장교였다. 키가 크고 잘생겼으며, 총각이었다. 원한다면 얼마든지 예쁘고 젊은 여자를 만날 수 있었다. 나는 이혼녀에 네 아이의 엄마였다. 그는 좋은 대학을 나왔지만, 나는 아직 대학을 졸업하지 못했다. 가정환경에서는 더 큰 차이가 났다. 그의 아버지는 아이오와 주의 주립판사였고, 형은 변호사, 누나는 모델에다 주지사 사무실에서 인정받는 간부였다.

이 친구가 뭔가 착각을 해도 단단히 했구나 싶어 프러포즈를 묵살했다. 하지만 기분이 나쁘진 않았다.

'그런 친구가 내게 사랑 고백을 다 하다니. 나도 조금은 매력이 있다는 건가?'

나를 놀라게 한 건 그뿐이 아니었다. 내가 이혼했다는 소문이 퍼지면서, 내게 데이트를 신청하는 사람이 제법 생겼다. 신기했다. 진담인지 농담인지 모르겠지만, 남편은 내가 할망구인 데다 못생겨서 나를 좋아할 남자는 한 명도 없을 거라고 기회 있을 때마다 말했기 때문이다. 나는 그 말을 곧이들었다. 젊었을 때라면 몰라도 이젠 아무런 매력이 없다고 스스로도 생각했다. 그런데 이혼하자마자 '사관과 신사'들이 내 앞에 나타나다니 도무지 믿어지지가 않았다.

내게 사랑을 고백했던 친구는 톰 로버슨(가명) 소위였다. 톰은 그 후에도 독일에서 여러 차례 전화를 걸어 간곡하게 청혼했다. 톰의 집에서는 물론 절대 반대였다. 다른 남자와 데이트 중이던 나는 그의 청혼이 썩 내키지 않았다. 전혀 자신이 없었다.

그러나 그는 끈질겼다. 그는 사랑의 힘으로 나와 그의 가족을 설득했다.

나는 마침내 성아와 귀자를 데리고 독일행 비행기에 올랐다.

1982년, 서른네 살. 나는 '진규 로버슨' 소위가 되었다.

짧은 사랑,
긴 불행

나는 진정으로 뜨거운 사랑을 받았다. 뒤늦게, 아니 처음으로 공주가 된 기분이었다. 사랑에 굶주렸던 아이들도 좋아했다. 톰은 아이들에게 친아버지 이상으로 잘해주었다. 아직 나이 어린 청년이란 것이 실감나지 않을 만큼 자상한 아빠였다.

그러나 군대는 언제까지나 달콤한 사랑을 즐기며 살도록 놔두지 않았다. 나는 독일에서 유류중대 유류소대 소대장을 지냈는데, 그 시절이 그때까지의 삶에서 가장 바빴던 시기였다. 우리 소대에는 50명의 미군 병사 외에도 독일, 영국, 터키, 민간인들이 열 명가량 더 있었다. 대부분 남자들이었다. 그들을 지휘하며 5군 지역 전역에 유류를 보급하는 것이 우리 소대가 맡은 임무였다.

부하들의 보병 훈련과 체력 단련도 게을리 할 수 없었던 나는 보통 아침 여섯시에 집을 나서서 밤 열한시가 넘어야 집에 돌아올 수 있었다. 토요일에도 평균 여덟 시간 이상을 근무했고, 때로는 일요일에도 일해야 했다.

아이들 학교 문제는 대체로 톰이 맡았고, 집안일은 톰, 귀자, 성아가 나누어 해결했다. 가족끼리 오붓하게 여행할 수 있는 시간도 얻기 힘들었다. 독일에서 1년 3개월 동안 근무하면서 우리 가족은 단 한 번, 일주일 일정으로 오스트리아의 잘츠부르크에 다녀왔을 뿐이다. 우리는 「사운드 오브 뮤직」을 촬영했던 곳도 구경했고, 소금광산에도 들어가보았다. 아침에 아이들이 곤히 잠들어 있는 모습을 보고 출근했다가 밤에 아이들이 잠든 후에야 퇴근하기를 몇 달 동안 계속한 적도 있었다.

그렇게 1983년을 맞았다. 그리고 그해 어느 봄날 오후, 중대장이 나를 호출했다.

"오, 진. 놀라지 말고 들어요."

"무슨 일입니까?"

"오늘 적십자에서 연락이 왔는데, 당신 동생이 교통사고로 사망했다고 합니다."

무슨 말인지 얼른 귀에 들어오지 않았다.

"적십자로 연락한 사람은 서규호 상병이라더군요. 사망한 동생은 서광규."

중대장을 쳐다보던 내 눈이 흐려졌다. 나는 두 손으로 얼굴을 감쌌다.

'이게 무슨 청천벽력이란 말인가? 광규가 죽다니. 어떻게 이런 일이 일어날 수 있단 말인가. 어릴 때부터 유난히 아버지를 따랐던 동생. 그래서 아버지가 꽤나 귀여워했었는데. 아, 부모님이 얼마나 상심하시고 계실까.'

나는 누구보다도 아버지를 염려했다.

"어때요? 한국에 가보겠소? 지금 곧 수속을 시작해도 좋소."

나를 위로하기 위해 내 등을 쓰다듬으며 중대장이 물었다. 나는 울먹이며 그저 고개만 끄덕였다.

톰에게 연락을 하고, 서둘러 귀국할 준비를 했다. 성아는 데리고 가기로 했다. 귀자는 내 한국인 친구이기도 한 톰의 중대장 부인에게 부탁했다. 성아와 내가 돌아올 때까지, 그 집에서 기거하며 학교를 다니게 했다. 톰이 아이들을 친자식처럼 돌보긴 했지만, 스물네 살의 젊은 아빠와 열여덟 살 난 양녀를 단둘이 지내게 하기엔 마음이 놓이지 않았다. 이웃 사람들의 눈도 있었다. 톰도 선뜻 내 뜻에 따라주었다.

"아이고, 진술아, 이를 우짜꼬—."

한밤중에 제천 집에 도착한 나와 성아를 보자, 어머니는 땅을 치며 통곡을 했다.

"엄마……."

나도 더 이상 말을 잇지 못하고, 그 자리에 엎드려 목놓아 울었다. 방 안에 있던 온 식구들도 함께 울었다. 어느 정도 진정이 된 다음에야 동생 광규를 앗아간 교통사고에 대한 자초지종을 들었다. 즉사였다고 한다. 장가도 못 간 총각의 객사여서, 제대로 장사도 치르지 않고 화장터 부근에 묻었다고 했다.

이튿날 어린 조카들을 앞세우고, 광규의 묘를 찾았다. 동생이 잠들어 있는 무덤은 너무나 허름했다. 새로 입힌 잔디보다 붉은 흙이 더 많았다. 잔디라도 고왔다면 마음이 덜 아팠을 텐데. 머쓱하니 서 있는 조카들 앞에서 나는 한동안 흐느꼈다.

'광규야, 이 나쁜 놈아. 이렇게 서둘러 가려고 그렇게 효도를 했었니? 차라리 살아생전 불효를 했더라면 부모님 가슴이 이렇게 아프지는 않았을 거 아니니, 이 불효막심한 놈아. 내가 형제들을 미국으로 초청한다고 했을 때도, 너는 나이 드신 부모님을 위해 한국에 남겠다고 했잖아. 네가 한 말에 책임도 지지 않고 이럴 수가 있는 거야?'

"누나, 미안해. 그냥 장난 한번 해본 거야. 일어나. 그만 집에 가자."

광규가 그렇게 말하며 어디선가 튀어나올 것만 같았다.

그러나 광규는 아무 말이 없었다. 나는 한동안 그렇게 앉아 있었다.

1998년 여름, 한국에 갔을 때 나는 광규의 이름으로, 우리 형제들의 모교인 제천 동명초등학교에 매년 1백만 원을 지급하는 장학금을 만들었다. 교장선생님의 제안에 따라 졸업생 중 다섯 명을 뽑아 각각 20만 원씩 주기로 했다. IMF로 인해 어려움을 겪고 있는 아이들을 돕고 싶기도 했지만, 우리 착한 광규가 사람들로부터 잊혀져가고 있는 것이 너무도 가슴 아팠다. 그 이야기를 듣고 어머니가 쓸쓸히 웃으며 말했다.

"그래, 1년에 한 번은 누군가 우리 광규의 이름을 불러주겠구나."

그해 1983년 봄, 나는 한국에 오래 머물 수가 없었다. 독일 유류소대에 쌓여 있을 업무가 생각났다. 아들을 잃고 통곡하시는 어머니와, 눈물을 감추려 애꿎은 담배 연기만 나무라던, 눈에 띄게 수척해진 아버지를 곁에서 지켜보기도 힘들었다. 귀대 날짜는 많이 남았지만, 나는 서둘러 독일로 돌아갔다.

독일 집에 도착하자마자, 톰이 나를 방으로 조용히 불렀다.

"이야기할 게 있어요, 진. 놀라지 말아요."

톰은 잔뜩 겁먹은 얼굴이었다.

"귀자 일로 문제가 생겼어요."

동생을 잃은 슬픔과 장시간의 여행 때문에 나는 지칠 대로 지쳐 있었다. 그런데 또 무슨 일이 터졌단 말인가. 나는 아무 말도 듣고 싶지 않았다. 하지만 톰은 매우 다급해하고 있었다.

"귀자가 나한테…… 강간을 당했다고 보고해서, 나는 지금 조사를 받고 있어요."

서둘러 본론을 뱉어버린 톰은 창백한 얼굴로 나의 눈치를 살폈다.

하늘이 무너졌다.

'혹시라도 그런 일이 일어날까봐, 다른 집에 맡겨두고 갔던 것인데.'

누구 편에 서야 할지, 판단이 서질 않았다. 할 말이 없었다. 머릿속이 온통 진흙으로 가득 차 있는 것 같았다. 진실을 묻기가 겁이 났다.

톰은 귀자에게 친절하고 자상했다. 사랑을 받아보지 못하고 성장한 귀자는 잘생긴 미국인 '아빠'에게 호감을 갖고 있었다. 그 바쁜 일과 중에서도 나는 그것을 어렴풋하게나마 눈치채고 있었다.

"미안해요, 진. 난 그날 술에 많이 취했어요. 그리고 귀자가 당신이 여기 오기 전에 당신을 따랐던 남자들 얘기를 하는 바람에 질투가 났던 겁니다. 정말 미안해요."

톰은 몇 번이나 사과를 하며 그날 밤 이야기를 털어놓았다.

어느 날 저녁, 귀자가 묵고 있는 톰의 중대장 집에서 저녁을 먹으러 오라는 연락이 왔다. 맛있는 저녁 식사였다. 운전을 하고 돌아가야 했는데도, 톰은 술을 몇 잔 마셨다. 그만 일어나려는데 귀자가 함께 집에 가겠다고 따라나섰다. 톰이 의아해하자, 귀자는 내일 학교에 가지고 갈 것이 있는데 그것이 집에 있다는 것이었다. 중대장 부인도, 그러면 같이 가라고 했다.

톰은 귀자와 함께 집으로 향했다. 차에서 귀자는 이런저런 이야기를 했다. 내가 포트리에 있을 때 나를 좋아하던 남자들이 많았으며, 그들 중 한 사람과 데이트를 자주 했다는 이야기를 했다. 질투가 난 톰은 집에 들어서자마자 독주를 마셨고…… 나에게 화가 났고…….

톰은 울고 있었다.

내가 돌아오기로 한 날이 가까워오자, 귀자는 내게 미안하기도 하고 나를 보기가 두렵기도 했던 모양이었다. 어느 날 오후, 교회에 혼자 앉아 울고 있는 귀자를 군목이 발견했다. 귀자는 그 군목에게 용서를 구하며 하소연했다. 미국 법이나 군의 규율을 알 턱이 없는 그 아이는 자기가 한 말이 어떤 결과를 초래할 것인지 전혀 알지 못했다. 귀자는 군목 앞에서 '나는 그러고 싶지 않았는데……'라며 울었다.

"군에서 나를 군사재판에 넘기려 해요. 귀자가 열여덟 살 이하의 미성년자라서, 귀자가 동의를 했건 안 했건 관계없이 나는 무조건 강간범으로 걸려들어간다는 거예요."

귀자가 열여덟 살 이하의 미성년자라는 사실 때문에, 톰은 무조건 처벌을 받게 되어 있었다. 난감했다. 귀자, 그 어린것의 가슴에 남겨졌을 상처가 마음 아팠다. 톰도 가여웠다. 아직 스물네 살의 철부지가 단 한 번의 실수 때문에 매장될 위기에 몰려 있는 것이었다.

내 가슴이 아픈 건 우선 접어두어야 했다. 나는 톰을 바라보지도 않고 맥빠진 목소리로 물었다.

"미국의 아버님한테는…… 연락했어요?"

"아니요. 부모님을 걱정시켜드리고 싶진 않아요."

나는 톰에게 부모님께 연락해서 도움을 청하는 것이 좋겠다고 말했다.

톰과 귀자 사이에서 일어났던 일은, 있을 수 없는 불미스러운 일이었다. 그러나 어느 한쪽의 일방적인 잘못으로 보이지는 않았다. 부녀 사이라는 법률적 문제 이전에, 톰과 귀자는 스물네 살과 열여덟 살의 젊은 청년들이었다. 단 한 번의 실수로, 앞날이 창창한 젊은이들이 미래를 묻어버려야 한다는 것은 가혹한 처사라고 여겨졌다.

귀자도 불쌍했지만 톰도 가여웠다. 나는 톰을 살려내기 위해 귀자가 사실은 열여덟 살이 넘었다는 것을 밝히기로 했다. 내가 귀자의 나이를 실토하면 나의 범법 사실을 자백하는 것이어서 처벌을 받을 수도 있었다. 그렇게 되면, 그때까지 내가 이룬 성취를 모두 포기하는 사태가 올지도 몰랐다. 불명예 제대로 군복을 벗어야 할지도 모르는 상황이었다.

그래도 좋았다. 나는 어리석었던 한 젊은이를 구해주고 싶었다. 나는 톰 살리기에 나섰다. 식욕도 사라졌다. 체중이 급격하게 줄었다. 그러나 내 노력은 허사로 돌아갔다. 조사단은 귀자의 나이 조작에 관한 나의 증언을 묵살했다. 결국 톰은 죄를 인정하고 불명예 제대를 하기로 했고, 귀자는 다른 사람의 집으로 옮겨졌다.

제대 수속을 하던 톰이 어느 날 내게 말했다.

"오늘 귀자를 봤어요. 식당에서 점심을 먹고 있는데, 와서 내 앞자리에 앉더라구요. 웬일인가 싶어 쳐다보았더니, 나보고 미안하다고 하더군요. 자기는 일이 이렇게까지 될 줄은 몰랐대요. 그러면서 용서해달라고 하더군요. 엄마한테도 죄송하다고 전해달래요."

"그래서 톰은 뭐라고 했어요?"

나는 며칠 후면 민간인으로 돌아갈 톰의 명찰과 계급장을 쳐다보며 물었다.

"그냥 잊어버리자고 했어요. 이미 지난 일인데……."

톰은 미국으로 돌아가, 부모가 있는 아이오와의 대학원 경영학과에 입학했다.

독일에는 성아와 나만 남았다.

성아가 학교에서 돌아오면, 내가 퇴근할 때까지만 돌봐달라고 이웃집에 성아를 부탁했다.

하지만 다가오는 훈련이 걱정이었다. 30일 동안, 미·독 합동 군사 훈련에 참가해야 했다. 훈련 장소는 내 근무지에서 몇 시간이나 떨어진 곳이었다. 곰곰이 생각한 끝에 성아를 제천의 부모님께 보내기로 했다.

일곱 살밖에 안 된 아이가 독일에서 한국까지 혼자 여행하는 것이 가능할 것인지, 꽤나 염려스러웠다. 여행사에서는 아무 문제가 없을 거라며 누차 나를 안심시켰다. 안쓰러운 마음으로 성아를 쳐다보았다.

딸아이는 엄마의 사정을 다 이해하는 듯 말했다.

"나 혼자서도 한국에 갈 수 있어, 엄마."

프랑크푸르트 공항에서 어린 성아를 승무원에게 인계하고 돌아서려니 발이 떨어지질 않았다.

'괜찮다고 했잖아. 잘 갈 거야. 걱정 마.'

아, 시간이라도 빨리 가주었으면. 성아가 떠난 날, 몸은 천근만근 무거웠지만 잠이 오지 않았다. 제천에서 전화가 걸려왔다. 성아였다.

"엄마, 나 잘 왔어. 비행기에서 언니들이 그림책도 주고 장난감도 줘서 참 재미있었어."

성아의 밝은 목소리를 듣고 나서야, 나는 안심하고 훈련장으로 떠났다.

1983년, 그해 여름은 그렇게 지나가고 있었다.

제4장

나를 파악하고
나를 장악하는 것

나는 무슨 일에 도전하기에 앞서 항상 세 가지 리스트를 작성한다.

첫째, 나에게 꼭 필요한 것은 무엇인가.

둘째, 내가 가지고 있는 것은 무엇인가.

셋째, 나는 무엇을 준비해야 하는가.

이 세 가지 문제에 답할 수 있다면, 현재의 나를 정확히 파악하고 있는 것이다.

희망에 도전하려는 나를 알고 있다면, 그 희망은 이미 절반은 이룬 셈이다.

그런 후엔, '죽을 각오'를 하고 희망을 향해 돌진하는 것이다.

'양철북'을 치는 열여덟 살 아이

합동 훈련은 고되었다. 하루 중 내게 허용된 시간은 고작 다섯 시간뿐. 나머지 열아홉 시간 동안은 한꺼번에 최소한 두세 가지를 해내야 할 정도로 일이 많았다. 덕분에 피를 말리게 하던 광규의 죽음이며, 톰과 귀자의 일, 그리고 그리운 성아와 성욱이를 잊고 지낼 수 있었다.

그러나 그해 내게 닥친 악몽은 거기서 끝난 것이 아니었다. 1983년 그해 가을, 적십자는 또다시 나쁜 소식을 전해왔다. 막내 명규가 백혈병으로 원주병원에 입원했는데, 살려낼 재간이 없다는 것이었다. 저능아인 내 농생 명규…… 술에 취했을 때마나 명규 때문에 넋두리를 늘어놓으시던 어머니의 얼굴이 떠올랐다. 돌아가실 땐 명규를 데리고 가겠던 아버지의 말씀이 귓전에 맴돌았다.

'차라리 잘된 일일까?'

하지만 그런 생각이 들자, 불쌍한 명규에게 너무나 미안했다.

당장 고향으로 날아갈 것인가, 하지만 내가 달려간다고 해서 무슨 소용이 있겠는가, 치료비부터 보내주는 것이 더 합리적이지 않을까, 도무지 마음을 종잡을 수 없었다. 고향집에 전화를 걸었다.

"나오지 마라. 죽으면 할 수 없는 기지…… 마, 일이나 잘하거라. 여기 일은 우리가 알아서 할 끼니까."

아버지는 아무렇지도 않은 듯이 말했다. 그것이 더욱더 견디기 어려웠다.

언젠가 명규를 잃어버리고 온 가족이 고생했던 일이 떠올랐다.

오빠네가 서울 이문동에 살던 1976년 봄, 부모님이 명규를 데리고 오빠 집에 다니러 가셨다. 부모님과 명규는 오빠네 식구들과 함께 창경궁으로 벚꽃 구경을 갔다. 내가 미국에 간 해에 나의 가발공장 친구였던 미화와 결혼한 오빠는, 창경궁에 가던 그해에는 벌써 다섯 살 난 장남과 네 살 난 쌍둥이 형제가 있었다.

창경궁 주변에는 벚꽃놀이 나온 사람들이 워낙 많아 발 디딜 틈도 없었다. 마침, 길가에 아이들 명찰을 만들어 파는 상인이 있었다. 올케는 아이들이 길을 잃을지도 모르니 명찰을 하나씩 달아주자고 했다. 아버지는 반대했다.

"어른들이 이렇게 많은데 아이들 잘 보면 댔지, 맹찰은 무신 맹찰."

아버지는 입장권을 사기 위해 먼저 창경궁으로 가고, 어머니와 올케는 아이들 손을 잡고 인파에 떠밀리며 입구를 향하고 있었다. 그때 올케가 문득 주위를 둘러보며 말했다.

"어머니, 삼촌은요?"

조금 전까지만 해도 바로 옆에서 작은 술병을 들고 따라오던 명규가 온데간데없는 것이었다. 어머니는 얼굴이 하얘졌다.

"맹규야―, 맹규야―."

대답이 없었다. 그때 명규는 열여덟 살이었지만, 지능은 불과 서너 살밖에 되지 않았다. 그런 명규를 서울 한복판에서 잃었으니, 찾을 길이 막막하기만 했다. 더구나 명규는 말을 거의 하지 못했다. 누가 집을 찾아주려 해도 불가능한 일이었다. 온 식구들이 사방으로 흩어져 명규를 찾았지만 보이지 않았다.

올케가 오빠와 광규에게 연락을 했고, 작은아버지 댁과 면목동 사촌언니에게도 연락을 했다. 작은집에서는 아는 사람을 통해 텔레비전 방송국에 알렸다. 그러나 헛수고였다. 어머니와 사촌언니는 점쟁이들한테 쫓아가고, 서울 지리를 잘 아는 올케와 고등학생이었던 광규는 점쟁이들이 찍어주는 곳을 샅샅이 뒤졌다. 그러나 명규는 보이지 않았다.

포스터를 붙이고 현상금까지 내걸었지만 소용이 없었다. 그렇게 며칠이 지나자, 어머니는 곡기를 끊고 술로 연명했다. 아버지는 시골로 내려갔다.

"야야, 마 오늘까지만 찾아보고 그만 찾거라. 아매도 굶어 죽었지 시푸다. 이적지(여태까지) 우예 살아 있겠노?"

명규를 잃어버린 지 12일째 되던 날, 어머니는 술기운에 몽롱한 표정으로 울먹이며 며느리에게 포기하라는 의사를 비쳤다. 그러나 올케와 광규, 그리고 마침 시골서 올라온 오촌조카는 그날도 명규를 찾아 나섰다. 평화시장 일대를 훑으며 곳곳에 포스터를 붙여두었다. 그날 밤 올케 꿈에 명규가 나타났다. 명규가 평화시장 2층에서 자기를 찾는 포스터를 멍하니 보고 있는 것을 꿈에 본 것이다. 올케는 너무도 반가워 명규의 등을 탁 치며 말했다.

"삼촌, 여기서 뭐 해요? 온 식구가 삼촌 찾느라고 난리가 났는데."

그러자 명규는 그저 멍하니 쳐다보기만 하더라는 것이었다.

이튿날 아침, 일찌감치 집을 나선 올케는 꿈에 봤던 평화시장으로 부지런히 향했다. 꼭 꿈을 믿었다기보다는 지푸라기라도 잡아보겠다는 심정이었다. 시장 위아래층을 다 살펴봐도 명규는 없었다.

'역시 개꿈이었나.'

맥이 풀려 터덜거리며 층계를 내려오던 올케는 자신의 눈을 의심했다.

전보다 많이 야위었고 더러운 몰골이었지만, 음식들이 놓여 있는 난전 층계참 한쪽 구석에 쪼그리고 앉아 있는 사람은 틀림없는 명규였다.

"삼촌!"

올케는 명규의 팔을 잡았다. 명규는 무표정한 얼굴로 물끄러미 제 형수를 쳐다보기만 했다.

"삼촌, 여기서 뭐 해요. 얼마나 찾았는데!"

그래도 명규는 멍하니 바라다볼 뿐이었다. 올케는 울음을 터뜨리고 말았다.

"아는 사람이우?"

바로 앞에서 빵을 팔던 아주머니가 물었다.

"예. 시동생인데 잃어버린 지 벌써 13일째예요. 그렇게 백방으로 찾아다녔는데……."

올케는 손으로 눈물을 훔쳤다.

"어제 저녁답(무렵)에 여기에 왔어요. 허기가 져 보여서 빵을 줬는데 안 받길래 막 야단을 쳐서 먹였어요."

남이 주는 것을 받아 먹지 않았던 명규가 그때까지 어떻게 견뎌왔는지 신기하기만 했다. 올케는 그 빵장수가 고마워 3천 원(당시 3천 원이면 적은 돈이 아니었다)을 건네줬다.

"아니, 돈 받자고 한 소리 아니에요. 그냥 그랬었다는 설명을 한 거지."

빵장수 아주머니는 한사코 받지 않으려 했다.

"그런 거 알아요. 너무 고마워서 그러는 거예요. 받아주세요."

그제야 아주머니는 겨우 돈을 받았다. 그때까지 멍하니 쳐다만 보고 있던 명규는 정신이 좀 드는지 올케에게 옆 가게 진열대에 놓여 있는 우유를 가리켰다. 올케가 우유를 사주자 단숨에 마셔버렸다. 그제야 명규를 찬찬히 살펴본 올케는 기가 막혔다. 새옷을 입고 있었는데 새옷들은 다 어디로 가고 처음 보는, 다 떨어진 옷을 입고 있었다. 허리띠도 없었고, 대신 넥타이로 바지춤을 질끈 묶고 있었다. 운동화도 너덜너덜했다. 그리고 어디서 맞았는지 꾀죄죄한 얼굴 여기저기가 부어 있었다.

올케는 어렵사리 택시를 잡아타고 골목 어귀에서 내려, 축 늘어진 시동생을 업고 집으로 들어왔다.

"어머니, 삼촌 찾았어요."

어머니는 전혀 알아듣지 못하고 엉뚱한 소리를 했다.

"야야, 길수(손자)가 어데 빠지서 이라노?"

"어머니, 길수가 아니고 삼촌이에요!"

그제야 어머니는 놀란 눈으로 명규를 바라보더니 마당으로 달려나오며 소리쳤다.

"아이고 맹규야―, 이기 꿈이가 생시가?"

어머니는 명규를 붙들고 통곡을 하셨다.

나중에 밝혀졌지만, 명규의 백혈병 소동은 의사의 오진 때문이었다. 광규가 비명에 세상을 떠났을 때, 친척과 동네 사람들이 명규 앞에서 '차라리 명규가 죽고 광규가 살았으면 나았을 것을. 참 하늘도 무심하제. 아까운 아는 가고 짐덩이는 남고'라고 떠들었다는 것이다. 졸지에 아들을 잃은 부모님을 위로하기 위해 한 말이었을 테지만, 그 말이 아무것도 모르는 듯한 명규의 가슴에 못이 되어 박혔을 줄이야.

그로부터 며칠 뒤부터 명규는 먹은 것을 전혀 소화시키지 못하고 앓아누웠다. 얼굴이 백지장이었다. 전에 없던 일이어서 급히 원주에 있는 큰 병원으로 데려갔는데, 진단 결과가 백혈병이었다. 곧 죽을 거라는 '자세한 설명'과 함께. 치료할 방법이 없다는 말을 듣고 아버지

는 명규를 집으로 데리고 왔다. 막내아들을 운명에 맡기기로 했던 것
이다.

그런데 뜻밖에도 그냥 내버려두었던 명규가 점점 기운을 차리더니
어느 날 혼자 일어났다. 건강을 되찾은 것이다.

나쁜 일은
한꺼번에 몰려온다

화불단행禍不單行. 나쁜 일은 몰려다닌다고 했던가.

나는 독일군과의 합동 훈련에 참가하느라 정신없이 뛰어다녔다. 하지만 그 강도 높던 군사 훈련도 그해 내게 잇달아 덮쳐왔던 악몽들만큼 힘들진 않았다. 마치 누군가가 우리 가족들이 얼마나 강인한지 시험하는 것 같았다. 군사 훈련 와중에 또 하나의 나쁜 소식이 날아들었다.

이번에는 어머니였다. 어머니가 뇌출혈로 쓰러졌다는 것이었다.

'아, 이 악몽은 언제쯤 끝이 날 것인가…… 도대체 누가, 왜, 이따위 장난을 계속하는 것인가?'

급하게 수속을 마치고 한국으로 향했다.

"어제 미군 비행기로 하와이로 갔다. 한국에서는 수술이 힘들다는 구나……."

아버지는 말끝을 흐리며 고개를 돌렸다.

마침 미군 상병으로 한국에 근무하고 있던 규호가 어머니를 모시고 하와이로 간 것이었다. 나는 서둘러 어머니와 규호의 뒤를 쫓아야 했다. 아버지는 여권도 비자도 없어서 나 혼자 떠날 수밖에 없었다.

부쩍 늙으신 아버지가, 막 집을 떠나려는 내 등에 대고 말했다.

"느그 엄마 잘 부탁한데이. 느그 엄마 이분에 죽어뿐다 카몬 나도 맹규하고 같이 죽어뿔란다. 내가 인자 여기서 더 살아서 뭐 하겠노."

그때 명규는 아직 기운을 차리지 못하고 있을 때여서, 모두들 명규가 백혈병으로 곧 죽을 줄 알고 있을 때였다. 아버지의 그 말씀은 비행기가 하와이에 도착할 때까지 줄곧 내 마음속을 맴돌았다.

"좀 어떠시니? 정신은?"

어머니의 병상 옆 의자에 앉아 팔짱을 낀 채 눈을 감고 있던 규호가 깜짝 놀라며 눈을 떴다.

"어, 누나. 힘들었지?"

"엄마는 뭐 좀 드셨니?"

"응. 아직도 정신은 없으셔."

어머니는 초췌했다. 그러나 잠든 것 같은 어머니의 얼굴은 천진스럽게만 보였다. 얼마 전까지 당신을 못 견디게 괴롭히던 고통을 잊고 있는 듯한 어머니의 얼굴. 그 얼굴에는 희로애락을 넘어선 어떤 평화가 깃들어 있었다. 고생을 낙으로 알고 평생을 살아오신 어머니였다.

이 힘든 현실이 말끔히 정리될 때까지 그대로 잠들어 있었으면 하고 나는 바랐다.

"수술은 모레래. 결과는 장담할 수 없지만, 그래도 가망은 있나봐."

나는 규호를 두고 밖으로 나왔다. 하와이는 말 그대로 아름다운 천국이었지만, 내 눈에 들어온 풍경은 천국이 아니었다. 천국도, 슬픈 눈으로 보면 천국이 아니었다. 푸른 하늘도, 무성한 야자수도, 은빛으로 반짝이는 투명한 바다도 무심해 보였다. 어머니는 천국의 입구를 찾아 여기까지 날아오신 것일까. 한 고통스러운 삶의 종말 앞에서, 천국의 풍경은 너무나 무심했다.

'그래도 너는 얼마나 운이 좋으냐?'

뭐라고? 깜짝 놀라 두리번거렸다. 아무도 없었다. 그것은 언제나 내가 힘들 때 들려오는 내 마음속의 목소리였다. 늘 그랬던 것처럼, 나는 나 자신과 대화를 나누었다.

그렇다. 나는 운이 좋은 편이었다. 광규가 죽었을 때도 그랬지만, 이번에도 나와 내 가족이 독일에서 한국으로, 그리고 다시 하와이까지 오는 데 드는 일체의 수송과 비용을 미군에서 부담해주었던 것이다. 규호와 어머니의 경우도 마찬가지였다. 하와이 트리플러 미군 병원으로 오게 된 것도 군 당국의 배려였다. 입원에서 치료까지 모두 군에서 담당했다.

수술실 밖에서 기다리는 마음은 그저 초조하기만 했다. 수술은 오래 걸렸다. 규호는 의자에 앉아 팔짱을 낀 채 눈을 꼭 감고 있었다. 나도 눈을 감았다. 얼마나 그렇게 눈을 감고 있었을까.

"많이 기다렸지요. 미심쩍은 게 아주 없는 건 아니지만, 아무튼 수술은 성공입니다. 깨어나도 한동안은 횡설수설하시겠지만 곧 회복될 테니까 너무 염려 마세요."

우리는 고맙고 기쁜 마음을 어찌 표현해야 할지 몰라, 그저 '생큐'라는 말만 열댓 번 했던 것 같다.

즉시 아버지에게 전화를 걸었다.

"아버지, 엄마 살아나셨어요."

아버지는 아무 말이 없었다.

"아버지, 들리세요? 수술이 잘 끝났어요."

한참 후에야 아버지의 떨리는 목소리가 들려왔다.

"오야…… 느그들 참말로 애썼데이. 참말로 애 마―이 썼데이. 고맙데이."

의사가 얘기한 대로 의식을 회복한 어머니는 며칠 동안 횡설수설이었다.

트리플러 병원에서 거의 한 달을 지냈다.

퇴원하기 며칠 전, 우리는 어머니를 휠체어에 태웠다. 붕대가 감겨 있는 머리에는 밀짚모자를 씌우고 와이키키 해변으로 나갔다. 어머니는 아직 완전히 제정신으로 돌아오지 않았지만, 화려하게 펼쳐진 풍경이 신기한 듯 두리번거렸다. 나도 하와이는 처음이었다.

어머니가 수술을 앞두고 있을 때는 보이지 않던 '천국의 풍경'이 그제야 눈에 들어왔다. 아름다운 해변과 끝없이 펼쳐진 바다 앞에서 가슴이 두근거렸다. 어머니를 하늘의 천국으로 데려가지 않고, 지상의 천국으로 되돌려준 하와이가 더없이 고마웠다.

　나는 지금도 하와이를 좋아한다. 1992년 여름, 마흔세 살의 나이에 하버드 석사학위를 받고 교육받기 위해 일본으로 가는 길에, 군을 떠나 다시 하버드로 돌아가던 1997년 1월에, 나는 어머니를 다시 그곳에 모시고 갔다. 어머니는 알쏭달쏭한 그때의 추억을 더듬으며, 내게 이것저것을 확인하셨다. 그런데 놀랍게도, 멀쩡했던 나보다 어머니가 더 많은 것을 기억하고 있었다.

　한 예로, 하와이에 있는 한국 뷔페 식당을 간 적이 있었는데, 어머니는 해변을 끼고 찾아간 그 식당의 위치며, 거기서 먹었던 음식들을 얘기하며 입맛을 다시는 것이었다.

엄마의 병환을 계기로, 군은 나를 다시 한국으로 발령내주었다.

1983년 가을, 나는 중위 계급장을 달고 주한 미군 사령부의 유류 담당 참모가 되었다. 내 나이 서른다섯. 그동안 중대에서만 근무했던 내겐 모든 것이 새로웠다. 중대에선 대위가 제일 높다. 그래서 가끔 대 대장인 중령만 와도 우리는 거의 비상사태에 돌입하다시피 했는데, 본부에는 대부분이 영관급 장교들이었다.

그러나 그런 어색함도 잠깐이었다.

한국을 잘 알고 있다는 것을 인정받아, 나는 곧 주한 미군의 '중요 한 자산'이 되었다. 계급에 어울리지 않는 중대한 직책을 맡은 것도 그 때문이었다.

성아에게 늘 입버릇처럼 하는 말이지만, 올바른 태도만 유지한다면 실력 앞에서는 누구도 함부로 할 수가 없다. 실력이 있는 이는 자기보다 계급이 높은 사람들도 마음대로 부릴 수가 있다. 물론 존댓말을 잊어선 안 되겠지만.

부모형제들은 물론 나를 아는 많은 사람들이 미군 장교가 되어 돌아온 나를 자랑스럽게 여겨주었다. 나는 서울 잠원동에 아파트를 얻어 부모님을 모시고, 명규를 데려왔다. 엄마는 빠른 속도로 회복되고 있었다.

한국에 근무하는 동안, 한국군과 협조할 기회가 많았던 나는 여군들의 지위 향상을 도우려 애썼다. 한국 여군의 지위와 인재 발탁 제도를 미군의 제도와 비교할 때, 한국군이 아직도 여군 등용에 있어서 심한 차별을 하고 있는 것을 알고 안타까웠다. 미군은 보병과 기갑을 제외하고는, 남녀가 차별 없이 병과를 받고 진급과 직위에 있어서도 공정하게 경쟁한다. 명령 계통에서도 남녀의 구별이 없다.

많은 한국군 지휘관들이 나를 칭찬하면서 다른 한국 여성들과는 비교도 안 될 정도로 우수하다는 말을 할 때면, 한국 남성들의 뿌리 깊은 남존여비도 한국 여성들에게만 적용되는 논리가 아닐까 하는 의구심이 들었다. 물론 나도 한국 여자지만, 미군 장교라는 위상이 그걸 가리는 효과를 발휘했는지도 모르니까 말이다.

내가 가발공장 여공이었을 때, 그들이 나를 만났더라면 어떻게 대해주었을까? 기회가 주어지지 않아 좌절과 한숨 속에서 시들어가는 여성들이 이 땅에 얼마나 많은데⋯⋯.

기회 있을 때마다, 나는 한국군 장성들에게 기회 균등의 중요성을 역설했다. 나 역시 같은 한국인이지만, 미군 장교로서 하는 말이어서 그랬는지 내 말에는 좀 더 귀를 기울여주는 것처럼 보였다. 아무튼 한국 여군이 보병 장교로 훈련소에서나마 연대장 직책을 맡을 수 있게 되었다는 소식을 들었을 때, 나는 반갑기 그지없었다.

한국에서 근무하면서, 나는 다시 활력을 되찾아갔다. 지난해 나를 덮쳤던 숱한 불행의 그림자들도 서서히 걷혀가는 듯했다. 그 활짝 개어가는 나날 속에서 문득문득 톰이 떠올랐다. 마음 한 켠이 어두웠다. 톰은 편지와 전화로 성아와 나의 안부를 물으며 다시 합칠 날을 손꼽아 기다린다고 했다. 그러나 나는 군을 사랑했다. 톰이 불명예 제대로 군을 떠났을 때도, 나는 군에 남기를 바랐다. 톰을 따라 미국에 갈 수가 없었던 것이다. 톰은 군 발령에 따라 2년에 한 번씩 이동하는 나를 따라 현지에서 직장을 구하겠다고 했지만, 그러면 그의 장래는 어떻게 될 것인가.

나는 성희 아빠와 나의 결혼생활을 돌이켜보았다. 사랑에 눈이 멀어 장차 후회할 일을 저지르는 것은 나 한 사람으로 족했다.

나는 톰에게 삶을 다시 시작할 기회를 주기로 결심했다. 과거와 군에 억눌리지 않는 자유, 이혼해주기로 한 것이다. 나는 톰이 언젠가 나의 결심을 이해하고 고마워하리라고 믿었다.

1985년, 내가 중대장이 되기 직전, 나는 두 번째 결혼에 종지부를 찍었다.

톰도, 나도 자유인이 되었다. 내 나이 서른여섯이었다.

　그해 2월부터 열두 달 동안, 나는 경기도 남양주시 퇴계원에 본부를 둔 유류중대 중대장으로 근무했다. 우리 중대는 수원 지역에서 의정부에 이르는 지하 송유관을 관리 운영하고, 미 제2사단에 유류를 보급하는 임무를 맡고 있었다. 중대원은 약 2백 명. 물론 대부분 남자들이었다. 중대원들 가운데 155명 가량이 한국 젊은이들이었다.

　처음에는 대대장도 내가 그런 중대의 중대장으로 선임된 것이 걱정스럽다는 눈치였다. 그 보수적인 한국 남자들이 한국 출신 여자 중대장의 말을 고분고분 들어줄까 하는 염려에서였다. 오래 지나지 않아 그런 우려는 말끔하게 사라졌다. 나는 나의 임무에 충실했고 진심으로 중대와 중대원들을 위해 힘썼다.

　한국 출신 여성으로서는 최초로(간호장교나 군의관 같은 전문직 중대가 아닌) 일반 중대의 중대장이 되었다. 그것은 다른 여성들의 장래에 직·간접적으로 영향을 줄 것이 분명했다. 여기서 내가 실패하면, 여성들이 확보할 수 있는 영역 하나가 사라질지도 몰랐다. 내가 잠시도 쉬지 않고 임무에 전념한 이유 가운데 하나가 바로 이것이었다. 이러한 나의 노력은 모든 중대원들에게 전해졌다. 나는 보람과 성취감을 만끽하며 1986년 2월, 가슴 뭉클한 눈물의 작별을 고했다.

한국에서 유류중대 중대장으로 근무하면서, 나는 용산에 있는 메릴랜드 대학 분교 야간대학에서 다시 공부를 시작했다. 그리고 1987년 1월 학사학위를 받았다. 처음 뉴욕에서 공부를 시작한 지 14년 만의 대학 졸업이었다. 퀸스대, 바루크대, 캘리포니아 주립대, 워싱턴 주립대, 그리고 메릴랜드대. 14년 동안 무려 다섯 군데 대학을 옮겨다닌 것이었다.

1986년 5월경, 다시 미국으로 발령받은 나는 1987년도 졸업식에 참석할 수 없어서 한 해 먼저 졸업식에 참석하는 '특전'을 얻었다. 사각모를 쓰고 검은 망토를 입은 내 모습을 부모님은 자랑스러운 눈길로 바라보았다. 엄마의 기쁨을 알 리 없는 성아가 밝은 웃음을 뿌리며 쫓아다녔다. 성아가 마치 하얀 눈송이 사이를 뛰어다니는 귀여운 새끼 사슴처럼 보였다.

1986년 6월, 우리 네 식구는 버지니아로 향했다. 부모님과 성아, 그리고 나였다.

미국으로 가는 길에, 우리는 일본 도쿄에 들르기로 했다.

내가 처음으로 도미하던 만 스물두 살 나이에 아버지는 일본에 끌려가 광산에서 일했다. 함께 일하던 사람들이 굴속에 파묻히는 것을 보고, 오직 살아남기 위해 탈출을 꾀하셨던 아버지. 마음까지 얼어붙는 쿠릴 열도에서 밀기울과 미역으로 주린 배를 채우며 일본군 활주로 공사를 하다가 장티푸스에 걸려 목숨을 잃을 뻔하기도 했다.

당신 청춘의 한 시절을 보낸 일본에 대한 추억이 없을 리 없었다. 어머니와 언니와 함께 살았던 오카야마 현과 첫아들을 얻었던 히로시마 때문이었는지, 아버지는 가끔 일본에 대한 추억을 말씀하시곤 했다. 아버지에게 일본을 보여드리고 싶었다.

우리는 아무런 사전 지식 없이, 아무런 계획도 없이, 일본 도쿄에 도착했다. 한국과 비슷하려니 생각하고 나리타 공항에서 택시를 잡아탔다. 택시 기사가 영어를 거의 알아듣지 못하자, 아버지가 거의 다 잊고 있었던 일본말을 건넸다. 무조건 도쿄 시내로 가자고 했더니, 택시 기사가 놀라는 표정이었다. 도쿄 어디에 묵느냐고 물었다. 가서 숙소를 정해야 된다고 했더니, 딱하다는 표정으로 우리를 쳐다봤다. 아버지가 자초지종을 말하자, 운전기사는 여관까지 잡아주었다. 그리고 일본은 물가가 매우 비싸니까 될 수 있으면 지하철을 이용하는 것이 훨씬 경제적이라고 일러주었다.

그 친절한 택시 기사의 말은 과장이 아니었다. 일본에 대해 캄캄했던 나는 그 사흘 동안에 3천 불 이상을 써야 했다. 감개가 무량한 듯 왕궁도 구경하고 전철역에서 우동이랑 카레라이스를 맛있게 드시던 부모님을 생각하면, 매우 가치 있는 '낭비'였다고 생각하지만.

버지니아.

네 살 난 아들 성욱이를 떠나보내며 내 가슴에 묻었던 곳.

그러나 그곳은 우리 부모님께는 미국 속의 '천국'이었다. 미국에 오기 전, 아버지는 열 번 이상 떨어진 끝에, 그야말로 천신만고 끝에 운전면허증을 땄다. 버지니아에 도착한 후 아버지에게 자동차를 한 대 마련해드렸다.

'진정한 행복은, 행복의 기준을 어디에 두느냐에 달렸다'는 내 자신의 신념을 아버지는 몸으로 알고 있었다. 내가 독일에서 타던 1982년형 도요타 셀리카는 아버지에게 벤츠 이상이었다. 내가 출근하고 나면 아버지는 어머니와 성아를 태우고 부대 안은 물론이고, 부대 밖까지 나가 멀리까지 돌아다니셨다. 나와 달리 길눈이 무척 밝으셨던 아버지는 자동차를 몰고 멀리 가는 것을 두려워하지 않았다. 언어 문제도 두려워하지 않았다. 한국에 사는 동안 많이 잊어버리긴 했어도 영어 회화에는 별문제가 없던 손녀 성아가 옆에 있었기 때문이었다. 여차하면 항상 휴대하던 지도를 펴놓고 누구에게든 물으면 된다는 배짱이었다.

나는 부모님과 성아를 버지니아 삼총사라고 불렀다.

삼총사는 부대 정문을 통과하는 순간을 가장 좋아했다. 차에 붙인 출입증이 차 주인이 장교임을 표시하는 짙은 청색이어서, 차가 들어오면 문에 서 있던 젊은 헌병들이 부동자세로 경례를 올리기 때문이었다. 아버지는 활짝 웃는 얼굴로, 당신도 거수경례로 답했다. 그때마다 할머니와 손녀는 손뼉을 치며 좋아했다.

삼총사는 '드림팀'이었다. 음식 솜씨가 뛰어난 할머니는 언제나 맛있는 음식을 만들어주었고, 운전을 즐기시던 할아버지는 두 사람을 태우고 어디든 달려갔다. 귀여운 손녀는 어리광으로 할머니 할아버지를 즐겁게 했고, 필요할 땐 의젓한 통역관으로 나섰다.

아버지는 미국의 고속도로에 감탄했다. 표지판은 적재적소에 눈에 잘 띄게 붙어 있고, 도로는 넓고 깨끗했다. 그 길을 달리며 아버지는 내가 처음 미국에 왔을 때처럼 신기해했다. 부모님은 미국의 풍요로움에 놀라워했다. 어머니는 부대 잔디밭을 덮을 듯이 널려 있는 도토리를 보고 눈이 휘둥그레졌다. 허리와 다리가 아픈 것도 잊은 채 다람쥐들과 '투쟁'을 벌이며 도토리를 주워다 도토리묵을 만들었다. 넉넉하게 묵을 만들어, 그 사이에 벌써 친해진 한국 교회 사람들에게 돌렸다. 그게 소문이 났는지, 한국 상점에서 갖다 팔겠다고 하는 바람에 어머니는 바라지도 않던 '묵 공장' 사장이 되었다.

고사리 철이 되면 아버지는 어머니의 성화에 못 이겨 고사리가 널린 언덕으로 매일 차를 몰았다. 뱀이 많다는 경고도 무시한 채, 어머니는 몇 날 며칠을 고사리를 뜯었다. 그걸 삶아서 잘 말렸다가 이웃들에게 나눠주거나 한 무더기씩 묶어서 한국으로 가져갔다. 어머니 덕분에 나는 그 좋아하는 고사리나물을 매일 먹을 수 있었다.

부모님은 교회 사람들과 어울려 버지니아 해변까지 다녀왔다. 조개를 몇 양동이씩 주워 올 때도 있었고, 물 반 고기 반인 개천에서 물고기를 잡아와 매운탕을 끓이기도 했다. 식구들이 모두 버지니아 해변가로 달려가 게를 잡기도 했다. 다리 난간에서 게 망태에 생닭다리를 넣고 물속으로 드리웠다가 한 2, 3분 후에 걷어올리면 영락없이 게가 몇 마리씩 들어 있었다. 부모님과 성아는 시간 가는 줄 모르고 게를 잡았다. 비닐 의자에 누워 휴식을 취하며, 가족들의 게잡이를 바라보노라면 마치 행복한 가족 영화를 보는 듯했다. 돌아오는 차 안에서는 그릇마다 가득 찬 게들이 뚜껑을 열고 나올세라, 어머니와 성아가 번갈아 뚜껑을 살펴야 했다.

행복이란 게 이런 거로구나, 하고 새삼 뿌듯해지던 나날이었다.

시골에서 잔뼈가 굵은 부모님은 어쩔 수가 없었다. 노는 땅을 그냥 보아넘기지 않았고, 노는 손을 어쩌지 못했다. 부대에서 손바닥만한 땅을 빌려 배추 무 고추 깨 호박 등 채소를 심어 가꾸게 해드렸다. 부모님은 성아가 학교에 가서 없는 시간에 '농사'를 지었다. 그 채소밭에 얼마나 정성을 들이시던지.

한번은 새들을 쫓기 위해 부모님과 성아가 허수아비를 만들어 세웠는데, 지방신문 기자가 지나가다 그것을 보고 차를 멈췄다. 기자는 그게 재미있었던지, 버지니아 삼총사와 허수아비가 나란히 서 있는 사진에 짧은 기사를 덧붙여 신문에 실었다.

1987년 초, 언니가 아이들 둘을 데리고 이민을 왔다. 언니 큰아들은 병역 문제로 늦어지게 되어서, 단과대학을 다니던 딸과 중학교를 졸업한 둘째 아들만 데리고 먼저 온 것이었다. 초청장은 내가 한국에 사병으로 있을 때 넣은 것인데, 그제야 그 결실이 맺어졌다.

언니는 삶을 살았다기보다는, 그저 목숨이 붙어 있으니까 살아가는 듯한 삶이었다. 불구의 남편과 함께 지난한 고생의 연속이었다. 초등학교만 나온 언니는 착한 딸이었다. 부모님과 고향과 고국을 박차고, 내 삶을 찾아온 나와 달랐다. 늘 착하게 모든 것에 순응하면서, 부모님의 뜻을 순순히 따랐다.

그런 언니에게 현실은 늘 무거운 것이었다. 그래서 자주 지난날들을 반추하게 되었던 것일까. 과거가 그토록 그리웠던 것일까. 언니의 기억력이 비상한 것도 그 때문이 아닌가 싶다. 언니는 미국에 와서도 툭하면 어린 시절에 있었던 시시콜콜한 이야기를 들춰내며 그 옛날, 월내 시절로 돌아가곤 한다.

언니의 큰아들은 결국 미국에 오지 않고 한국에서 살고 있다. 언니와 함께 미국에 이민 온 두 아이는 미국에서 대학을 졸업하고 대학원에서 석사 과정을 밟고 있다. 딸은 공부하면서 좋은 회사에도 다니고 있다. 컴퓨터를 전공한 두 아이는 장래가 보장된 것이나 다름없다. 마음껏 공부해보지 못했던 언니는, 자식들이 공부하는 것을 보면서 자신의 한을 푼 듯했다. 하나님을 영접하면서 삶을 사랑하게 되었고, 안으로나 밖으로나 충만한 삶을 살아간다. 요즘 언니는 새벽에 일어나 조깅과 산책으로 활기찬 하루를 시작한다.

언니를 바라보면 평화가 느껴진다. 가진 것은 많지 않지만, 자라는 손자를 흐뭇하게 바라보며 늘 넉넉한 품성으로 행복해한다. 지난 삶의 어려움이, 아마도 언니의 가슴속에 넓은 숲을 이뤄놓은 것이 아닌가 싶기도 하다.

나는 내 언니가 부럽다.

체력은
실력이다

군에서 체력을 중시하는 것은 상식이다. 특히 지도자들은 체력만으로도 부하들의 모범이 되어야 하고, 부하들의 체력 단련에도 신경을 써야 한다. 나는 동료 장교들과도 나이 차이가 크게 났지만, 부하 사병들과는 최소한 15년 이상 차이가 났다. 체력에 신경을 쓰지 않을 수가 없었다. 가만히 앉아서는 결코 그들의 체력을 따라잡을 수가 없었다.

1988년 가을, 노스캐롤라이나의 포트 브래그에서 근무할 때였다.

그곳은 낙하산 부대로 유명한 제82사단의 본거지인데, 나는 제18낙하산군단 예하부대인 제1지원여단 소속 지원대대의 병참운영과장으로 근무했다. 세계의 어느 지역을 막론하고 전쟁이 발발했다 하면, 제일 먼저 파견되는 부대 중의 하나였기 때문에 언제나 전투 태세로 대기하고 있어야 했다. 당연히 훈련 강도가 높았고 체력 단련도 게을리 할 수 없었다.

평일에는 새벽 여섯시에 집합이 있었다. 간단한 준비운동이 끝나면 4마일(6.4킬로미터) 구보를 해야 했다. 그리고 한 달에 한 번 지원여단장을 비롯한 전 여단 대원들이 구보에 나섰다. 당시 마흔 살이던 내겐 그리 쉬운 일이 아니었다. 포트 브래그에 처음 갔을 때, 나의 구보 한계는 3마일이었다. 갑자기 1마일을 더 뛴다는 것은 벅찬 일이었다. 게다가 내가 보통 뛸 때보다 조금 빠른 속도였다.

처음 단체 구보를 했을 때 2.5마일가량 달리자 숨이 차올랐다. 낙오되지 않으려고 안간힘을 썼지만 도저히 3마일을 넘길 수가 없었다. 가슴이 터질 것만 같았고 다리는 철근처럼 무거웠다. 하는 수 없이 나는 대열에서 벗어나 걷기 시작했다. 그래도 숨은 좀처럼 가라앉지 않았다. 나는 심호흡을 했다. 우리 대대가 전체 여단이 달리는 행렬의 중간에 있었기 때문에 뒤따르던 다른 대대 대원들이, 낙오 직전에서 버둥대는 내 옆을 스쳐 달려나갔다.

비참한 심경에 눈물이 왈칵 쏟아졌다. 장교가 남들 앞에서 운다는 것은 불명예에 속했다. 나는 비 오듯 쏟아지는 땀을 닦는 척하며 체육복 앞자락으로 눈물을 닦았다. 어느덧 대열의 후미가 내 옆을 지나고 있었다. 마지막 줄 뒤에 따라붙으려고 했다. 아직도 헐떡거리는 숨을 몰아쉬며 다시 뛰기 시작했다. 그러나 헛일이었다. 나의 자존심도, 체력의 한계 앞에서는 아무런 소용이 없었다. 낙오자의 심경이 어떤 것인지 그때 알았다. 고개를 떨군 채 전 대원들이 뛰어 지나간 길을 걸었다.

'이렇게 체력이 부족해서야 어떻게 근무를 계속한단 말인가. 부하들의 모범은 고사하고 나 자신의 요구도 만족시키지 못하고 있지 않은가.'

낙오하지 않으려고 안간힘을 쓸 때 가슴이 터질 것 같았던 통증을 생각하니 앞으로도 구보를 따라 할 자신이 없었다. 여기서 낙오한다면, 군대에서의 나의 장래는 기대할 수 없다는 결론이었다. 군에서 체력이 뒤떨어지는 자들은 암암리에 멸시를 당한다. 이제 멸시를 받는 자가 되는 것인가. 생각만 해도 견딜 수 없는 모욕이었다.

'서진규, 너는 오뚝이가 아니었던가. 베테랑이 아닌가.'

어두운 마음 한구석에서 희망의 소리가 들려왔다.

'처음 입대했을 때를 생각해봐. 출산과 유산으로 몸이 상할 대로 상해 있었는데도 너는 해냈잖아. 처음에는 한 번도 못하던 윗몸 일으키기를, 한 달 반이 지난 후에는 2분 동안 60번을 해냈잖아.'

도전하기로 했다. 다음 달에 있을 전 여단 단체 구보를 목표로, 그날 저녁부터 틈만 있으면 구보를 했다. 토요일과 일요일도 내게는 휴일이 아니었다. 가슴이 터질 듯 숨이 가빠와도 쉬지 않았다. 낙오자의 쓰디쓴 맛을 상기시키는 동시에, 힘든 일을 해냈을 때의 그 성취감을 그려보았다. 나는 나 자신을 유혹했다.

그렇게 한 달이 지났다.

단체 구보가 있는 날이었다. 나는 이를 악물고 견뎌냈다. 몇 번이나 그냥 걷고 싶다는 충동을 느꼈지만, 나중에 겪어야 할 패배의 쓴맛을 생각했다. 반 마일을 앞두고 숨이 끊어지는 듯한 고통을 느꼈지만, 나는 굴복하지 않았다.

'그렇게 못 견디겠다면, 그대로 너를 죽게 내버려둬! 하지만 죽을 때까지는 뛰라구.'

도착 지점이 눈앞에 나타날 즈음엔, 젖 먹던 힘까지 끌어냈다. 나는 죽을힘을 다해 그 지점을 향해 뛰었다. 물론 나는 죽지 않았다.

한국에서는 '체력은 국력'이라고 말하면서도, 실제로는 딴판이다. 학교 성적은 물론 체력과 학교활동, 사회활동 등 수험생의 전반적인 것을 총괄해서 입학 여부를 결정하는 미국과는 달리, 한국의 대학입시는 필기시험 성적의 비중이 지나치게 높다. 언제나 시간에 쫓기는 학생들은 건강을 돌볼 겨를이 없는 것이다.

대학에 들어가서도 체력을 키울 수 있는 방법이나 제도가 없다. 게다가 '마른 것이 아름다움의 척도'라는 그릇된 믿음이 통용되고 있어, 많은 여성들이 무조건 살을 빼려고 한다. 그렇지 않아도 달리는 체력이 더욱 약해지는 것이다.

나도 한때는 살을 빼려고 밥을 굶은 적이 있었다. 하지만 돌이켜보면 그건 자기 학대이고 자기 비하다. 살을 빼고 싶으면 운동을 해야 한다. 운동을 해도 빠지지 않는 살은 근육이다. 자기의 삶을 충실히 해나가는 데 필요한 체력인 것이다.

이루어야 할 목표가 있는 도전의 삶을 살아온 나는 항상 체력에 신경을 썼다. 처음 연애를 하며 시작했던 태권도를 미국 대학에서도 계속 배웠고, 서른이 넘은 군대 시절에도 운동 삼아 배웠다. 외면적이고 가식적인 '아름다움'에는 그다지 매력을 느끼지 못하는 내겐 약을 먹어가면서까지 살을 빼려는 젊은 사람들이나, 귀찮다며 운동을 게을리 해서 건강을 망쳐가는 부모들이 이해가 되지 않는다.

나는 올바른 정신은 오직 올바른 몸에서 나온다고 믿는다.

자식들이 건강하기를 바라는 부모라면, 부모 자신들부터 아이들이 보는 앞에서 운동을 해야 한다. 스스로 아이들의 모델이 되어야 한다. 아이들의 모델이 될 수 없는 부모는, 자식을 사랑하지 않는다는 비판을 받아도 할 말이 없다.

많은 사람들이 역경을 극복하며 오늘에 이른 나의 성취를 칭찬한다. 그 성취의 비결은 아주 단순하다. 내 희망을 뒷받침해준 나의 건강 때문이었다.

낙하산 부대의 본거지 포트 브래그가 있는 노스캐롤라이나의 페이어트빌. 1987년 봄 처음 이곳에 왔을 때, 나는 언제나 그랬던 것처럼 잠깐 머물다 떠나갈 곳이라고 생각했다. 한 곳에 오래 살아봤자 2년이었다.

그랬던 것이, 12년이 지난 지금까지 나는 이곳을 미국의 내 고향처럼 들락거리고 잇다. 이곳에 오면 부모님의 손길이 느껴진다. 아버지가 그토록 좋아했던 내 집이 있는 곳, 내 집에는 언제나 나의 안녕을 주님께 기도하는 오빠네 식구가 살고 있다.

집 주위에 깔려 있는 푸른 잔디밭은 아버지의 정성을 먹고 자랐다. 지금도 문을 열고 나가면 잔디를 가꾸던 아버지가 나를 반길 것만 같다. 그리고 언덕 등성이를 가리키며 "봐라. 저기가 바로 용의 머리고 저쪽이 꼬리인 기라" 하며 이 집터가 얼마나 좋은지 설명해줄 것만 같다.

어머니가 가꾸던 꽃밭과 채소를 심던 조그만 텃밭도 있다. 그런 내 그리움을 아는지 올케는 그 텃밭에다 약간의 꽃과 채소를 심어두었다. 어머니가 화단에서 꽃을 가꾸던 모습이며, 차고 앞에 의자를 내놓고 앉아, 손수 가꾼 채소나 파를 더듬던 모습을 나는 좋아했다.

아침에 한바탕 조깅을 끝내고 나면 커피를 한 잔 들고 문 앞 계단에 앉아 어머니의 손을 지켜보곤 했다. 어릴 땐 그렇게 무서웠던 손인데, 그렇게도 억세고 힘찬 손이었는데, 어느새 주름이 가득했다. 엿장수로 시작해 술장사까지 하며 우리 가족들을 먹여 살렸던 그 손은, 내가 미국으로 떠난 후부터는 부처님께 내가 잘되기만을 빌던 손이었다.

"웬만하면 이 집은 팔지 말고 그냥 가지고 있어라. 네가 여기저기 돌아다녀도 내가 잘 가꿀 테니까."

오빠가 그렇게 말하는 것도, 집 곳곳에 배어 있는 부모님의 숨결 때문이다. 부모님이 그리우면 언제나 찾아와 부모님의 체취를 맡을 수 있는 곳. 나는 이 집을 팔지 않을 생각이다.

처음 이 집을 샀을 때는 새 집이었다. 포트 브래그로 발령받은 직후, 언제나처럼 나는 성아를 위해 부대에서 가까운 좋은 공립학교를 찾아다녔다. 집은 부모님과 언니가 구하러 다녔는데 다들 이 집을 마음에 들어했다. 오빠는 1988년에, 또 올케와 세 아들은 부모님과 성아와 내가 캘리포니아 국방언어학교로 떠나기 전인 1989년에 이민 와서 계속 이 집에서 살고 있다.

오빠네 아들 셋은 다 공과대학을 졸업하고 썩 괜찮은 회사에 취직했다. 오빠네 식구들도 모두 하나님을 영접해 주님의 사랑 속에서 평화를 누리고 있다. 오빠와 올케의 기도 속에는 언제나 내 이름이 들어 있다고 한다. 삶에서건 종교에서건 너무 따지고 드는 내 성격 탓에 그네들과 자주 어울리지는 못하지만, 이곳에 오면 나도 모르는 어떤 포근함에 안기게 된다.

노스캐롤라이나 페이어트빌에 집을 구해놓고, 포트 브래그에서 근무를 시작한 바로 그해 가을이었다.

나는 미군과 중동군의 합동 훈련에 참가하기 위해 요르단으로 날아가야 했다. 떠나기 직전, 우리는 정훈장교로부터 중동의 특수한 문화에 대한 교육을 받았다.

"중동은 남녀 차별이 극심한 곳이기 때문에, 특히 여군 여러분은 여러 가지 어려운 점이 많을 것이오. 협조를 구할 때에도 중동 남자들은 여자들을 상대하지 않을 우려가 있으므로, 모든 협상은 남자 군인들이 맡아 하고, 여군들은 뒤에서 후원하는 방식으로 해야 할 것이오. 그렇지 않으면 합동 훈련에 많은 지장을 초래할 수가 있소. 중동의 많은 여성들은 아직도 얼굴을 베일로 가리고 다닌다는 사실을 명심하시오. 좀 덥겠지만, 사복으로 외출할 기회가 있을 땐 다리를 노출하지 않도록 신경 써야 합니다. 우리는 사명을 완수해야 하는 군인이오."

자못 걱정스럽다는 표정으로 중동의 문화를 설명하는 소령의 지시 사항을 들으며 울컥 화가 치밀었다. 교육이 끝나자, 남녀 평등에 익숙해 있는 여군들의 불만이 여기저기에서 터져나왔다.

"낡은 사고방식을 뜯어고칠 줄 모르는 인간들을 위해, 우리가 왜 목숨을 걸어야 하는 거죠?"

좀 극단적 견해지만, 그런 반문도 있었다.

"대위님, 비상소집입니다. 곧 대대본부로 모이라는 명령입니다."

숙직 하사관의 전화였다.

시계를 보았다. 새벽 네 시. 여름이었지만 아직 바깥은 캄캄했다. 전장으로 가는 것과 다름없었다. 군용 더플백과 백팩에 필수품들을 가득 채워 넣고, M16 소총을 받아서 비상소집장에 집합했다. 훈련이 매번 그러하듯 소집했다고 해서 즉시 출발하는 것은 아니었다. 군인들은 각자 자신들의 더플백에 기대어 모자라는 휴식을 취하고 있었다. 나도 백팩을 베개 삼아 시멘트 바닥에 누웠다. M16 소총을 가슴 위에 올려놓고 어두운 하늘을 쳐다봤다. 별이, 떠나가는 밤과 헤어지기 싫은 듯 희미한 빛을 반짝이고 있었다.

그 틈에 벌써 잠들었는지, 주위에서는 코 고는 소리가 들려왔다.

"출발하려면 아직도 멀었는데, 왜 이렇게 꼭두새벽부터 잠도 못 자게 불러내는지 알 수가 없단 말야!"

한 어린 '쫄따구'가 불평을 털어놓았다.

"글쎄 말이야. 계획을 잘 짜면 이런 불필요한 고생은 안 해도 되잖아!"

다른 쫄따구가 맞장구를 쳤다.

"이것도 훈련이라는 걸 모르나!"

옆에 누워 있던 한 하사가 역시 하사관답게 점잖게 타일렀다.

"하사님, 이게 어떻게 훈련이란 말예요? 멍청한 참모들이 계획을 짜니까 이렇게 된 거지요."

다른 졸병이 따지고 들었다.

"이것 봐. 자네들은 참전 경험이 없어 잘 몰라서 그래. 전쟁이라는 게 영화처럼 계속 총을 쏘면서 싸우는 게 아니야. 그런 액션은 전쟁의 극히 일부 장면일 뿐이야. 전쟁은 대부분이 이렇게 기다리는 거야. 기다리는 것도 엄연한 전쟁이라고. 지금처럼 이렇게 적의 공격 위험이 없는 상황에서 편안하게 지루해할 때도 있긴 하지만, 대부분은 경계를 한시도 게을리 할 수 없는 '스릴 있는' 기다림이지. 적은 우리가 잠깐이라도 해이해진 틈을 타 공격해오거든. 하기야 죽으면 뭐 이런 대기 상태를 걱정이나 하겠나."

사병들은 입을 다물고 묵묵히 기다렸다.

미국에서 독일을 거쳐 요르단 암만으로 가는 데는, 비행기로 장장 마흔 시간 이상이 걸렸다. 우리가 타고 있는 대형 군용 비행기는 수송기였다. 비행기의 중앙 부분은 소형 군용 차량을 비롯해 이번 훈련에 사용될 여러 장비로 가득 채워져 있었다.

우리는 평상시에는 벽에 접혀 있는 작은 헝겊의자를 펴고 앉았다. 군인은 총을 자신의 목숨과 같이 여겨야 한다는 철칙에 따라 나는 M16을 무릎 사이에 세우고, 무릎 위에 벗어둔 철모 위에 두 손을 포개놓았다. 화장실에서 조금 떨어진 자리. 상관인 그레이스 소령과 나란히 앉았다.

"소령님, 난 멀미가 심하기 때문에 도착할 때까지 이 약을 서너 번 먹어야 하거든요. 혹시 제가 잠이 들면 깨워주세요. 제 옆구리만 한 번 쿡 찔러주면 됩니다."

"나도 좀 줘. 사실 나도 속이 별로 튼튼하지 못하거든. 웬만하면 견뎌내는데, 이렇게 불편한 자리에서 마흔 시간은 견디기 힘들 것 같아."

소령은 좀 뚱뚱한 몸집에다 마음 좋은 흑인 여자였다. 나와는 퍽 친한 편이었다.

"야, 그 자리 명당자리인가 보네. 두 사람 말이야, 어떻게 그 긴 시간을 그렇게 편안하게 잘 수가 있지?"

건너편에 앉아 있던 한 남자 소령이 피곤에 찌든 얼굴에 허연 이를 드러내며 웃었다. 수송기는 연료 보급을 위해 독일에 착륙해 있었다. 잠에서 깨어난 우리를 보고 다들 한마디씩 거들었다.

"요르단에 가서 술 한잔 살 테니까, 지금 자리 안 바꿀래요?"

같은 대대의 남자 중위가 부러운 듯 쳐다봤다.

"술 좋지. 그렇지만 지금은 너무 잠이 와서 거래가 좀 힘들겠는걸. 조금 이따 생각해보자구."

우리가 멀미약을 먹었다는 사실을 동료들은 모르고 있었다.

요르단에 도착한 후에도 우리는 또 기다려야 했다. 대부분의 중장비를 배 편으로 보내기 때문에, 우리는 다음 배가 들어올 때까지 대기하고 있어야 했던 것이다. 다행히 우리가 머물던 호텔에는 넓은 수영장이 있어 무료한 시간을 수영과 독서로 보낼 수가 있었다.

가끔 요르단인 가족들이 와서 수영을 했는데, 과연 듣던 대로였다. 짙은 청색 옷에 같은 색의 베일로 머리와 얼굴을 가리고 온 여자는 남자와 사내아이가 수영하는 동안 내내 그늘에만 앉아 있었다. 요르단의 풍습이 어찌 됐든, 미군이 거의 전세를 내다시피 한 호텔에서는 여군들에게도 수영복이 허락되었다. 그 요르단 남자는 그래서 매일 수영하러 오는 것 같았다.

나는 배가 들어오기 전, 유류 보급에 필요한 사전 절차를 밟기 위해 부하 장교를 데리고 수송부를 찾아갔다. 물론 지시받은 대로, 부하 장교는 남자 소위였고 내가 뒤에서 '지원'할 예정이었다. 요르단 측 담당 장교는 소령이었고 실무자는 중위였다.

요르단 장교들은 첫인상이 좋았다. 둘 다 미남이었다. 그러나 반갑다고 악수하며 웃는 얼굴을 보고 나는 기겁을 했다. 진한 커피와 홍차를 많이 마신 탓인지, 아니면 담배 탓인지, 두 사람의 이빨은 평생 이를 닦지 않은 사람처럼 거무튀튀했다.

"야, 그런 사람들하고 키스하려면 완전히 술에 취하거나 캄캄한 밤이 아니면 힘들겠던데."

같이 갔던 소위에게 말했더니, 그도 같은 생각이라며 한술 더 떴다.

"이곳 여자들도 그럴까요? 그 신비의 베일 뒤에 거무튀튀한 이빨이라…… 으, 끔찍해."

나는 이 훈련을 통해 요르단군은 신뢰할 만한 상대가 못 된다는 것을 알 수 있었다. 배가 도착하기 전까지, 우리는 요르단군에 대부분의 교통수단을 의뢰해야 했는데, 몇 시까지 어디로 버스를 보내기로 철석같이 약속해놓고도 한두 시간 늦는 것은 보통이고, 아예 보내지 않을 때도 있었다. 명령 계통도 엉망이어서, 요르단군의 고급 장교들과 약속을 해도 실무자인 부하가 제멋대로 하는 경향이 있었다.

요르단 현지에서 알게 된 사실인데, 요르단 남자들은 동양 여자를 좋아했다. 담당 소령과 실무자인 중위가 내게 큰 관심을 보였다. 그 중위는 교섭을 핑계로 자주 호텔로 찾아와 여러 미군들 앞에서 거리낌 없이 말했다.

"로버슨 대위님, 무엇이든 필요한 것이 있으시면 알려주십시오. 언제든지 도와드리겠습니다."

덕분에 나는 동료들의 놀림을 감수해야 했지만, 일하기엔 편했다. 미군들 앞에서 나에 대한 '사랑'을 공개한 중위가 가장 유력한 실무자였던 것이다. 그는 내가 전화 한 통화만 해도 바로 척척 움직였기 때문에, 다른 장교들도 요르단군과 협조할 사항이 있을 땐 으레 내게 부탁을 했다.

"아니, 요르단 남자들은 여자들과는 업무상 대화 같은 건 안 한다고 하더니, 이거 어찌 된 일이지? 어떻게 로버슨 대위만 그들의 협조를 받아낼 수 있는 거요?"

다른 장교들이 불평했다.

"어느 나라와 거래를 하건, 그 사회의 '상식적인' 풍습을 그대로 받아들이면 안 된다구요. 요르단 남자들이 자기네 여자들은 무시할지 몰라도, 그것이 언제나 적용되는 철칙일 수는 없지요. '사랑'은 남성의

'위대한 우월권'보다 더 강하다고나 할까요? 꼭 '미인계'를 쓰라는 것은 아니지만, 그런 인간의 조화는 어느 사회나 마찬가지예요. 상투적인 고정관념 때문에 이번 훈련에서 여자를 모두 배제했더라면, 일이 무척 힘들어졌을 겁니다."

나는 속으로 쾌재를 불렀다.

"옳소! 좌우지간 하나만 알고 둘은 모른다니까."

옆에서 듣고 있던 여군들이 거들었다.

"아무튼 평등주의의 선구가 되어야 할 미국이 다른 나라의 낙후된 풍습을 고쳐주지는 못할망정 거기에 발맞춰 우리를 퇴보시키려 하다니 정말 어처구니가 없어. 아무튼 좋은 교훈이 됐어."

그레이스 소령도 맞장구를 쳤다.

그 후 사막에서 혹독한 훈련이 2주간 계속되었지만, 어느 누구도 여군들을 뒤에서만 지원하도록 하지 않았다. 중동 사람들도 미 여군을 여자가 아니라 미군으로 대우했다.

외국어 공부법 | 스스로 터득한

1989년 봄, 나는 생전의 아버지에게 마지막 선물을 드렸다.

그것은 내 생의 전환점이기도 했다.

하버드 대학 석사 과정에 합격한 것이었다.

아버지는 한국에 있을 때 텔레비전에서 방영된 〈하버드 대학의 공부벌레들〉을 즐겨 보았기 때문에 하버드를 잘 알고 있었다. 아버지는 당신의 딸이 바로 하버드에 들어가게 된 것을 최고의 영광으로 생각했다. 아버지는 며칠 동안 싱글벙글이었다. 아버지 얼굴에 남아 있던 평생의 그늘이 씻은 듯이 사라지는 것 같았다.

그 무렵 나는 미군의 동북아시아 지역 전문가 과정을 밟으면서 일본어를 배웠다. 그 과정을 마치는 대로 일본에서 근무하게 되어 있었다. 아버지와 나는 일본에 가면 무엇을 할 것인가를 놓고 이것저것 열심히 계획을 세웠다. 아버지의 고통과 향수가 남아 있는 일본이 아니었던가. 일본에 간다는 사실이 나를 들뜨게 했다. 아버지가 즐거워하는 모습을 보며, 나는 국방부의 불가不可 결정을 번복시킨 나 자신이 대견스러웠다.

한국에서 중대장 근무를 마치고 동북아시아 지역 전문가 주특기에 지원했을 때, 나는 간접적인 차별의 벽에 부딪혔다. 내가 중대장이 될 때와 비슷한 경우였다. 워싱턴에 있는 미 국방부로부터 '불가' 통지가 왔다. 그러나 나는 포기하지 않았다. 미국에 도착하자마자, 나는 워싱턴으로 직행했다. 국방부 내 육군성의 담당자를 찾아가, 대체 불가 사유가 무엇이냐고 이유를 알아냈다.

하루가 꼬박 지나서야 진짜 이유를 알아냈다.

동북아시아 지역 전문가란 곧 한국과 일본 전문가를 의미했다. 그들은 정치 및 군사 고문, 한국군 혹은 일본 자위대와의 연락장교, 그리고 현지 미 대사관의 무관 등을 맡게 되는데, 이 모든 기능이 상대국과 밀접한 관계 속에서 수행되어야 했다. 그런데 동북아 지역 전문가들이 접촉해야 할 상대가 대부분 남존여비 사상에 물들어 있는 한국과 일본의 남자라는 것이었다. 성공적 임무 수행을 위해, 상대국의 문화와 풍습을 신중히 고려해야 하는 미 육군성으로서는 이러한 보직을 여자에게 줄 수 없다는 것이었다. 더구나 일본 사람은 한국 사람을 업신여기는 경향이 있어, 나는 이중으로 핸디캡이 있다는 것이었다.

244

나는 육군성의 불가 사유를 결코 받아들일 수 없었다.

나는 이번 결정이 남녀 평등권에 위배되며, 오히려 '미 여군 장교'가 한국과 일본에서 역량을 발휘할 수 있다는 논리를 들이대며 설득을 시작했다. 마침내 그들은 나를 시험 케이스로 삼겠다는 조건을 내걸었다. 나는 기꺼이 그 제안을 받아들였다.

지역 전문가가 되기 위해서는 그 지역 언어에 능통해야 할 뿐 아니라, 그 지역에 대한 깊은 이해와 지식이 필요했다. 그런 의미에서 이 프로그램은 지망 장교들에게 그 국가의 언어를 배울 수 있는 기회는 물론, 대학원 석사 과정에 입학하여 그 지역에 대해 연구할 수 있는 기회를 제공했다. 물론 모든 경비는 군에서 제공했다.

나는 하버드와 버클리에 대학원 신청을 했다. 대학을 14년 만에 졸업했고, 그것도 다섯 군데나 전학하며 마친 것이어서 마음에 걸리긴 했지만, 그래도 혹시나 하는 심정으로 입학원서를 넣었다. 버클리에서 불합격 통지가 왔다. 그렇다면 하버드는 기다리고 말 것도 없었다. 틀림없는 낙방일 거라고 믿었다. 다른 학교를 알아보려던 차에 하버드에서 연락이 왔다.

합격이었다. 나는 내 눈을 의심했다. 믿을 수가 없어서 통지서를 읽고 또 읽었다. 분명한 합격이었다. 마침 곁에 있던 어머니에게 낭보를 알렸다. 하버드가 뭔지 전혀 모르시던 어머니의 반응은 영 아니올시다였다.

아버지를 찾았다. 뒷마루에서 담배를 피우시다가 딸의 하버드 합격 소식을 들으신 아버지는 물고 있던 담배를 떨어뜨릴 만큼 기뻐했다.

"허허, 우리 딸내미가 하버드에 합격이라니, 이런 경사가 다 있노."

하버드 합격은 그때까지의 내 생에서 가장 큰 희망의 증거였다.

합격의 즐거움이 한꺼번에 사라질까봐 조금씩 아껴가며 음미하고 있었다. 하버드에서 또 연락이 왔다. 하버드대 인문계와 케네디 스쿨 두 군데에 입학원서를 냈는데, 두 군데 다 합격된 것이었다. 둘 중 하나를 선택해야 했다. 며칠을 망설인 끝에, 나는 인문계를 택했다. 그리고 아까운 마음에, 떨리는 손으로 입학 포기 통지서에 서명을 하고 케네디 스쿨로 보냈다.

나는 하버드 입학을 1년 뒤로 미루고, 먼저 일본어부터 배우기로 했다. 캘리포니아 몬터레이에 있는 미 국방언어학교에 들어갔다. 1년 동안 일본어를 공부한 뒤 졸업시험을 보았는데, 전 과목(읽기, 듣기, 말하기)에서 만점을 받아 그 학교에 새로운 기록을 남겼다.

처음 몬터레이에 갔을 때, 내가 아는 일본어 단어는 겨우 열 손가락으로 셀 정도였다. 백지 상태에서 도전한 것이었다. 나는 미국에 처음 왔을 때, 스스로 터득한 외국어 공부법을 사용했다. 그것은 다름 아닌 텔레비전 활용법이었다.

처음 미국에 올 때, 나는 꿈과 용기만을 들고 온 것은 아니었다. 나의 겁쟁이 기질을 버리지 못하고 가져왔다. 어린 시절, 나는 귀신이 나올까봐, 동생 규호를 앞장세우지 않고는 마당에 있던 변소에 가질 못했었다. 미국에 와서 처음 살게 된 뉴욕의 아파트에서도 마찬가지였다. 밤 열두시가 넘으면 겁이 나서 눈을 감고 잘 수가 없었다. 눈만 감으면 금방 귀신이 튀어나올 것 같았다. 눈을 감았다가도, 작은 소리라도 들리면 금방 눈이 뜨였다. 아무 소리가 나지 않더라도, 누가 옆에 있을 것 같은 상상에 다시 눈을 뜨곤 했다.

다행히 미국에서는 밤새도록 텔레비전을 볼 수 있었다. 밤마다 텔레비전을 보며 밤을 새우다시피 했다. 그러다 보면 어느새 공포심이 사라지고 텔레비전에 집중하게 되었다. 그래서 나는 매일 새벽 네시가 넘어서야 잠들곤 했다.

그런데 놀랍게도 귀신 생각을 쫓느라고 매일 밤 봤던 텔레비전이 내 영어 실력을 늘리는 결과를 가져왔다. 텔레비전에 빠져 있다 보면 한 마디 두 마디 아는 단어들이 귀에 들어왔고, 어느 사이 문장이 들리기 시작했다. 그러다 보니 프로그램의 내용을 대충이나마 이해하게 되었다.

나는 외국어 공부를 하며 그간 못다한 오락을 즐겼다. 하루 24시간이 부족할 정도로 항상 바쁜 생활을 해온 나로서는, 오락에 할애할 시간도 없었지만 어쩌다 짬이 생겨 텔레비전을 볼라치면 괜한 부채의식에 시달렸다. 이렇게 시간을 낭비해도 괜찮을까 싶었던 것이다. 그러나 영어를 배우느라 미국 드라마나 영화를 본다든가, 일어를 배우느라 일본 영화나 연속극 등을 볼 때는 마음이 편했다. 공부였기 때문이다.

처음에는 아무 말도 알아들을 수 없지만, 어느 사이 나도 모르게 귀가 뚫렸고, 실제 생활에서 연속극과 비슷한 상황이 닥쳤을 땐 그 상황에 맞는 적절한 회화가 무의식적으로 튀어나왔다.

학문에 왕도가 없듯이 외국어에도 왕도는 없다. 외국어를 배우는 데 가장 중요한 요건은, 좋은 지침서나 훌륭한 학원이 아니다. 유능한 교사도 아니다. 진부한 말이지만, 그것은 배우려는 각자의 노력 여하에 달려 있다.

1989년 여름, 처음 몬터레이 국방언어학교에 갔을 때, 나는 일본어를 전혀 하지 못했다. 게다가 갑작스러운 병환으로 귀국하신 아버지가 얼마 지나지 않아 돌아가셨다. 장례를 치르기 위해 한국에 다녀오느라 나는 일본어 기초 과정을 거의 듣지 못했다.

내가 진도를 따라갈 수 없으리라고 단정한 학교 측에서는, 나를 애당초 클래스에 다시 넣어주려 하지 않았다. 그렇게 되면 이듬해 하버드에 가는 것도 늦춰야 하고, 일본행도 그만큼 지체되는 것이었다. 학교 측에서 생각하는 것처럼 그렇게 단순한 문제가 아니었다. 나는 내처지를 설명하고, 내가 처음 시작했던 클래스에서 같이 공부하게 해달라고 부탁했다. 다행히 일본어과 책임자가 내 사정을 이해해주었다.

한 달 가까이 듣지 못한 기초를 정복하기 위해, 나는 다른 학생들보다 두 배 이상의 노력을 쏟아야 했다. 그것도 독학으로.

일본어를 배워본 사람이면 누구나 동의하겠지만, 일본어는 한국어와 닮은 데가 많다. 단어도 많이 닮았지만, 어순이라든가 표현까지도 비슷한 데가 많다. 예를 들어 한국어로 '이 약은 참 잘 듣는다'라는 표현은 일본어로 '고노 쿠수리와 요쿠 키키마수'라고 한다. 한국어와 똑같다. 하지만 서양 사람들에게는 참으로 어려운 표현이다. 약에 무슨 귀가 있어서 '듣는가'. 그게 아니라면, 통증이나 환부 어디에 귀가 있단 말인가.

나는 무엇보다도 내가 한국어에 '능통'한 것을 최대한 활용했다. 수업을 들을 때도 나는 영어로 작동되던 내 머릿속의 컴퓨터를 한국어로 바꾸어놓았다. 그랬더니 일본어를 매우 빠르게 이해할 수 있었을 뿐만 아니라, 일본어 뒤에 감춰진 뜻까지 쉽게 파악할 수 있었다.

나의 일본어 이해는 일본어 선생과 반 학생들에게도 적지 않은 도움을 줄 수 있었다. 영어를 배워본 사람은 누구나 이해하리라 생각하는데, 영어에는 한국식 사고방식으로는 이해하기 어려운 부분이 많다. 미국 사람이 한국어를 배울 때도 마찬가지다. 국방언어학교의 일본어 선생들은 대부분 일본인이었다. 영어는 그들의 제1외국어였기 때문에, 미국인 학생들이 충분히 이해할 수 있도록 설명하는 능력이 부족했다.

나는 18년 가까이 영어로 살아왔기 때문에, 미국인들이 이해할 수 있도록 설명할 수가 있었다. 그 능력을 인정했는지, 선생들은 미묘한 뉘앙스를 전달해야 할 경우엔 언제나 '진상, 태츠다테 쿠다사이(진, 좀 도와줘요)' 하며 내게 도움을 청하곤 했다.

내가 일본어를 배우는 데 있어서 가장 중점을 둔 것은 듣기와 말하기였다.

밥 먹을 때, 밥을 짓거나 설거지할 때, 청소할 때, 쇼핑할 때, 심지어는 샤워할 때까지도 쉬지 않고 일어 테이프를 들었다. 자기 전에도 침대 옆에 테이프를 틀어놓고 듣다가 잠들었다. 뒷날 일본에 체류할 땐,

알람 시계도 라디오에 연결된 것을 사서 아침에 일본어를 들으며 잠을 깨곤 했다. 말하는 데도 일본어가 경상도 억양과 비슷하다는 것을 파악하고 내 사투리를 활용했다. 기회 있을 때마다 일본 사람들을 사귀어 회화 연습을 했다. 피로하거나 좀 쉬고 싶을 땐 편안한 소파에 기대어 일본 영화나 드라마를 보며 같이 웃고 울었다.

외국어든 다른 공부든, 시간이 쪼들린다는 핑계는 있을 수 없다. 시간이 없다는 말은, 공부를 하기 싫다는 말과 같다.

나는 아버지의 구름꽃이었다

캘리포니아의 몬터레이, 그곳은 기쁨보다는 슬픈 추억이 더 짙은 빛을 발하고 있다. 적어도 내게는 그렇다. 나에게 너무도 귀중한 한 사람이 시들어가는 모습을 보여준 곳. 그것이 어찌 그 도시의 잘못일 것인가. 하지만 그 도시의 구석구석이 모두 아버지가 쓰러지던 악몽을 상기시켜주어서, 나는 그 도시에 문제가 있다고 믿어버렸다. 그 도시 말고는 어디 원망할 데가 없었다.

1989년 여름, 나는 미 국방언어학교에 입학하기 위해 부모님을 모시고 캘리포니아로 떠났다. 성아는 친구들과 시간을 보낸 뒤에 혼자 비행기로 오기로 했다.

부모님과 나는 흥분해 있었다. 미 대륙 횡단! 사실 운전을 별로 좋아하지 않는 내겐 무리였지만, 부모님께 이곳저곳 구경을 시켜드리고 싶었다. 정 힘들면 아버지와 교대하면 되었다. 우리는 현철의 테이프를 챙기는 것을 잊지 않았다.

우리는 미 대륙을 가로지르며, 차 안에서 목청껏 노래를 따라 불렀다.

"밤하늘에 두둥실, 흘러가는 저 구름아, 너는 알리라 내 마음을, 부평초 같은 마음을. 한 송이 구름꽃을 피우기 위해 떠도는 유랑별처럼……."

그 13일 동안, 우리는 유랑별이었다.

휴가를 넉넉하게 잡았기 때문에, 우리는 수시로 쉬어가며 여기저기 구경을 했다. 아버지는 그랜드캐니언 앞에서 그 웅대함에 감탄을 금치 못했다. 라스베이거스에서는 아버지보다 오히려 어머니를 말리느라 애를 먹었다. 젊은 시절 노름에 빠졌던 아버지가 흥분할 줄 알았는데 어머니가 더 극성이었다. 라스베이거스에서 슬롯머신 맛을 알게 된 어머니는 내가 일본에 근무할 때에는 부대 클럽에 있는 오락실의 단골이 되기도 했다.

로스앤젤레스에 도착해 한국 식당에 들어갔는데, 아버지가 순두부 백반을 너무 맛있게 잡수셔서 이틀 내내 그 식당에서만 밥을 먹었다.

미국에 오기 전, 내 영어 선생이었던 헨리가 가까운 샌디에이고에 살고 있었다. 전화했더니, 헨리가 우리를 멕시코 티와나까지 안내하겠나고 나섰다.

"우째, 옛날 한국 같은 기부이데이."

티와나의 길을 걸으면서 어머니가 말했다. 한참을 걷다가 길을 건

너려고 머뭇거리고 있는데, 어머니가 겁도 없이 얼른 먼저 건너갔다. 헨리는 상점들을 구경하느라 뒤처져 있었다.

"빨리 와!"

어머니는 길 건너편에 있는 헨리에게 우리말로 고함을 지르며 오라는 손짓을 했다.

헨리는 50년대 말엽 한국에서 사병으로 근무했는데, 당시 미군들이 막사에서 일하던 하우스보이에게 그런 식으로 말을 했다며 웃었다. 30여 년의 세월이 흐른 후에 한국 할머니에게서 '빨리 와!'라는 소리를 들으니 참으로 묘한 감정이었다면서.

티와나에서 헨리가 사준 멕시코 음식은 정말 맛있었다. 부모님은 멕시코 음식이 처음이었는데, 음식이 조금 남게 되자 어머니는 남기지 않으려고 과식을 했다. 헨리는 할머니가 젊은 남자들보다 많이 먹는다며 눈이 휘둥그레졌다.

멕시코 관광을 마치고 헨리와 윌마 부부가 사는 샌디에이고로 돌아왔다. 그날 저녁, 헨리는 아마추어 사진가의 실력을 한껏 발휘하여 우리 세 사람의 사진을 찍어주었다. 흑백 사진이었다. 나는 아버지가 그리울 때마다 그때 찍은 사진을 들춰보곤 한다.

마침내 몬터레이로 들어서는 날, 우리는 경치를 즐기기 위해 해변가 벼랑길을 택했다. 하지만 아버지는 바깥 경치는 아랑곳하지 않고 깊은 잠에 빠져 있었다.

몬터레이에 아파트를 구하고 새로운 생활을 꾸려나가던 무렵이었다. 아버지가 어딘지 이상했다. 멍하니 앉아 있는가 하면, 평소 잘 다니시던 친구 집에 갔다가 돌아오는 길에도 바로 집을 찾지 못하고 한참을 헤매다가 저녁 늦게야 겨우 집을 찾아오곤 했다. 어머니와 나는 아버지를 면밀하게 관찰했다.

부모님을 모시고 일본 사람들 축제에 갔을 때였다. 음식을 먹는데 아버지가 손으로 집어먹는 것이었다. 보다 못한 어머니가 참견했다.

"아니, 도대체 왜 그래요? 뭐 속상한 일이라도 있어요?"

"차를 안 사주니까 그렇잖아!"

아버지는 퉁명스럽게 대꾸했다.

노스캐롤라이나에서 교통사고가 나서 도요타 셀리카를 폐차시킨 이후, 아버지는 차가 없었다. 자식들이나 손자들 차를 같이 운전했다.

"차가 그렇게 소원이시면 말씀을 하셔야지, 왜 그렇게 이상한 행동으로 나오신대요?"

귀가하는 길에 어머니로부터 그 얘기를 듣고 내가 되물었다. 아버지가 은근히 야속했다.

국방언어학교를 지날 때, 나는 아버지에게 운전석을 양보했다. 국방언어학교에서 우리 아파트로 가는 길은 거의 45도에 가까운 급한 내리막길이었는데, 그 길 끝은 번잡한 도로와 만나게 되어 있었다. 우리 집은 그 길 끝까지 가기 전에 오른쪽으로 꺾어 들어가야 했다. 자동차가 언덕을 내려가는 동안, 부심코 아버지의 얼굴을 쳐다보던 나는 덜컥 겁이 났다. 브레이크에서 발을 떼지 못하는 아버지의 얼굴에 공포의 빛이 역력했다. 자동차는 거북이 걸음으로 내려가고 있었다.

'아, 아버지가 정상이 아니구나.'

만일 운전대를 놓치거나 브레이크에서 발을 뗀다면, 자동차는 그대로 번잡한 도로로 돌진하게 되어 있었다. 아버지는 혼신의 힘을 다해 차를 아파트 주차장 쪽으로 들여놓으셨다.

다음날, 아버지를 병원으로 모셨다. 아버지는 엑스레이를 비롯해 여러 가지 검사를 받았다.

의사가 나를 옆방으로 따로 불렀다. 뭔가 불길했다.

"언제부터 저러셨습니까?"

"2주일 전부터 행동이 좀 이상하다 싶었는데 점점 더 심해져서…….무슨 병인가요? 심합니까? 입원해야 하나요?"

속이 답답한 나머지 나는 의사의 대답을 기다리지도 않고 질문을 퍼부었다. 한참 동안 입을 다문 채 탁자를 내려다보고 있던 의사가 말했다.

"내일 다른 의사와 함께 다시 진단을 해봐야겠어요."

이튿날, 초조한 마음으로 진찰 결과를 기다렸다.

"폐암입니다. 그러나 그보다 심각한 문제는 암세포가 머리까지 퍼졌다는 것입니다. 얼마 남지 않았습니다."

"……얼마 안 남았다니, ……그게 무슨 말씀이세요?"

나는 내 귀를 의심했다.

"미안합니다. 살아 계실 시간이 얼마 안 남았다는 말입니다."

믿을 수가 없었다. 하지만 어머니는 의외로 의연하게 대처했다.

"어서 한국으로 모시고 나가야겠다. 죽어도 한국에서 죽어야지."

어머니는 서둘렀다. 나는 일단 아버지를 아파트로 모셨다.

"느그 오빠하고 언니한테 연락하고 한국에도 연락을 해봐라."

어머니는 여장부였다. 나는 어머니가 좋은 집에서 태어나 공부를 제대로 했더라면 한몫 톡톡히 했으리라고 생각하며 전화를 걸었다. 그리고 전화를 바꿔드리려고 부모님 방으로 갔다가 그만 눈앞이 흐려지고 말았다. 그때까지 용케 참았던 설움이 북받쳤는지, 어머니는 방바닥에 엎드려 울고 있었다. 아버지는 텅 빈 표정으로, 심하게 흔들리는 어머니의 어깨를 물끄러미 바라보고 있었다.

아버지는 하루가 다르게 변해갔다. 응접실 테이블 위에 담배를 여러 개 늘어놓고 있기에 아버지에게 물었다.

"아버지, 지금 뭐 하세요?"

"응, 담뱃불 붙이느라고."

"아니, 그렇게 해서 어떻게 불을 붙이세요?"

"가만 있으면 다 붙어온다."

아버지의 대답은 진지했다. 그러나 그런 대화도 곧 사라지고 말았다.

암세포가 맑고 깨끗하던 아버지의 뇌를 좀먹어갔다. 점점 변해가는 자신을 느꼈을 아버지는 혼자 얼마나 괴로워하셨을까. 당신 자신도 이해가 되지 않는 행동들에 적잖이 당황했을 것이라는 데에 생각이 미치자 죄책감이 들었다. 일본인 축제에서 어머니가 왜 그러느냐고 물었을 때, 당신도 도무지 왜 그런 것인지 알 수가 없어 그냥 자동차 핑계를 대셨던 것인지도 모른다.

아버지는 급속도로 악화되었다.

밤에 화장실엘 갔다가 주무시던 방을 못 찾아 이 방 저 방을 돌아다녔고, 나중에는 화장실도 제대로 못 가셨다. 옷도 혼자서 입기 힘들어했고, 걸음도 제대로 걷지 못했다. 한국으로 들어가기 전엔 밥 먹는 법도 잊어버린 반*식물인간이 되어 있었다.

성아가 몬터레이로 오기로 예정된 날은 아직 멀었지만, 일정을 당겨서 바로 오게 했다. 환자인 아버지를 어머니 혼자 모시게 할 수가 없었다. 아버지는 그렇게도 아끼고 귀하게 생각하던 손녀가 왔는데도 잘 알아보지 못했다. 성아는 몰라볼 정도로 변해버린 할아버지를 보고 당황하긴 했지만, 딴에는 잘 받아들이는 것 같았다. 어르기도 하고 다독거리기도 하면서, 어린아이로 돌아간 할아버지를 위로했다. 그런 성아가 대견스럽기만 했다.

그날 밤 성아는 자기 침대에서 소리 없이 흐느꼈다. 나도 흐르는 눈물을 그냥 내버려두었다.

한국으로 떠나던 날, 나는 아버지를 등에 업었다. 난생처음 업어본 아버지는 너무나 가벼웠다. 어머니가 딸을 구박할 때면 '딸이 우째서? 내사 이쁘기만 하구마는' 하며 으레 내 마음을 달래주던 아버지. 우리 형제들끼리 투닥거릴 땐 '이—누무 자석들!' 하고 소리를 지르며 빗자루를 머리 위까지 들었다가도 눈만 한 번 부릅뜨고는 그냥 내려놓던 아버지. 제천의 겨울밤, 자전거를 타고 그 미끄러운 눈길 속으로 사라지던 아버지가 두 눈에 선했다. 행복이 무엇인지 겨우 알게 되었는데 이렇게 가려 하시다니. 조금만 더 계시면, 아버지와 함께 계획한 대로 오카야마와 히로시마에도 같이 갈 수 있을 텐데.

내 마음을 읽으셨는지, 아버지는 충계 난간을 꽉 쥐고는 내려가지 못하게 했다.

나는 충계참에 선 채 울고 말았다.

"아버지—."

아버지는 휠체어에 앉은 채 비행기에 올랐다.

이승의 발걸음을 거두러 고향으로 가시는 아버지를 태운 비행기는 그렇게 떠났다. 나는 비행기가 사라진 곳을 하염없이 바라보고 있었다. 차마 발걸음이 떨어지지 않았다. '야야, 니 여 와 서 있노?' 하시며 아버지가 다시 오실 것만 같았다.

혼자 집에 들어가기가 겁이 났다. 텅 빈 아파트를 감당할 수 없었다.

하는 수 없이 가까운 친구 집을 찾아갔다. 그날 하룻밤만 재워달라고 부탁했다. 그녀는 맥주를 가져왔다. 맥주는 나를 진정시키지 못했다. 오히려 내 마음속의 둑을 터뜨리고 말았다. 이튿날 아버지가 한국에 도착했을 즈음, 동생 규호네 집으로 전화를 했다.

"오냐, 니 고생 마이 했제? 인자 괘안타."

이럴 수가! 나는 내 귀를 의심했다. 그렇게 정신이 오락가락하던 아버지가 하룻밤 사이에 마치 아무 일도 없었던 것처럼 전화를 받고 있는 것이었다.

"아니, 아버지. 정말 괜찮으세요?"

"하모, 참말로 괜찮제. 니 공부나 잘해라."

"아버지도 몸조리 잘하셔서 다시 미국에 오셔야지요. 그래서 제 일본말도 좀 도와주시고 일본도 같이 가셔야죠. 참, 하버드도요."

"가야제. 니 공부하는 데 같이 가야제."

나는 규호, 그리고 어머니와 통화하며 물었다.

"아니, 어떻게 된 거예요?"

"글쎄 말이다. 나도 우예 댄 건지 잘 모리겠다, 야야."

그러나 그것은 돌아가시기 얼마 전에 아버지가 영접한 하나님이 베푸신 마지막 배려였다. 한 많은 이 세상을 하직하는 아버지에게, 잠깐 맑은 정신을 돌려주어, 가족들과 마지막 작별 인사를 나누게 한 것이었으리라.

그 이튿날, 아버지는 더욱 악화되어 용산의 121병원에 입원했다. 저녁에 잠이 드신 아버지를 보고 그 틈에 규호는 좀 쉬러 가고, 병실에는 어머니와 성아 두 사람만 남아 있었다. 한밤중에 아버지는 괴로운 듯 얼굴을 찡그리시며 벌떡 일어났다. 두통을 견디기 힘들었던지, 두 손으로 머리를 감쌌다. 성아가 할아버지의 등을 어루만졌고, 어머니는 간호사를 부르러 갔다. 아버지는 낮에 드신 것을 전부 토했다. 그리고 외마디 비명과 함께 성아의 품으로 쓰러졌다. 그것이 아버지의 마지막이었다.

아버지는 언제나 안쓰럽고 정다웠던 당신의 사랑하는 손녀의 품에서, 한 유랑자의 인생을 마감했다.

"……한 송이 구름꽃을 피우기 위해 떠도는 유랑별처럼, 내 마음 별과 같이 저 하늘 별이 되어 영원히 빛나리."

나는 아버지의 구름꽃이었다.

1995년 일본, 성아와 함께, ROTC 장교 훈련 중인 성아

제5장

꿈은,
이루어지기 전까지는,
꿈꾸는 사람을
가혹하게 다룬다

꿈을 잃고 좌절하고 있는 사람들에게,
내 삶을 통해 '당장은 길이 보이지 않지만,
꿈과 용기를 가지고 도전하다 보면
길이 나타난다'는 것을 보여주고 싶다.
나는 그들에게 작으나마 분명하게 존재하는
'희망의 증거'가 되고 싶은 것이다.

공부벌레 | 하버드의 늦깎이

1990년 9월, 나는 마흔둘의 나이에 하버드대 석사 과정(동아시아 지역 전공)에 입학했다. 군대에서도 그랬지만, 나는 늘 늦깎이였다. 일등병으로 입대할 때도 그랬고, 소위로 임관할 때도 그랬다. 최소한 10년 이상 어린 동생뻘들과 함께 땀 흘려야 했으니, 나는 실제로 최소한 10년이 늦은 삶이었다.

석사 과정은 평균 연령이 스물대여섯 살 젊은이들이었으니, 하버드에서는 최소한 15년 정도 늦은 셈이었다.

하버드, 나는 이곳을 좋아한다. 나는 이곳에서 잃어버린 내 젊음을 되찾았다. 하지만 그것은 '하늘이 내린 선물'만은 아니었다.

"엄마, 이건 꿈이 아니야. 엄연한 현실이라구. 난 엄마가 정말 자랑스러워."

어느새 훌쩍 키가 커버린 딸 성아가 나의 입학을 자기 일처럼 기뻐해주었을 때, 나는 내 꿈을 두 손으로 움켜쥔 것 같았다.

지식에 관한 한 나는 텅 비어 있는 그릇이나 다름없었다. 지식에 목말랐던 나는 미친 듯이 학문의 세계에 뛰어들었다. 그러나 늦깎이 학생이 갖고 있는 이 목마름은 동시에 큰 두려움이기도 했다. 세계의 수재들이 모여드는 이 학문의 전당에 발을 들여놓긴 했지만, 언제 문밖으로 쫓겨날지 모른다는 두려움이 한시도 뇌리를 떠나지 않았다.

남들처럼 제때에 공부에만 전념해보지 못한 나로서는 정상적으로 대학원 과정에 들어온 젊은 학생들에 비하면 기초가 거의 없었다. 셰익스피어의 작품을 읽어볼 기회도 없었고, 클래식 음악을 즐길 여유도 없었다. 내가 지닌 지식의 깊이라는 것이 너무나 빤했다. 누가 슬쩍 손가락으로 밀기만 해도 뒤로 곤두박질칠 것이 분명했다. 그러나 나는 육군 대위였다. 나는 주어진 현실에서 한 번도 낙오하지 않았다. 그것이 나의 재산이었다.

나는 무슨 일에 도전하기에 앞서 항상 세 가지 리스트를 작성한다.

첫째, 나에게 꼭 필요한 것은 무엇인가.

둘째, 내가 가지고 있는 것은 무엇인가.

셋째, 나는 무엇을 준비해야 하는가.

이 세 가지 문제에 답할 수 있다면, 현재의 나를 정확히 파악하고 있는 것이다. 희망에 도전하려는 나를 알고 있다면, 그 희망은 이미 절반은 이룬 셈이다. 그런 후엔, '죽을 각오'를 하고 희망을 향해 돌진하는 것이다.

나를 파악하고 나를 장악하는 것. 이것이야말로 희망의 성취 여부를 결정하는 최대의 관건이다. 죽을 각오를 하고 하버드에 들어섰지만, 하버드의 벽은 역시 높았다. 늘 벅차고 바빴다. 밖에서 듣던 그대로였다. 하버드에는 세계의 수재들이 운집해 있었다. 영어가 모국어가 아닌 내게 그들과의 경쟁은 애초부터 버거운 것이었다. 나이 때문이었을까. 기억력도 전보다 훨씬 떨어져 있었다. 나에겐 하루 24시간이 부족했다. 공부 이외에는 아무것도 할 수 없었다.

바쁘기는 성아도 마찬가지였다. 하버드 부근에서는 가장 좋은 공립 고등학교가 케임브리지 옆에 있는 벨몬트에 있다고 해서, 우리는 그곳으로 이사했다. 성아가 걸어서 5분이면 학교에 갈 수 있는 거리에 아파트를 얻었다. 성아는 고등학교 1학년(한국의 중학교 3학년에 해당한다) 때부터 공부에 눈뜨기 시작했다. 공부에 대한 열정과 좋은 대학을 가겠다는 의욕이 넘치고 있었다. 성아는 공부뿐만 아니라 스포츠와 학교활동에도 적극적이었다.

나는 성아가 좌절하지 않도록 언제나 용기를 주려고 노력했다. 모녀의 일상이 분초를 다투는 것이어서, 우리는 먹는 데 할애할 시간이 별로 없었다. 아침은 토스트와 우유 정도로 때우고, 점심은 학교에서 각자 해결했다. 저녁은 주로 컵라면이었다. 그러나 식생활에 너무 소홀했다간 생에 대한 의욕을 잃을지도 모른다는 생각에, 일주일에 한 번은 밖에 나가 포식을 했다. 하버드 광장에 있는 신라식당에 가서 초밥, 돈가스, 육회비빔밥, 정종 등으로 '상다리가 부러지게' 차려놓고 정신없이 먹어댔다. 그리고 다음 일주일은 또 컵라면 신세…….

"컵라면은 정말 꼴도 보기 싫어. 질렸어."

성아는 요즘도 컵라면을 볼 때마다 눈살을 찌푸린다. 나는 아직도 맛있기만 한데…….

자동차가 있었지만 학교 주변은 주차하기가 어려워 버스를 타고 다녔다. 나는 멀미가 심해서 차 안에서는 아무것도 읽지 못한다. 버스나 지하철 안에서 책을 읽는 사람들을 보면 늘 부럽다.

예전 뉴욕에서 대학에 다닐 때는 도저히 시간을 낼 수가 없어서, 지하철에서 숙제를 해야 했다. 소설도 읽었다. 그리고 보면 멀미도 심리적 문제로 보인다.

하지만 하버드에서는 멀미를 방치했다. 멀미마저 안 했다면, 하루 24시간 동안 쉴 수 있는 시간이 전혀 없었을 것이다. 나는 버스 안에서만큼은 긴장을 풀었다. 차창으로 스쳐가는 풍경을 물끄러미 바라보고 있으면, 피로가 봄눈 녹듯 풀려나갔다. 나는 그 노곤함을 즐겼다. 머릿속에서 어떤 생각이 떠오르든 그냥 내버려두었다. 하버드를 오가는 버스 안에서, 나는 자유인이었다. 달리는 버스 안에서 눈을 반쯤 감고 하버드가 가까워지는 풍경을 바라보노라면 마치 영화를 보고 있는 듯했다. 물론 그 영화 속의 주인공은 나였다. 역사와 전통을 자랑하는 하버드의 건물들이 시야에 들어오면, 나의 상상은 절정에 달했다. 상상 속에서, 나는 하버드에서 가장 뛰어난 젊은 수재가 되어 있는 것이다.

공부도 마찬가지다. 내가 어려운 일에 도전할 때 도전하는 이유를 원대하게 잡는 것처럼, 하버드에서 나는 나 자신을 젊고 유망한 대학원생으로 '변신'시켰다. 자기에 대한 신뢰와 자신감을 강화시키는 한 가지 방법이었다.

버스에서 영화 속의 주인공이 되던 순간을 빼면 정신없이 공부에만 전념하던 어느 날, 나는 하버드에서 내가 '주목의 대상'이라는 사실을 알게 되었다. 현역 미군 장교라는 신분이 의외의 효과를 가져온 것이다.

한국이나 일본에서는 한국계 여자 미군 장교를 무시하지 않았다. 공적으로나 사적으로 나는 예상치 못한 우대를 받았다. 하버드에서도 마찬가지라는 것은 뜻밖이었다. 하버드는 정부와 군대에 반대하는 자유주의자들이 대부분이어서, 수시로 그들과 부딪칠 것이라고 우려했었다. 그런데 나를 만난 대부분의 학생들은 물론 교수들까지도 내가 미군 장교라는 사실을 높이 평가해주었다. 그들의 속마음이 어떤 것인지는 알 수 없었지만 말이다.

그러한 환대가 내게 많은 용기와 자신감을 주었다. 내 희망의 등불이 좀 더 밝아지는 순간이었다. 나는 더욱 열심히 학업에 전념했다. 주위로부터 "한국 여자는 정말 무섭도록 강하구나" 하는 소리를 여러 번 들었다. 나는 좋은 성적으로 석사 과정을 마쳤다.

석사 과정을 마치면 곧바로 군에 복귀해야 한다는 것을 알면서도, 나는 또 하나의 도전을 시도했다.

하버드 박사학위 과정!

박사 과정 공부를 위해 언제 다시 하버드에 돌아올 수 있을 것인지는 나도 알 수 없었지만, 도전의 매력을 외면할 수가 없었다. 석사 과정 1학년 때 처음으로 박사 과정 입학을 시도했는데 실패였다. 그러나 포기할 수 없었다.

이듬해, 다시 원서를 냈다. 그 무렵, 의미 있는 한 만남도 있었다. 일본사회학 분야에서 세계적 권위를 인정받고 있는 에즈라 보겔 교수가 국제외교학사와 미국 외교사 분야에서 명성이 대단한 아키라 이리에 교수를 만나보라고 권유한 것이다. 나는 이리에 교수를 찾아가 박사학위에 도전하고 싶다는 뜻을 밝혔다. 이리에 교수는 한·미·일 삼국의 국제관계사를 연구해보고 싶다는 내 이야기를 진지하게 들었다. 내 말을 다 듣고 나서도 한참 동안 아무런 반응이 없던 교수는 마침내 나를 빤히 쳐다보며 입을 열었다.

"좋아요. 내가 밀어주겠소."

이리에 교수가 승낙한 것이었다. 나를 인정해주는 유력한 지도교수를 만난 것이다.

1992년 봄, 서른두 명의 지원자들 가운데 단 두 명이 하버드대 동양역사언어학과 박사 과정에 합격했다.

그 두 명 중 한 명이 나였다.

스케이트보드를 타는 칠순의 할머니

석사 과정 입학원서에 명시한 대로 석사학위를 받자마자 군에 복귀해야 했던 나는 박사 과정에 휴학계를 제출했다. 그리고 지역 전문가 교육의 마지막 과정을 마치기 위해, 성아와 어머니와 함께 일본으로 건너갈 준비를 했다.

그해 1992년 6월, 일본으로 가는 이삿짐을 꾸리던 날이었다. 이사할 때면 억척같이 도와주던 어머니가 예전 같지 않았다. 한 해 전, 웃지 못할 사고로 팔목이 아직 완쾌되지 않았던 것이다.

본터레이 국방언어학교의 일본어 교육이 끝나고 하버드로 가던 길에, 우리는 언제나처럼 노스캐롤라이나에 들러 언니 오빠네 식구들과 함께 여름을 보냈었다.

어느 날 외출에서 돌아와 집에 들어서는데, 쌍둥이 조카들이 대뜸 "할머니가 병원에 입원하셨어요."라고 말하는 것이었다. 가슴이 철렁 했다.

"왜? 어디가 편찮으신데?"

목소리가 떨려 나왔다.

"팔목이 부러지셨어요. 성아하고 큰형이 같이 병원에 갔어요."

"어쩌다 팔목이 부러지셨는데?"

"스케이트보드 타시다가요."

"스케이트보드?"

"우리가 위험하다고 타시지 말라고 했는데…….."

야단맞을 거라고 생각했던지, 형인 형석이가 풀 죽은 목소리로 말했다.

"……무슨 소리야? ……지금?"

그때까지도 나는 무슨 소린지 전혀 알아들을 수가 없었다. 스케이트보드하고 어머니가 도무지 한 그림 안에 잡히질 않았다.

"우리들이 집 앞에서 스케이트보드를 타고 있었거든요. 그런데 할머니가 '그까짓 거 나도 하겠다. 인내바라' 하시잖아요. 그래서 우리가 '할머니 이거 보기보다 무지 어려워요' 하고 말렸거든요. 우리들은 어디 볼일이 있어서 나갈 준비를 하러 집에 들어왔어요. 그래도 혹시나 싶어 자동차 밑에 숨겨놓고 들어왔는데 조금 이따 보니…….."

쌍둥이 형제 형석이와 영태가 번갈아가며 상황 보고를 했다.

나는 웃어야 할지 울어야 할지 왔다 갔다 했다.

깁스한 오른팔을 왼손으로 잡고 병실 침대에 누워 있던 어머니는 나를 보자 계면쩍게 웃었다.

"고까짓 거 숩지(쉽지) 싶디야. 내리막이 대노이 한 발을 디디는데 마 쭈욱 미끄러지는 거 아이가. 그래 급해서 자빠지맨서 이 팔로 땅을 짚어뿟디이⋯⋯."

어머니는 내가 묻기도 전에, 당시 상황을 장황하게 늘어놓았다. 성아와 오빠의 큰아들 길수가 나를 바라보며 할 말이 없다는 듯 빙긋이 웃으며 고개를 설레설레 흔들었다.

"오늘 직장에서 웃지 못할 코미디가 있었어."

이튿날 저녁, 일을 마치고 돌아온 올케가 집에 들어서면서 큰 소리로 말했다.

"글쎄, 쉬는 시간에 잘 아는 직장 동료가 나한테 와서 '어제 말예요, 칠순 된 한국인 할머니가 스케이트보드를 타시다가 팔이 부러졌대요' 하잖아. 그러니까 옆에 있던 한국인 아주머니가 '아니, 그 할머니 참 멋쟁이시네. 칠순에 스케이트보드를 다 타시고. 나는 그거 겁이 나서 엄두도 못 내겠던데. 참 별일도 다 있네' 하지 뭐야. 나는 그 할머니가 바로 우리 시어머니란 말도 못하고 참느라고 얼마나 혼이 났다고."

우리는 모두 웃었다.

"참말로 특종감 아이가. 우쨌기나 우리 엄마도 참 벨라셔(별나셔). 한국 사람들한테는 마 소무이 학 퍼지뿐는 갑더라."

빙긋이 웃던 언니가 혀를 끌끌 차며 말했다.

스케이트보드 사건 때문에, 어머니와 성아는 그곳 교민사회에서 유명해졌다.

일본에서 받은 지역 전문가 교육 과정에는 상급 일본어 교육과 동북아 지역 답사 여행이 포함되어 있었다. 일본 요코하마에 있는 일본어학교에서 18개월에 걸쳐 상급 일본어 교육을 받는 한편으로, 틈틈이 일본의 주요 도시들과 중국, 한국, 동부 러시아 등을 답사하면서 그 지역에 대한 전반적인 지식을 얻는 것이었다.

하지만 내 교육 기간은 정규 과정의 3분의 1인 6개월로 줄었다. 마침 주일 미 육군사령부의 정치군사고문 자리가 비어 있었고, 내가 그 직책에 필요한 일본어 실력을 몬터레이 국방언어학교에서 취득했다고 인정한 때문이었다.

그러나 안타깝게도 내 일본어 실력은 국방언어학교를 졸업할 때의 수준이 아니었다. 어느 외국어나 마찬가지겠지만, 처음에 아무리 잘 배웠다 해도 1년 반이나 사용하지 않으면 절반 이상을 잊어버리고 만다. 일본어는 하버드에서 석사학위를 받는 데 꼭 필요한 것이 아니었기 때문에, 그동안 나는 일본어를 거의 잊고 살았던 것이다.

일본에 갔을 때 내 일어 실력은 하버드대에 입학했을 때의 3분의 1 수준으로 떨어져 있었다. 그러나 그것이 직무 수행을 미룰 수 있는 타당한 이유가 될 수는 없었다. 다시 일본어를 공부해야 했다. 시간이 없었다. 죽도록 노력하지 않으면 안 되었다.

미 대사관의 개인 교사들과 하루에 평균 일곱 시간씩 일대일로 상

급 일본어를 배웠다. 내 상관이었던 대사관의 부관들은 인간의 능력
에는 한계가 있다면서 반대했다. 그러나 나에겐 시간이 없었다. 답사
여행으로 3개월을 뺏기고 나면, 언어 교육 기간은 불과 3개월, 인간의
능력을 따질 여유가 없었다.

나는 몬터레이에서처럼 틈만 나면 테이프를 들었다. 출퇴근 시간
에, 샤워하면서, 운동하면서, 자기 전에……. 그렇게 얼마를 했던가.

일본어 포화 상태를 경험했다. 일본어만 들으면 속이 메스꺼워졌고
곧 토할 것만 같았다. 하는 수 없이 나는 일본어 공부에 '방학'을 갖기
로 결정했다. 그 기간을 이용해 중국과 러시아 등지를 답사하며 빠듯
한 시간을 최대한 활용했다. 6개월 동안의 교육은 그렇게 끝났다.

1993년 1월, 나는 소령으로 진급하면서 재일 미 육군사령부의 정치
군사고문 겸 일본 자위대를 담당하는 연락장교가 되었다. 사상 최초
의 여성 연락장교였다. 내 나이 마흔다섯이었다.

나를 처음 만나는 일본 자위대원들은 놀라워했다. 그러나 그 놀라
움은 오래가지 않았다. 그들은 내가 진실된 태도로 그리고 능률적으
로 일을 처리해 나가는 것을 보고, 내가 여자라는 사실을, 그것도 일본
의 식민지였던 한국 출신 여자라는 사실을 잊어버렸다. 그들은 나를
주일 미 육군 연락장교로 대우하며 협조했다.

영어에 대한 열등감과 강대국 미국에 대한 피해의식으로 움츠려 있
는 일본 사람들은, 유창한 영어로 덩치 큰 미군들을 당당하게 상대하
는 조그만 동양 여자를 보면서 속이 후련했는지도 모른다. 일본 사람

들은 진심으로 나를 칭찬했고, 부러워했고, 또 자랑했다.

나의 팬클럽까지 생겼다.

"한국에는 소령님 같은 슈퍼우먼이 많습니까? 일본 여자들 중에는 소령님처럼 훌륭하고 멋있는 여자가 없습니다."

이렇게 묻는 사람이 많았다. 그럴 때마다 나는 대답했다.

"나는 운이 좋아 기회를 부여받았을 뿐입니다. 기회가 없었다면, 나는 이렇게 활짝 펼 날개가 나에게 있는 줄도 몰랐을 거예요. 한국도 마찬가지지만, 일본에도 기회만 주어진다면 세계를 위해 일할 수 있는 훌륭한 여자들이 많이 있을 거라고 확신합니다."

가나가와 현의 병참대대 부대대장으로 근무할 때였다. 일부 예비역 장교 협회가 주최한 파티에 초대된 적이 있었다. 나 혼자 초청받은 것은 아니었다. 우리 부대의 여러 장교와 함께 부대 버스를 타고 파티가 열리는 곳으로 갔다.

파티에서 내가 앉은 원탁에는 일본 자위대 예비역 장군 세 명과 예비역 대령 세 명이 동석했다. 그 자리에서 나는 유일한 외국인에 홍일점이었다. 나는 사복 차림이었기 때문에, 모두들 나를 내 옆자리에 앉은 사람의 부인쯤으로 알고 있는 것 같았다. 술잔이 돌고 음식이 나올 때까지 아무도 내게 말을 걸지 않았다. 나는 조용히 술과 음식을 들며 그들의 대화에 귀 기울이고 있었다.

얼마 후에야 인사할 기회가 와서, 나는 옆사람에게 명함을 내밀었다.

"처음 뵙겠습니다. 저는 로버슨 소령입니다."

"아니, 미군 소령이십니까? 정말 몰라뵈었습니다. 누구신가 궁금했는데."

그 사람도 내게 명함을 내밀었다. 내가 그의 명함을 들여다보았더니, 그 사람도 내 명함을 살펴본 모양이었다.

"아니, 하버드 박사 과정이면…… 야, 대단하십니다. 아, 이거 정말 영광입니다."

그는 곧 자기 옆사람에게 나를 소개했다. 갑자기 우리 테이블이 소란스러워졌다. 모두들 명함을 꺼내 내게 건네며, 하버드에 대한 칭찬과 부러움을 표시했다.

버스를 타고 귀대할 때였다. 내 옆에 일본인 간부 한 사람이 앉아 있었다. 그 사람은 나를 힐끗 쳐다보고는 건너편에 앉아 있는 미군 남자 군무원과 골프 이야기를 나누었다. 그 군무원은 나하고도 친한 사이였다. 한참 이야기를 나누던 군무원이 일본인 간부에게 말했다.

"로버슨 소령도 골프를 잘 치는데. 참, 일본어도 잘하고. 언제 인사하신 적 없으세요?"

"글쎄요, 만나본 적이 없는데, 어떤 분입니까?"

일본인 간부가 로버슨 소령이 대체 누구냐며 되물었다.

"바로 옆에 앉아 계시잖아요."

그 일본인은 깜짝 놀라며 나를 돌아보았다.

"아, 실례했습니다. 나는 일본인 미 군무원이신가 했습니다. 미군 소령이라니, 참 대단하십니다. 멋있습니다."

그가 내게 명함을 내밀었다. 그는 건설회사 사장이었다. 나도 명함을 건넸다.

"아니, 하버드 박사 과정에 계십니까? 야, 이렇게 귀한 분을 만나게 되다니, 정말 영광입니다."

일본인들에 대한 내 예상은 거의 어긋나지 않았다. 그들 역시 남존여비 사상에 물들어 여자들의 가능성을 크게 인정하지 않았다. 그런 그들에게, 나란 존재가 그저 놀라움이 아닌 '여성들의 가능성'으로 비치기를 나는 진심으로 바랐다.

이제 그만 쉬어도 좋지 않을까

자연의 섭리는 거부할 수 없었다. 친구들에 비해 좀 빠르긴 했지만, 나는 일본에 있는 동안 갱년기를 겪었다. 몸에서 자주 열이 났다. 호르몬은 내 인생관마저 바꾸려 했다. 나는 내 마음 깊은 곳에서 울려오는 어떤 목소리를 들었다. 잠깐 방관하는 사이에, 그 목소리는 파문을 일으키며 번져갔고, 급기야는 나의 희망과 꿈마저 잠식하기 시작했다.

'오랫동안 정말 애 많이 썼어. 그동안 이룬 것도 많고. 대단해. 이젠 그만 쉬어도 되잖아. 그만큼 했으면, 이쯤에서 그만둔다고 해서 널 나무랄 사람은 아무도 없어.'

처음 있는 일이었다. 당황했다. 낯선 논리였지만 그것은 힘이 있었다. 그것은, 마치 물이 마른 모래를 적시며 스며들듯 내 내부로 번져가고 있었다. 나는 점점 설득당하고 있는 것 같아 두렵기까지 했다.

외롭다는 생각, 인생이 참으로 힘들다는 느낌, 더 이상 버텨나갈 자신감도 사라지는 듯한 상실감, 인생은 덧없는 것이라는 허무감……복잡한 감정들이 실타래처럼 뒤엉키고 있었다.

연금 나오겠다, 노스캐롤라이나에 집 있겠다, 성아도 다 컸겠다, 텃밭에다 채소나 가꾸면서……. 나는 아무것도 하지 않아도 되는, 소위 안정된 노후 계획까지 세우기 시작하고 있었다.

초조하고 불안했다. 머릿속이 혼란스러웠다. 식욕도 없었고, 의욕도 사라져갔다. 체중이 급격하게 줄었다. 살을 좀 뺐으면 하고 생각했었지만, 그때는 별로 달갑지도 않았다.

우연한 기회에 아는 사람으로부터 호르몬제를 복용해보라는 제안을 받았다. 의사를 찾아가 느닷없이 찾아온 이 '이변'을 상담했다. 완전히 점령당하기 전에, 이 수렁에서 나를 건져올려야겠다는 한 가닥 몸부림이었다.

호르몬제를 복용하기 시작한 지 한 달쯤 되었을 때, 나는 다시 꿈틀거리기 시작하는 의욕을 느꼈다. 꺼져가던 희망의 등불이 다시 밝아오는 것을 보았다. 그제야 내 꿈이 수줍은 듯 뒤따라왔다. 얼마나 반가운 재회였던가. 그것은 진정 뜨거운 재회였다.

극심했던 슬럼프를 빠져나오자, 내가 나를 재회했다는 것을 축하해주려는 듯 좋은 소식이 기다리고 있었다. 미 육군대학에 뽑힌 것이다. 미군 장교들 대부분이 들어가고 싶어 하는 대학이었지만, 실제로 입학할 수 있는 장교는 절반 이하였다. 더욱이 나는 일본 자위대 산하

육군대학에서 공부하는 최초의 외국 여성이 되려는 순간이었다.

그 무렵, 미 육군성의 인사 담당이 말했다.

"이제 중령 진급은 예정된 거나 마찬가지요."

기쁜 일이었다. 그러나 하버드 박사 과정도 포기할 수 없었다. 하버드 박사 과정은 10년이라는 시간 제한이 있다. 1990년 석사 과정에서부터 시작되는 것이므로 2000년까지였다. 설령 연장을 허락받는다 해도, 2003년까지는 끝내야 했다.

1998년 예정인 중령 진급을 받아들인다면, 빨라도 2000년이 넘어서야 전역이 가능하다. 그렇게 되면 하버드는 포기해야 한다. 아무리 생각해도 두 가지를 병행할 방법이 없었다.

미군 중령인가, 하버드 박사인가.

괴로운 선택의 갈림길이었다.

고등학교에서 모든 사람들의 부러움과 인정을 한 몸에 받던 딸 성아가 하버드에 합격하지 못했다는 사실도 내 미래를 선택하는 데 결정적인 역할을 했다.

돌이켜보면, 성아의 불합격은 우리가 더 큰 성취를 이룰 수 있는 발판이 되어주었다. 성아는 그 좌절을 계기로 겸손을 배웠고 진심으로 하나님을 이해하게 되었다. 어려운 일을 당했을 때 쓰러지지 않고 일어날 수 있는 힘과 용기를 배웠다. 성아는 그 불행을 자신을 더 강하게 만드는 도약대로 삼았던 것이다.

온갖 역경을 헤치며 꿈을 성취해온 나 역시 어느새 오만해져 있었다. 높은 것, 강한 것, 큰 것이 아니면, 도전의 매력을 느끼지 못하게 되었다. 한마디로 나는 건방져져 있었던 것이다.

나는 나의 '가짜 실력'과 '진짜 실력'을 늘 파악하고 있었다. 남의 떡이 더 커 보인다는 속담을 모르는 바 아니지만, 다른 학생들은 나와는 비교가 안 될 정도로 우수하다고 믿어왔다. 그런데 어느새 나는 '나 같은 사람이 하버드에 들어올 수 있다면, 하버드도 별것 아니라는 뜻이잖아'라며 나 자신의 성취는 물론, 하버드의 위상까지 깎아내리고 있었다. 사람들이 내 명함을 보고 하버드 학생이냐고 놀라워할 때, 나는 속으로 '사실 그리 대단한 것도 아닌데'라며 으스대고 있었다.

그런 나에게, 나보다 몇 배나 우수하다고 믿어온 성아가 하버드에 불합격했다는 사실은 충격이었다. 믿기지 않을 정도였다.

'내가 하버드를 우습게 보니까, 운명의 여신이 내게 벌을 내리는 것인가? 나는 엉덩이에 뿔이 난 못된 송아지란 말인가? 그렇다면 나를 벌해야지, 왜 죄 없는 딸아이가 눈물을 흘려야 하는가.'

나는 그때 군 업무 때문에 규슈에 출장 중이어서, 하버드대 불합격 통지서는 성아 혼자 받았다. 성아는 그 소식을 전화로 알려왔다. 성아는 차분한 목소리였다.

"사실 처음에는 나도 무척 힘들었어요. 하늘이 무너지는 것 같았고. 그래도 어느새 나는 이것이 하나님의 뜻이구나 하고 믿게 되었어요. 그렇게 생각하니까 마음이 편안해졌어요. 하나님이 보시기에, 뭐든지 잘되니까 내가 세상을 우습게 보는 것 같아 걱정되셨던 거예요. 더 늦기 전에 나를 바로잡으려고 그러셨다는 생각이 들어요. 시건방지면 큰

일을 할 수 없잖아요. 이번 일로 겸손을 배웠어요. 걱정 마세요, 엄마."

엄마인 내가 오히려 울음을 터뜨리고 말았다. 철부지 꼬마가 어느새 이렇게 자라났다는 것이 대견하기만 했다. 그리고 진심으로 하나님을 믿고 있는 딸아이가 부럽기도 했다.

군과 하버드의 갈림길에서, 나는 성아의 말을 몇 번이고 되뇌었다.

'그래, 성아의 말이 옳아. 하버드를 시시하게 생각하다니. 나 역시 너무 건방져진 거야. 미군 입대와 하버드대 입학 비율을 비교해봐도 금방 알 수 있잖아. 또, 20년이면 내 전 생애의 5분의 2가 넘어. 그 20년을 군에서 보냈어. 남은 생을 다른 세계를 개척하는 데 쓰는 것도 보람이 있지 않을까. 펜의 힘이 '칼'보다 세다잖아. 좀 더 나은 세계를 이룩하는 데 공헌하겠다면, 군대보다는 하버드가 더 효과적일 거야. 학문으로 그리고 책으로 세상에 공헌하는 것이 더 나을지도 몰라.'

어쩌면, 성아의 '불행'이 없었다면 나는 군복을 벗지 않았을지도 모른다.

사람들이 지나친 꿈이라고, 혹은 터무니없는 망상이라고 불러도 좋다. 나에게는 평생을 하루같이 다져온 나 자신과의 약속이 있었다. 내 꿈이 있었다. 그 꿈을 이루기 위해서는 다른 사람들을 설득시켜야 했다.

나는 마침내 결론을 내렸다.

'다른 사람들을 설득하는 데는, 미군 장교보다 하버드 박사의 말이 더 큰 힘을 발휘할 것이다.'

1년 가까운 고심 끝에, 나는 하버드를 택했다.

1996년 11월, 막상 전역 명령서를 받아들자 손이 떨렸다.

자꾸만 눈물이 쏟아질 것 같아, 얼른 화장실로 향했다. 화장실 거울
에 군복이 비쳤다. 지난 20년 동안 하루도 벗지 않았던 군복. 나의 피
부 같은 군복이었다.

10년이면 강산도 변한다는데. 군복을 벗는다는 것이 겁나기도 했
다. 군복이 나의 피부였다면, 군대는 나에게 하나의 나라와 같았다. 세
계의 평화를 지킨다는 자부심을 공유하며, 서로를 믿고 의지하며 살
아왔다.

처음 군문軍門에 들어섰을 때의 암담했던 심경이 떠올랐다. 생후
8개월이었던 성아를 떼어놓고, 피를 쏟으며 유산한 지 불과 한 달 만

에 들어선 군대였다. 남편으로부터 나를 격리시키기 위해 들어선 군대였다. 어린 시절부터 동경의 대상이었던 군대였다. 남편과 이혼하고 두 번째 남편 톰을 만난 것도 군에서였고, 그와 헤어진 것도 군에서였다. 수많은 일들이, 그리고 수많은 추억들이 주마등처럼 내 눈앞을 지나갔다.

나는 군에서 내 인생을 다시 시작했다. 군복을 입고 내 꿈의 계단을 한 칸 한 칸 올랐다. 내가 진급해왔듯이, 갓난아기였던 성아도 성장을 거듭해 이제는 대학생이 되었다.

나는 지금 내가 진정으로 사랑했던 고향을 떠나려는 것이다.

'이럴 때 성아라도 옆에 있었으면……'

화장실에서 마음을 추스르고 다시 사무실로 돌아왔는데도 진정이 되지 않았다.

창밖을 바라보며 쓸쓸한 마음을 달래고 있는데, 누군가 내 어깨를 툭 쳤다. 마음씨 좋은 상관인 작전운영부장이었다.

"로버슨 소령, 전역 축하 파티를 우리 집에서 하고 싶은데, 언제가 좋겠소?"

"고맙습니다. 그런데 이왕이면 성아가 있을 때 했으면 좋겠는데요. 12월 7일쯤 어떨까요? 그사이에 한국에 잠깐 나갔다 올 일도 있고."

"응, 그게 좋겠군. 참, 사령관과 토요일에 골프를 치기로 했다면서요. 나도 같이 치고 싶시만 내 실력이 아직 달려서. 아무튼 소령 덕분에 이만큼이라도 칠 수 있게 되어 항상 고맙게 생각하고 있소. 언제한번 더 칠 수 있었으면 좋겠소."

"물론이죠. 한번 시간을 내겠습니다."

부장은 골프를 전혀 칠 줄 몰랐었다. 일본 자위대 간부들과 친해지기 위해선 골프가 절대적으로 필요했다. 부장이 처음 일본에 도착했을 때부터 나는 그 점을 강조했고, 부장이 골프를 배울 때 가능한 한 많은 도움을 주었다. 그는 언제나 유머를 잃지 않는 신사였다. 비록 잘 치진 못했지만, 같이 치는 사람들을 유쾌하게 했다. 나 역시 그와 골프를 치는 것이 퍽 즐거웠다.

전역 축하 파티를 마련한 부장의 집에는, 커다란 크리스마스트리가 눈부셨다. 테이블에는 정성을 들인 음식이 가득했다. 많은 사람들이 초대되어 있었다. 낯익은 얼굴들, 가까웠던 사람들을 보자 눈시울이 뜨거워졌다. 장군도 부인과 함께 와 있었다. 장군은 지난번 나와 함께 골프를 칠 때 오비가 나서 공을 잃어버렸던 이야기를 꺼냈다.

분위기가 무거운 것 같아 나는 농담을 던졌다.

"같이 가서 찾아드리고 싶었지만, 남자들이 숲으로 들어갈 땐 나는 잘 따라가지 않는 편입니다. 남자들은 공보다도 화장실을 찾을 때가 많거든요."

"저런, 여자분들이 보기에는 그렇겠군."

모두들 웃음을 터뜨렸다.

파티가 어느 정도 무르익자, 부장이 나와 성아를 앞으로 불러냈다. 부장은 장시간에 걸쳐 나의 공적을 '치하'한 후 여러 가지 선물을 주었다. 그중에는 장식용 일본도도 있었고 성조기도 있었다. 부장은 내게 인사말을 부탁했다.

"20년 동안 정든 고향과 같았던 군을 떠나는 저의 마음은 착잡하기만 합니다. 이곳은 저의 안식처입니다…… 군은 제게 수많은 도전의 기회를 주었습니다. 그때마다 저는 제 모든 역량을 발휘해 그 도전에서 승리를 거둬왔습니다. 군은 제게 인종, 성별, 나이에 차별 없이, 무엇이든 할 수 있고, 또 하면 된다는 자신감을 안겨준 곳입니다…….

이미 아시는 분도 계시겠지만, 제 출발은 정말 미미한 것이었습니다. 한국에서 저는 가발공장 여공이었습니다. 대학은 꿈도 꿀 수 없었습니다. 저는 식모가 되기 위해, 단돈 백 불을 들고 미국에 이민 왔습니다. 벌써 25년 전의 일입니다. 웨이트리스와 경리사원으로 일하면서 대학을 다녔습니다. 20년 전, 미군 일병으로 입대한 저는 지금 자랑스러운 소령으로 전역합니다. 대학은 물론, 하버드 석사학위도 받았고, 이번엔 박사학위에 도전합니다…….

군은 제게 계속 남아 있기를 권했습니다. 저도 남아 있고 싶었습니다. 그러나 제 가슴속에서 새로운 도전을 시도하라는 소리가 들려왔습니다. 비록 몸은 군을 떠나지만, 군에 대한 고마움과 사랑은 영원히 제 마음속에 남아 있을 것입니다.

딸 성아가 제 뒤를 잇게 되어 다행스럽습니다. 성아가 없었다면, 군에 대한 저의 미안함은 더욱 컸을 것입니다. 성아는 대학을 졸업하는 대로 군에서 젊은 꿈을 펼칠 것입니다. 성아는 저보다 훨씬 훌륭한 군인이 되리라고 확신합니다. 여러분과 성아가 있기 때문에, 저는 매우 즐거운 마음으로 군을 떠납니다."

마흔여덟 살의 겨울이 지나고 있었다.

1997년 1월, 나는 다시 하버드로 돌아왔다.

하버드 광장, 하버드 교정…… 낯익은 얼굴들이 반갑게 맞아주었다. 나는 공연히 하버드 광장을 서성였다. 또 대학 건물의 층계에 앉아 교정 이곳저곳을 바라보았다. 겨울인데도 햇살이 따뜻하게 나를 감쌌다. 추위를 전혀 느낄 수 없었다. 내 마음속에서는 벌써 희망의 봄과 활기찬 여름이 시작되고 있었다.

'지난번에 여기 왔을 때, 나는 현역 군인이었는데…….'

아직도 군에 대한 미련을 버리지 못하는 예비역 장교. 때로 아쉬운 한숨이 나오기도 했다.

'그래도 너의 선택이 옳았어. 세상에서 어린 시절의 꿈을 이룰 수 있는 사람이 몇이나 되겠니? 넌 어릴 때부터 박사가 되고 싶다고 했잖아. 그래서 별명도 '서 박사'였잖아. 더구나 여긴 하버드야. 아무나 들어올 수 있는 데가 아니라는 거 알잖아. 성아를 봐. 성아를 아는 모든 사람들이 철석같이 믿었었는데…….'

조금이라도 쓸쓸해지거나 용기를 잃을라치면 파블로프의 개처럼 마음속에서 나를 격려하는 목소리가 들려왔다.

석사 과정 때와는 달리 이번에는 나 혼자였다. 석사 과정 때는 성아 때문에 아파트에 살았지만, 이번에는 대학원 기숙사로 숙소를 정했다. 진정한 학생이 되고 싶었다.

대부분의 대학 기숙사가 그렇겠지만, 하버드 기숙사 역시 방이 아주 작았다. 나처럼 자기 집이 있고, 또 미군이 제공하는 넓은 관사에서 살아온 사람에겐 숨이 막혔다. 그나마 내 방은 기숙사에서 가장 큰 방에 속하는데도 그랬다.

처음 들어가본 기숙사 퍼킨스 홀은 서먹서먹했다.

나를 맞아주는, 내 딸 또래의 젊은 학생들보다 오히려 나이 든 내가 더 쑥스러워했다. 기숙사 학생들은 '내일 모레면 쉰 살인 학생'을 스스럼없이 대해주었다. 기숙사 식당인 더들리 하우스에서 매일 저녁을 먹으며 학생들과 친해졌다.

그중에는 내게 사랑 문제를 하소연하던 바로 옆방의 일본 아가씨도 있었고, 끝없는 내분이 일고 있는 고국 사정 때문에 괴로워하는 복도 건너편 방의 모잠비크 여자도 있었다. 항상 시간이 부족해 길을 걸으면서도 책을 읽던 백인 남자도 있었다. 또 내가 일본에 있을 때 매스

컴에서 보던 일본 황태자비의 여동생도 있었다.

그들에게 나는 '진'으로 통했다. '진'이라고 불릴 때마다, 나는 내 나이를 잊고 그들과 함께 호흡하는 것 같았다. 아직도 앳돼 보이는 기숙사 학생들과 가끔 술이라도 마시러 가면 웨이터는 으레 신분증을 조사했는데, 무의식적으로 신분증을 내미는 나를 보고 웨이터가 웃었다.

나이를 까맣게 잊고 살다가도 한국 학생들을 만나면 당황스러웠다. 그들이 깍듯하게 나를 어른 대접하는 바람에, 내 나이가 상기되었던 것이다. 오히려 서운했다. 그들은 또 그들 나름대로 내 호칭 문제 때문에 우물쭈물했다. 나이 앞에서 '껌벅 죽는' 그들과 나이를 잊고 싶어 하는 내 생각을 절충해, '선배님'으로 호칭을 정했다. '서진규 선배님.'

한국 유학생 후배들 중에 유난히 나를 따르는 친구가 하나 있다. 서울대 경제학과를 수석으로 졸업하고, 한국 모 대기업으로부터 장학금을 받으며 경제학 박사 과정에 있는 인재인데, 막걸리처럼 털털한 성격에다 체구도 크다. 남의 일을 제 일처럼 도맡아 하기 때문에 '머슴'이라는 별명도 얻었다. 하지만 나는 그에게 다른 별명을 붙여주었다. '김 병장.' 군에 대한 내 애정을 그렇게 표시한 것이다. 김 병장은 물심양면으로 나를 도와주었다.

내가 늘 고마워하는 김 병장 말고, 친구가 하나 더 있다. 역시 서울대를 수석 졸업하고 모 기업의 장학생으로 철학 박사 과정에 있는 학생이었다. 이 두 친구는 내가 하버드에서 처음 만난 한국 학생들이었다.

우리 셋은 퍼킨스 홀에 함께 살았다. 대부분의 하버드 학생들이 그렇듯이, 이들도 야행성이었다. 보통 새벽 네 시가 넘어야 잠자리에 들었다. 그러나 나는 밤 열두 시를 못 넘겼다. 대신 군대에서 20년 동안 새벽운동을 해온 덕분에, 늦어도 아침 여섯 시엔 눈을 떴다. 물론 나이 탓도 있으리라. 자명종시계도 별로 소용이 없었던 학생들은, 어쩌다 아침 일찍 중요한 일이 있으면 내게 깨워달라고 부탁을 했다. 후배들의 빠듯한 주머니 사정을 잘 알고 있는 터여서, 가끔 그들에게 밥이나 술을 사주며 '공부벌레'로서의 애환을 나누기도 했다.

그러던 어느 날, 김 병장이 철학 하는 친구와 함께 점심을 해먹지 않겠느냐고 제안해왔다. 매일 열두 시, 기숙사에서 만나 더운밥을 지어 먹는다! 항상 공부에 쫓기는 삭막한 학교생활에서 이 얼마나 신선한 활력소인가! 김 병장은 신이 나 있었다. 원래 가사일에는 젬병인데다가 먹는 것에 별로 신경을 안 쓰는 내게는 썩 내키지 않는 제안이었다.

"너무 번잡하지 않을까? 그리고 말이야, 나는 밥하는 일엔 별로 관심이 없어. 또 시간적으로도 좀 빠듯해."

"선배님, 어차피 식사는 하셔야 되잖아요. 그렇게 매일 혼자 라면으로 때우면 몸에도 안 좋다고요."

김 병장은 은근히 선배의 건강을 걱정하고 나섰다.

"그리고 요리는 우리가 하면 되잖아요. 밥은 전기밥통이 있는 저 친구가 하고, 반찬은 제가 만들고."

김 병장은 제법 진지한 표정으로 나를 설득했다. 나는 웃음이 나왔다.

"아니, 자네가 만드는 반찬을 무슨 맛으로 먹어?"

"군대에서 해본 경험이 있다고요. 선배님은 군인이셨으니까, 쫄따구들이 만들어드린 음식 많이 잡숴보셨을 것 아녜요. 해보다가 안 되면 뭐, 그만두면 되죠. 돈은 같이 내고, 장은 제가 자동차 있는 선배한테 부탁해서 일주일에 한 번쯤 보면 될 거구요."

"좋아, 그럼 설거지는 이 서 소령님이 맡지."

그래서 우리는 매일 열두 시에 기숙사에 있는 식당에서 만났고, 의외로 맛있는 김 병장의 요리를 즐겼다. 설거지는 내 담당이었는데도, 나는 '장교 출신' 선배라고 가끔 자기들이 뺏어 하곤 했다. 그렇게 행복하게 점심을 지어 먹던 어느 날 밤, 김 병장이 내 방을 찾아왔다.

"왜 그래? 우리 김 병장님에게 무슨 문제라도 생겼나?"

그 친구는 정말 무슨 걱정거리라도 있는 듯, 내 방 나무 의자에 엉덩방아를 찧듯 털썩 주저앉았다.

"선배님, 내일 반찬은 뭘로 하죠? 아, 요즘은 밤에 잠이 안 와요. 점심 반찬 만드는 일이 이렇게 큰 고민이 될 줄은 몰랐어요."

"와하하하—."

나는 웃음이 터져나왔다. 남은 심각하게 이야기하는데 왜 웃느냐는 듯, 이마를 찌푸리며 나를 쳐다보는 김 병장의 표정 때문에 나는 웃음을 그칠 수가 없었다.

며칠 후, 밥 당번에게 부득이한 사정이 생겼다. 그날 점심은 김 병장이 밥까지 지어야 했다.

"내가 할까?"

조금 미안한 생각이 들어 내가 물었다.

"에이, 문제없어요. 그냥 쌀만 씻어 넣고 스위치만 누르면 되는데요."

김 병장은 내 호의를 한마디로 무시했다. 그래서 그날도 나는 내 방에서 공부를 하고 있었다. 열한 시 사십 분 경, 누군가가 다급하게 내 방문을 두드렸다.

"선배님! 선배님!"

김 병장이 숨넘어가는 듯한 목소리로 나를 불렀다.

"선배님, 큰일났어요. 빨리 나와보세요!"

김 병장은 허둥대며 부엌 쪽으로 나를 잡아끌었다. 무슨 사고가 났나? 서둘러 부엌으로 달려갔더니, 밥통 옆에 밥이 수북하게 담겨 있는 그릇들이 즐비했다. 밥통을 열어보니, 밥통에도 밥이 넘칠 듯이 가득했다.

"아니, 어떻게 된 거야? 오늘 무슨 잔치하나? 웬 밥을 이렇게 많이 한 거야?"

"그게 아니구요. 그냥 우리 먹을 밥을 하는데, 이렇게 자꾸 넘쳐 나오더라구요."

"아니, 쌀을 얼마나 안쳤길래……."

어이없어하는 내 표정을 보며, 김 병장은 애꿎은 자기 뒤통수만 긁어댔다.

"매일 밥 먹을 때 보면, 밥이 밥통에 가득했잖아요. 그걸 우리가 늘 다 먹었잖아요. 내 딴에는 충분하게 한다고 쌀하고 물을 밥통 가득 넣었는데……."

우리는 며칠 동안 '더운밥'을 먹지 못했다.

삶의 현장 속으로 들어가라

하버드에 돌아오길 참 잘했다는 생각이 들었다.

마치 우주와도 같이 심오하고 방대한 학문의 세계에서, 나는 목마른 나무처럼 '수분'을 빨아들였다.

하버드 학부생들을 가르치며 보람도 느꼈다. 하버드에 돌아올 땐, 학생들을 가르칠 계획은 없었다. 시간이 부족하기도 했지만, 내가 워낙 기초가 부족했기 때문이었다.

90년대 초반, 석사 과정을 밟고 있을 때는 한 과목을 가르쳤다. 보겔 교수의 '산업화하는 동아시아'라는 필수 과목이었다. 한국도 동아시아 산업화의 중요한 성공 케이스로 다루어지기 때문에, 한국을 모르는 많은 학생들에게 나의 '실전 경험'은 그들의 호기심을 채워주는 중요한 교재 구실을 했다. 하지만 동아시아의 또 다른 나라인 일본과 중국을 가르칠 때는 빈틈없이 준비하지 않으면 안 되었다. 그래도 부족하다 싶을 때는, 삶에 대한 나의 생각과 체험을 들려주곤 했다. 삶에 대한 경험이 미진한 학생들이 학문에만 전념하다 보면 삶과 인간, 그리고 다른 문화에 대한 시야가 매우 협소해질 수도 있었다.

내게서 배우는 학생들은 다른 학생들에 비해 동아시아 경제 발전에 대한 구체적인 지식보다는 앞으로 그들이 이끌어 나갈 세계와 역사에 대해, 그리고 그 속에서 그들 각자가 선택해야 할 역할에 대해 더 많이 배웠다. 학생들이 우물 안 개구리에서 벗어나 보다 넓은 세계로 시야를 넓혀나가는 것을 보며, 나는 처음으로 가르치는 자의 기쁨을 느꼈다.

'이 아이들 중에 미래의 케네디가 없다고 누가 확신할 수 있는가. 이들이 자라나 미래사회에 공헌할 수 있다면 그 얼마나 보람찬 일인가. 더욱이 이 유능한 학생들과 더불어 사회를 변화시킬 수 있다면 더 큰 성과를 이룰 수 있지 않을까.'

학부생들을 가르치며, 나는 또 하나의 중요한 성과를 얻었다. 보겔 교수로부터 인정을 받은 것이다. 보겔 교수와의 인연은 우연하게 시작되었다. 하버드 석사 과정 첫 학기에 나는 일본 정치 세미나 과목을 듣기도 했다. 하버드에 오기 1년 전부터 일본어 공부를 한 것 이외에는, 일본에 대해서 아는 것이 없었다. 하지만 석사 과정을 마치면 주일 미 육군본부의 정치군사고문 직책을 맡아야 했기 때문에 일본에 대해 알고 있어야 했다.

세미나는 보통 열 명 남짓한 대학원생과 교수가 한 주제를 놓고 토론하는 형식으로 진행되었다. 그 과목은 인기가 있어서 학생 수가 제한되었다. 일본에 대한 공부를 전혀 하지 않은 나는 당연히 수강 신청이 받아들여지지 않았다.

나를 인터뷰한 일본 정치 세미나 담당 여교수가, 자신의 과목보다는 보겔 교수의 기초 과목을 선택하는 것이 어떻겠느냐고 물었다. 그 과목이 바로 '산업화하는 동아시아'였다. 그때 나는 보겔 교수와 그 과목을 알게 되었다.

나는 그 과목에서 A학점을 받았다.

강의 도중에 나는 질문도 많이 했지만, 때때로 보겔 교수의 한국어 발음을 고쳐주기도 했다. 자연스럽게 보겔 교수는 내 얼굴을 알게 되었다. 보겔 교수는 내가 미군 장교라는 사실에 깊은 관심을 보였다. 강연회 같은 데서 마주치면, 그는 주위에 있는 사람들에게 나를 소개했다. 그가 소개해준 사람들은 거물급들이었다. 일본의 도요타 회장 같은 기업가라든가 중국이나 한국의 고위 관리 혹은 정치가가 대부분이었다. 내가 감히 만나볼 수 없는 이들이었다.

그 이듬해, 보겔 교수에게 조교가 되어 그 과목을 가르치고 싶다고 했더니 쾌히 승낙해주었다. 그는 그 후 지금까지 한 해도 거르지 않고 내게 크리스마스 카드를 보내주는 자상함을 보여주었다. 추천장이 필요할 땐 언제든지 부탁하라며 격려해주기도 했다. 세계적으로 인정받고 있는 보겔 교수가 나의 든든한 '후원자'가 된 셈이다. 보겔 교수는 내가 박사 과정에 입학원서를 낼 때도 추천서를 써주었다.

내가 하버드에 다시 돌아왔을 때, 보겔 교수는 매우 기뻐했다. 그리고 '산업화하는 동아시아' 강의를 또 맡아달라고 제안했다.

제너럴 이그잼이라는 험한 산을 앞에 둔 나는 시간이 없었다. 난처했지만, 나는 보겔 교수의 제의를 받아들였다. 조교장 격인 동료 박사 후보생에게 보겔 교수의 말을 전했다.

"사실 조교들이 너무 많은데……."

난감한 표정을 짓는 조교장에게 말했다.

"그 친구들 먼저 다 쓰고, 그래도 필요하면 그때 나를 불러. 난 가르칠 시간이 없는데, 교수님과의 인연 때문에 강의를 맡겠다고 한 거니까, 내 걱정은 안 해도 돼."

그러나 운명은 그 나름대로의 계획이 있었던 것 같다. 다른 데는 일체 신경 쓰지 않고 오직 시험 준비에만 전념하겠다고 결심하며 하버드로 돌아온 지 일주일이 지났을 때, 아는 동료 학생이 전화를 걸어왔다.

"2학년 동아시아학과에 조교 한 사람이 필요한데, 어때 가르치지 않을래? 다름 아닌 한국 전문가가 필요하거든."

"글쎄, 난 시험이 끝날 때까지는 아무 과목도 안 가르치려고 하는데."

내가 별로 내켜하지 않자, 그 친구는 이렇게 나왔다.

"일레인이 그러는데, 네가 가장 적격이라는 거야. 일레인 그 친구가 입에 침이 마르도록 네 칭찬을 하더라구. 담당 교수가 볼라이소 교수인데, 일레인 말이 너라면 그 교수도 금방 동의할 거라는 거야. 어때, 같이해보자."

볼라이소 교수는 중세기 일본 역사 전공으로 내가 석사 과정에 있을 때 많은 도움을 받았고, 박사 과정에 지원했을 때도 서슴지 않고 추천장을 써준 고마운 분이었다. 일레인은 내가 속해 있는 동양역사 언어학과의 서무 담당이었다. 누구보다도 나를 신뢰하고 도와주는 좋은 친구였다. 그렇게 나오는데야 거절하기가 쉽지 않았다.

"사실 난 아는 게 많지 않거든. 특히 중국과 일본에 대해서는 정말 아는 게 없어. 자신이 없어."

"아니야. 너 정도면 충분해. 대체로 학생들의 토론에 중점을 두는 과목이니까, 토론의 방향만 잘 이끌어가면 되잖아. 또 그 시간에 토론할 주제나 내용은 일주일 전에 배부되니까, 그걸로 예습하면 된다구. 걱정 안 해도 돼. 조교들 중에 중국이나 일본학 전공 박사 후보들이 있으니까, 서로 도와가면서 준비하면 돼. 어때, 하는 거지?"

"그래, 한번 해보자."

그것은 동아시아학을 전공하는 대학생들이 토론을 통해 전문 지식을 쌓고 이론을 분석하게 함으로써, 진정한 이해에 이르게 하는 데 목적을 둔 과목이었다. 한 반에 보통 여섯 명가량의 학생이 배치되었다. 내가 맡은 반도 여섯 명이었는데, 일본 전공 세 명에, 중국 전공이 세 명이었다. 나중에 들어온 한 학생은, 일본과 중국 중 어느 곳을 택할지 아직 결정하지 못하고 있었다. 한국에 대해서만 자신이 있던 내게는 좀 난처한 인원 구성이었다. 그래도 이왕에 맡은 일, 어떻게든 밀고 나가는 수밖에 도리가 없었다.

나는 기초 실력이 부족했기 때문에, 많은 노력을 기울여야 했다. 급기야 강의 준비에 할애하는 시간이, 내 박사 과정 시험 준비보다 훨씬 더 많아지고 말았다. 1998년 5월에 치를 예정이었던 시험을, 한 학기 늦추어 11월로 연기하지 않을 수 없었다.

그렇게 '예습'을 했는데도, 역부족일 때에는 석사 과정 때처럼 내 체험과 거기에서 얻은 생각을 들려주었다.

"우리가 살아간다는 것은, 그때그때 주어지는 숱한 문제를 풀어간다는 것이다. 그러나 그것이 무슨 문제이든, 해답은 언제나 하나 이상일 수 있다는 사실을 명심해야 한다. 해답을 찾을 때에도 주어진 범주에 구애받지 말아야 한다. 선조들이 가르쳐준 범주는 그들에게 주어진 환경 속에서 찾아낸 것일 뿐이다. 과학이 고도로 발달한 지금, 그 범주는 이미 낡은 것일 수도 있다. 스스로 범주를 만들어내는 상상력과 도전이 절실하다. 늘 새롭고 더 큰 세계를 꿈꾸어야 한다. 그리고 해답을 찾았다고 해서 문제가 끝나는 것이 아니다. 스스로 찾아낸 해답은 누군가를 움직일 때에만, 즉 사회화될 때에만 진정한 해답이 된다. 해답을 확실하게 육화한 다음, 상대방을 논리적으로 설득시킬 수 있는 능력을 갖추어야 한다는 것이다."

나는 하버드 대학생들에게 개개인의 중요성에 주목하라고 강조했다. 그 개인들이 저마다 세계를 변화시킬 가능성을 갖고 있기 때문이다. 미래사회의 리더는 개개인들에게 잠재되어 있는 능력을 이끌어내고, 그것이 공동체적인 선善에 이바지할 수 있도록 해야 한다. 그러기 위해서는 차별이나 억압이 없는 사회를 건설해야 한다. 현재 우리 사회를 움직이는 법과 제도는 인간이 만들어낸 것이다. 만일 그것이 부당하다고 판단될 경우엔 바로 우리 인간이 고쳐나가야 한다. 나는 그

것이 곧 우리의 고귀한 권리이자 신성한 의무라는 것을 일깨워주려고 애썼다.

나는 산 공부의 중요성을 강조했다. 상아탑 안에서 이루어지는 학문 탐구도 중요하지만, 삶의 현장에도 우리가 배워야 할 것은 무한하다. 하지만 그런 살아 있는 지식은 그것을 애써 찾고자 하는 사람들의 깨어 있는 눈에만 보인다고 일러주었다.

또한 제도 교육 시스템에 너무 구애받지 말라고 당부했다. 초등학교에 들어간 지 16년 만에 대학을 졸업하는 것이 목표가 될 수는 없다. 설사 몇 년 늦어지더라도 가치 있는 교육, 즉 산 교육을 받는 것이 더욱 중요한 성취가 될 수 있다고 말했다.

내 뜻이 통했는지, 내가 가르치던 한 학생이 2학년이 끝나자 휴학하고 중국으로 건너갔다. 그는 1년간 영어 강사와 바텐더로 일하면서, 중국 각지를 돌아다녔다. 중국인들 틈에서 살아 있는 중국을 배운 것이다. 그 학생은 그 학기가 끝날 무렵, 나를 찾아와 웃으며 말했다.

"전에는 중국인이 미개인처럼 보였는데, 진의 수업을 받은 뒤 다시 중국에 가보고 그들을 어느 정도 이해할 수 있게 되었습니다."

그 학생은 나를 만나면서, 그동안 군에 대해 가졌던 부정적인 시각도 바꿀 수 있었다고 덧붙였다. 중국학을 전공하는 세 학생 중 다른 두 명은 3학년을 마치고 교환학생으로 1년간 중국에서 공부했다. 이들은 교환학생에 지원할 때 내게 추천서를 부탁했다. 나는 그때 하버드 옌칭 연구소의 교환학생 프로그램에 대해 상세하게 알게 되었다. 지난해 성아가 이화여대에 교환학생으로 가게 된 것도 그 일이 발단이 되어 이루어진 것이다.

2000년 6월이면 성아가 하버드를 졸업한다. 작년에 중국을 다녀온 학생과 지금 중국에 교환학생으로 가 있는 두 학생들도 성아와 같은 날 졸업한다. 한꺼번에 네 사람의 장래를 축하해줄 수 있게 되어, 벌써부터 설레는 마음이다.

하버드에서
'환생'한 아버지

1997년 봄, 2학년 '동아시아학' 강의는 내게 새로운 아이디어를 주었다.

매주 월요일마다 주임교수와 조교들이 만나 점심을 함께하며, 그 다음 주일에 강의할 주제와 내용을 결정했다. 학생들은 일주일에 한 시간씩 전공 교수의 강의를 듣고, 두 시간씩 조교의 지도 아래 토론회를 가졌다.

3월 넷째 주 월요일, 여느 때처럼 교수와 조교들이 점심시간에 만났다. 다음 주, 4월 첫 주 강의는 한국 근대사였다. 일제 강점기를 다루기로 했고, 강제 노동에 대한 내용도 포함되어 있었다.

"우리 아버지도 일제시대 때 일본으로 끌려가 탄광에서 일하다가,

어느 추운 겨울밤 그곳을 탈출했어."

내 말에 조교들이 눈을 동그랗게 뜨고 관심을 보였다.

"그래? 어떻게 탈출하셨는데?"

"좀 지저분한 이야기야. 식사 시간엔 좀 곤란해."

"괜찮아. 이야기해봐."

"광산은 높은 담벼락으로 둘러싸여 있고 하나밖에 없는 출입구에는 언제나 총을 든 경비들이 지켰기 때문에, 허락 없이는 아무도 출입을 못했거든. 그래서 생각해낸 게 변소에 있는 구멍이었어. 똥 퍼내는 구멍 말이야."

"야, 밥 먹는데……."

한 동료가 웃으며 얼굴을 찡그렸다.

"그래서 미리 경고했잖아."

"진, 그래서 어떻게 됐어?"

"굶주림과 가혹한 노동에 시달려 원체 작은 체구가 뼈만 앙상하셨거든. 아무튼 그 속을 헤엄치듯 헤쳐나가서 그 구멍으로 빠져나오셨대."

"잡히면 가만 안 됐다던데."

점심을 먹다 말고 내 얘기에 빠져든 한 동료가 거들었다.

"그럼, 잡히면 두들겨 패서 죽였대. 다른 광부들에게 탈출하다 잡히면 이 꼴을 당한다는 것을 보여주려는 거였지. 한국인들이 끌려가 일한 곳은 모두 생지옥이나 다름없었어. 나중엔 홋카이도 위에 있는 쿠릴 열도에서 일본 군용 활주로 건설 공사에서 일했는데, 굶주림과 혹한 속에서 장티푸스에 걸려 돌아가실 뻔하기도 했었어."

"야아, 소설보다 더 극적이다. 책으로 써보는 게 어때? 한국인 강제 노동사에 대해 영어로 쓴 책은 아직 없는 걸로 아는데."

"그렇지만 나 같은 게 무슨 책을 써?"

나는 엄두가 나지 않았다.

"네가 어때서. 우리는 학자야. 우리의 의무가 뭔데? 바로 글 쓰는 거야. 해봐. 넌 할 수 있어. 그런데 말야, 조건이 하나 있어. 머리말 쓸 때 내 이름 빼먹으면 안 돼."

그날 밤, 점심때 나누었던 대화를 되새겨보았다.

그렇다. 나는 학자였다. 그리고 글을 쓰는 것은 우리의 의무였다.

하지만 과연 다른 사람들이 아버지 이야기에 관심이 있을까 하는 의구심이 생겼다. 아버지의 역사를 세계에 알리는 것은 의미가 있다는 생각이 들기도 했다. 아버지의 이야기는 곧 제국주의와 관련된 한국 근대사의 핵심적인 주제를 담고 있는 것이었다. 그리고 남들이 뭐라고 해도 아버지는 내겐 훌륭한 분이셨다.

이튿날부터 나는 만나는 사람들마다 아버지 이야기를 비치며 반응을 살폈다. 대부분 관심을 보이며 감동했다. 그러나 한 나이 든 한국학 교수는 찬물을 끼얹었다.

"그 시대를 살았던 한국인치고 그런 고생 안 한 사람 몇이나 되겠어? 그 정도 가지고는 출판사 찾기가 쉽지 않을걸."

그럴까? 아버지가 살아온 삶이 그렇게 흔한 주제일까?

3월 31일, 다시 조교 회의가 소집되었다. 회의가 시작되자, 볼라이소 교수가 말했다.

"내일 대설주의보가 있는데, 담당 교수가 버몬트 주에 살기 때문에 학교에 오지 못할 가능성이 커. 그러니 여러분 중에서 누가 강의를 대신 맡아주면 좋겠는데."

모두들 나를 쳐다봤다. 주제가 한국 근대사이니, 내가 맡는 것이 당연하지 않느냐는 것이었다.

"왜, 너의 아버지 이야기 있잖아. 그 이상 좋은 내용이 어디 있어. 그야말로 살아 있는 교육이지."

"맞아. 그게 제일 적합할 거야. 난 그 이야기에 너무 감동받았어. 책 나오면 내가 제일 먼저 살 거야. 사인해줘야 된다."

그날 저녁, 다음날 강의를 위해 대강의 줄거리를 작은 카드에 순서대로 적어 넣었다. 간단하게 정리한다고 썼는데도 밤이 깊어서야 끝났다. 내 책상에는 수십 장의 카드가 쌓여 있었다. 나는 카드의 앞부분을 다시 들춰보았다.

'……아버지는 가난한 농부의 삼형제 중 둘째 아들로 태어났다. 그래도 명색이 양반집이어서 큰아버지는 서당에 다니며 한문을 배워 나중에 우체국에 들어갔다. 그리고 장남이었으므로, 비록 손바닥만한 땅과 다 쓰러져가던 초가집이었지만 물려받을 것이라도 있었다. 그러나 차남인 아버지는 공부는커녕 부족한 일손을 도와 집에서 농사를 지어야 했다. 물려받을 것도 없었다. 사람 좋기로 소문난 아버지는 어린 내가 보기에도 속이 상할 만큼 착하기만 했다. 작은아버지는 막내에다 똑똑해서 초등학교에 다녔다. 다행히 아버지는 머리가 좋아 혼자서 큰아버지의 서당책으로 한문을 배우고, 작은아버지의 책으로 산수와

일본어를 배우셨다……'

4월 1일 아침, 창밖을 내다보는데 저절로 탄성이 나왔다. 만우절의
장난처럼 보였다. 교정이 온통 백설로 단장돼 있었다. 신비로웠다. 어
떤 예술가가 있어, 세상을 하룻밤 사이에 이렇게 아름답게 꾸밀 수 있
단 말인가. 교정으로 나갔다. 교정의 나무들은 하얀 꽃모자를 쓴 듯했
다. 뜻밖의 겨울 손님을 반기러 나온 학생들이 눈사람을 만들거나 눈
싸움을 하고 있었다. 어떤 학생들은 숫제 눈 위를 마구 뒹굴고 있었다.
새하얀 천국의 이른 아침이었다.

"여어, 진 교수님. 강의 준비는 다 되셨나이까?"

뛰는 가슴을 억누르며 강의실로 향하는 내 어깨 너머에서 동료 조
교의 목소리가 들려왔다. 그 친구는 크로스컨트리 스키를 타고 지나
가고 있었다.

"응, 그런대로."

교정에서 스키를 타는 모습은 너무나 뜻밖이었다. 다른 사람의 시
선이나 체면 따위를 아랑곳하지 않고 '나' 그대로일 수 있는 하버드의
자유였다. 나는 그 자유를 사랑했다.

나는 그날 강의를 하지 않았다. 담당 교수가 대설주의보를 듣고 학
교 근처에서 잤기 때문이다. 안도감과 아쉬움이 교차했다.

"애, 네 이야기가 훨씬 재미있었을 텐데. 내가 전날 우리 반 학생들
한테 네 아버지 이야기를 했더니 너무 감동하는 거 있지. 오늘 네가
더 자세히 이야기할 거라고 했더니, 다들 큰 기대를 하던데. 아무튼 실

망이다. 언제 우리 반에 와서 이야기해주지 않을래?"

"응, 그러지 뭐. 아무튼 덕분에 책의 아웃라인은 그려놓은 셈이니까 잘됐어."

나는 우리 반에서 다른 주제를 강의하다가, 아버지의 개인사를 강의하려고 준비했다가 못하게 된 사연을 들려주었다. 학생들이 호기심으로 눈을 빛냈다.

"진, 지금 이야기해주면 안 돼요?"

인형처럼 예쁜 제시카가 말했다.

"지금은 준비해온 강의를 끝내야 되기 때문에 시간이 없어. 언젠가 기회가 있을 때 들려줄게."

"가만. 진은 항상 우리에게는 짜여진 틀에 얽매이지 말라고 하면서, 왜 진은 그렇게 안 하려는 거죠?"

따지기 좋아하는 켈리가 거들었다.

"이야기해줘요. 오늘 주제는 우리가 집에 가서 혼자 공부할게요."

"언제나 산 공부의 중요성에 대해 강조했잖아요."

아버지의 역사를 들려주면서, 나는 내 마음속 깊이 아로새겨져 있는 아버지의 별에 불을 밝혔다. 그리고 학생들의 초롱초롱한 눈에 반사된 아버지의 별빛을 보았다.

"진, 너무 감동적이에요. 책 언제 나와요? 꼭 사인해줘야 돼요."

제시카가 흥분해서 발개진 얼굴로 물었다.

"나도 꼭 살 거예요."

"나도요."

학생들은 아직 씌어지지도 않은 책을 사겠다고 저마다 '예약'을 했다. 학생들의 반응은 예상 밖이었다.

'정말 아버지 이야기를 써야 할까?'

나는 내 마음속의 목소리를 들었다.

'그래, 써야 해. 그 한국학 교수는 그 시대의 전문가이기 때문에 흔한 이야기로 느끼는 거야. 그 시대의 한국 전문가는 수많은 독자들에 비하면 극히 적은 숫자야. 그리고 이 책은 한국어가 아니고 영어로 씌어지는 거잖아. 한국이라는 나라가 있는지조차 모르는 사람도 얼마나 많은데.'

나는 아버지의 역사를 쓰기 시작했다. 그러면서도 틈날 때마다 예비 독자들의 반응을 살폈다. 케네디 스쿨의 학장인 조지프 나이 교수 사무실에 인사차 들렀다가 그 책 이야기를 꺼냈다.

"그래서 어떻게 되었나? 탈출한 다음에, 어쩌다 쿠릴 열도에서 일하게 되었지? 그 후에는 어찌 되었나?"

다른 이야기를 나눌 겨를이 없었다. 나이 교수는 아버지 이야기에만 관심을 보였다.

한국학과 과장인 카터 에커트 교수와 점심을 먹을 때도 나는 그 이야기를 꺼냈다.

"아, 진. 너무 감동적이오. 어떻게 그런 삶이⋯⋯. 꼭 써서 출판하시오. 원한다면 책의 소개문도 써주겠소. 또 이 책이 출판될 수 있도록 내가 최선을 다하겠소."

너무나 반가웠다. 하버드대 출판부에 꽤 영향력 있는 에커트 교수가 밀어준다면, 책은 출판이 예정된 거나 다름없었다. 아버지 책 때문에 후끈 달아오른 나는 작가와 출판사에 대한 관심을 갖게 되었다. 출판 안내서도 샀고, 유명인들의 자서전도 틈틈이 읽었다. 한국계 미국인 작가를 찾아가 조언도 구했다. 교사였다가 정년퇴직한 후 작가로 데뷔한 사람이었다. 그녀의 첫 작품은, 일제 말 이북에서 살던 시절과 해방 후 남한으로 탈출하던 어린 시절의 경험을 바탕으로 쓴 소설이었다. 가슴 뭉클한 부분이 많았고, 한국의 역사적 비극을 빼어나게 묘사한 작품이었다.

그녀는 얼마 전부터는 주로 어린이책을 쓰고 있으며, 곳곳에 초대받아 한국을 알리는 데 한몫을 하고 있다. 나는 그녀의 책을 읽고, 아버지의 삶을 쓰는 데 필요한 몇 가지 아이디어를 얻기도 했다.

그 무렵, 하버드 홀에서 캐나다와 미국 소수인(마이너리티) 작가들의 발표회가 열렸다.

나는 그들을 직접 보고 싶었다.

나 역시 소수 인종이었고, 아버지의 역사를 쓰게 되면서 작가들에게 남다른 관심이 생겼기 때문이었다.

토요일인데도, 꽤 많은 사람이 와 있었다. 중국인, 흑인, 인디언 출신 작가들과 몇몇 백인 작가도 있었다. 작가들은 소수인으로서 겪었던 체험들을 이야기하며 자신들의 작품을 소개했다. 백인 여성 작가는 동성연애자라는 소수인을 대변한다고 했다. 하지만 다른 백인 남성 작가는 무슨 이유에서 자신이 소수인이라 주장하는지 통 이해가 되지 않았다. 작가들의 발표가 끝나고, 사회자가 청중들을 향해 질문이 있느냐고 물었다.

허름한 차림의 한 백인 남자가 손을 들었다. 학교에서는 대부분 자기 편한 대로 수수하게 입기 때문에, 옷차림만으로는 그 사람의 배경을 짐작하기 어렵다. 휴일에 있는 발표회의 청중인 경우에는 더욱 그렇다. 나 역시 편안하게 차려입은 중년 '아줌마'였다.

"이곳에서의 삶이 그렇게 힘들다면, 당신들 여기 왜 왔소? 당신들이 왔던 곳으로 다시 돌아가면 될 것 아니오!"

모두들 아연실색했다. 발표회장의 분위기가 갑자기 싸늘해졌다. 단상의 사회자와 작가들도 예상치 못한 질문에, 기가 질렸다는 듯이 서로의 얼굴만 쳐다보며 고개를 흔들었다.

"당신은 여기 왜 왔어요?"

앞에서 둘째 줄에 앉아 있던 백인 여자가 기가 차다는 표정으로 항의했다.

"나는 여기서 태어났소!"

당당하게 잘라 말하는 뻔뻔스러움에, 작가 중 한 사람이 "다음 질문!" 하며 그냥 넘어가려 했다. 그러나 다음 질문은 나오지 않았다.

나는 은근히 부아가 치밀었다. 그냥 넘어갈 수 없었다. 이렇게 아무 말도 못하고 그냥 넘어간다면, 그건 인내가 아니었다. 그것은 자기혐오였고, 약자들의 굴복이었다. 나는 이성을 찾으려 애쓰며 손을 들었다. 사회자가 다른 질문이 있는 줄 알고, 반가운 표정으로 나를 가리켰다. 나는 다시 한번 감정을 자제하고 말을 시작했다.

"우선 나는 저 신사분의 말씀에 대해 잠깐 언급한 다음에 제 질문을 하겠습니다."

삭이지 않는 분노에 목소리가 약간 떨렸지만 나는 계속했다.

"미국에 온 사람들은 모두가 종교의 자유건, 보다 나은 삶이건, 아니면 그들만의 꿈을 이루기 위해서건, 무언가를 찾기 위해 왔다고 생각합니다. 당신은 여기서 태어났지만, 당신의 조상 역시 무언가를 찾아서 온 것만은 틀림없는……"

"당신도 여기서 태어났소?"

그 백인 남자가 내 말을 자르며 물었다.

"아니요, 난 이민 온 사람이오."

"그럼 당신도 말할 자격이 없어요!"

그 남자는 단정적으로 말했다. 정말 어처구니가 없었다.

"여기서 태어나진 않았지만, 나도 최소한 당신만큼은 미국을 사랑한다고 믿어요."

"아뇨, 전혀 그렇지 않다고 생각하는데요!"

나는 화가 치밀었다. 그 남자를 똑바로 쳐다보며 나는 말했다.

"이것 보세요. 나는 얼마 전까지만 해도 미 육군 소령이었소."

단상을 바라보고 있거나, 머리를 숙인 채 조용히 듣고 있던 청중들의 눈길이 일제히 나를 향했다.

"나는 20년 동안 미 육군에서 미국을 지키며 세계의 평화를 위해 내 몸을 바쳐왔소. 또한 바로 당신의 그 무례한 표현의 자유까지도 지켜주기 위해, 내 반평생인 20년을 바쳤소. 그런데 여기서 태어났다는 당신, 당신은 미국을 위해서, 세계를 위해서, 과연 무엇을 했습니까?"

나는 작가들의 반 이상이 캐나다 사람들이라는 것도 잊고 말을 이어나갔다.

"그래요. 당신은 무얼 했죠?"

내 말에, 앞자리에 앉아 있던 한 젊은 백인 남자가 그 '무례한' 백인 남자를 바라보며 물었다.

"말해봐요. 당신이 한 일이 뭐예요."

"무슨 공헌을 했죠?"

청중들이 여기저기서 그 백인 남자에게 항의하듯 물었다.

그 뻔뻔스러운 남자는 더 이상 아무 대꾸도 하지 못했다.

쉬는 시간에, 몇몇 사람들이 내 주위에 몰려와 칭찬을 아끼지 않았다.

"아, 너무 속시원했어요. 참 멋있었어요."

"참 잘했어요. 그런 사람은 코를 납작하게 해줘야 돼요."

"그렇게 도전하니까 아무 말도 못하잖아요."

사람들은 나를 둘러싸고, 마치 끝말 이어가기를 하는 것 같았다.

나는 순식간에 '영웅'이 되어버렸다. 쑥스럽고 민망했다. 그들은 내게 자기들의 이름과 전화번호를 적어주며 꼭 연락하라고 했다. 그들은 책을 한두 권씩 펴낸 작가들이었다.

발표회에 참가한 작가들이 전시해놓은 책들을 구경하고 있는데, 한 중년 중국 여자가 다가왔다.

"정말 멋있었어요. 20년간 군에 있었다니 대단하네요. 내 이름과 전화번호예요. 책을 쓴다고 했죠? 나는 터프스 대학에서 동양인이 쓴 소설과 동양인에 관한 소설에 대해 가르치고 있어요. 꼭 다시 만나고 싶어요."

그녀의 '영웅' 대접에는 머쓱했지만, 그녀가 대학에서 가르치는 내용에는 퍽 관심이 갔다.

"네, 좋아요. 저도 만나서 여러 가지를 배우고 싶네요."

내 명함을 건네주었다.

며칠 후, 그녀에게서 전화가 왔다.

"토요일 저녁에, 내 친구들과 정기적인 모임이 있는데, 오지 않겠어요? 모두 작가들이라, 진이 글을 쓰는 데 많은 도움이 될 거예요."

나는 기꺼이 수락했다. 토요일 저녁에 모인 여성 작가들 중에는 일본계 극작가, 중국계 작가, 그리고 한국계 작가도 있었다. 이미 여러 권의 책을 출판한 작가들이었다. 기억력이 좋지 않아서, 나를 불러준 중국인 친구 루스 말고는 그때 소개받은 작가들의 이름을 하나도 기억하지 못한다.

한창 먹고 마시고 떠들고 있는데, 루스의 남편이 들어왔다. 적당한 키와 체격에 마음 좋게 생긴 중국계 남자였다. 루스의 남편은 전부터 잘 알고 있던 그녀들에게 먼저 인사를 한 후, 내게로 와서 자신을 소개했다.

"루스한테 몇 번이나 당신 이야기를 들었소. 루스는 당신을 영웅이라고 하던데, 아무튼 참 자랑스럽소."

나중에 나는 하버드에 다니는 재일교포 의대생으로부터 이 남자가 어떤 사람인지 들을 수 있었다. 하버드 의과대학 교수인 그는 보겔 교수에 버금가는 영향력을 가진 사람이었다.

며칠 뒤, 루스와 함께 저녁을 먹었다. 한국 음식을 좋아한다고 해서, 우리는 하버드 광장에서 가까운 신라식당으로 갔다. 그녀는 내게 호감을 갖고 있었다. 나에 관해 이것저것 물었다. 내가 살아온 이야기를 듣고 난 루스가 말했다.

"당신 스토리는 정말 극적이고 감동적이에요. 내가 동양인 소설에 대해서 가르친 지 꽤 오래됐기 때문에, 그들의 책은 대부분 잘 알아요. 내 생각에 진의 스토리는 어떤 소설보다 훨씬 나아요. 책을 낸다면 틀림없이 할리우드에서 영화를 만들자고 할 거예요."

나는 그녀가 지나친 기대를 하고 있다고 생각했지만, 다른 누구도 아닌 루스 같은 사람이 그런 판단을 내렸다는 사실이 기뻤다. 그날 저녁, 그녀는 내가 쓴 아버지 이야기의 전문을 손봐주면서, 글을 다 쓴 다음 조언해줄 사람이 필요하면 기꺼이 도와주겠다고 했다.

그해 1997년 여름, 아버지가 좋아하던 노스캐롤라이나의 내 집에서 어머니를 '인터뷰'하며, 아버지의 생에 대한 이야기를 엮어갔다. 그 시대를 다룬 역사책들도 참고했고, 한국어와 일본어로 된 다른 경험자들의 증언도 번역해 삽입했다. 정신없이 써내려갔다.

가을이 가까워질 무렵, 초고를 완성할 수 있었다. 그러나 더 이상 진전시킬 시간이 없었다. 아버지의 책은 시험 공부라는, 발등에 떨어진 불 때문에 묻혀버리고 말았다.

나는 제너럴 이그잼 준비에 몰두했다. 하루 24시간이 모자라다는 게 빈말이 아니었다.

밥 먹을 시간도 잊고 공부에 몰두하다 보니 너무 배가 고팠다. 컵라면이라도 하나 먹어야겠다 싶어 부엌으로 나갔다. 마침 부엌에 있던 룸메이트가 나를 보고 소리쳤다.

"이번 시험에서 교수님들이 선배님을 떨어뜨리면, 우리가 데모하러 갈 거예요. 선배님이 얼마나 열심히 공부했는지는 우리가 증언할 수 있다구요."

그 친구는 서울대에서 장학금을 받으며 공부했고, 하버드에서도 모 그룹의 장학금을 받으며 중국 고대사 박사학위에 도전하는, '천재' 소리를 듣는 한국 여학생이었다. 그녀는 다른 친구들이 공부하는 것이 힘들다고 좌절할 때마다, 내 얘기를 하며 그들에게 용기를 불어넣어 주곤 한다고 했다.

그렇게 공부한 보람이 있었다.

1998년 11월 6일, 행운의 노벰버 식스(한국에서 중대장으로 근무할 때의 내 콜 사인이었다. 무선통신을 할 때 내 이름 대신 사용했는데, 마침 시험일자가 노벰버 식스여서 기분이 좋았다) 데이였다. 시험에 통과했다. 그리고 1999년 5월엔 논문 계획서도 끝났다. 이제 내 손길을 기다리는 아버지의 책 원고로 돌아갈 수 있었다.

성아 | 내 사랑

군문을 떠나 하버드로 돌아온 지 2년 반.

길지 않은 기간이었지만, 그동안 이룬 성과는 기대를 훨씬 넘어서는 것이었다. 세계를 이끌어가는 많은 인사들을 만났다. 더불어 사는 사람들을 위해 힘차게 살아가고 있는 내가 흡족했는지, 운명은 내게 좋은 일들을 많이 안겨주었다.

내 딸 성아가 조지타운 대학에서 2년을 마치고 하버드로 전학해온 것이 그중 가장 기뻤다. 모녀가 함께 하버드에서 공부하는 경우는 흔치 않으리라. 성아는 나의 뒤를 이어 ROTC 상교 훈련을 받고 있어서, 우리는 하버드에서 화제의 인물이 되었다.

거의 확실하게 보장되어 있는 중령 진급을 포기하고, 하버드를 택한 것은 운명이었는지도 모른다. 내가 군복을 벗을 때 성아의 도움을 받았다면, 성아는 하버드로 전학할 때 내 도움을 받았다.

지난 1997년 1월, 하버드에 돌아온 지 며칠 안 되었을 때였다. 오랜 만에 만난 일레인과 점심을 먹었다. 일레인이 물었다.

"그런데 성아는 왜 하버드로 안 오고, 조지타운으로 간 거야?"

일레인은 마치 성아가 하버드에 오기 싫어서 조지타운대를 택한 것 처럼 물었다.

"응, 하버드에 입학원서를 냈는데 떨어졌어."

"무슨 소리야. 성아가 떨어진다는 게 말이 돼?"

너도 다니는 하버드를 너보다 훨씬 우수한 성아가 왜 못 다니냐고 따지듯이 묻는 일레인을 보고, 나는 씨익 웃기만 했다.

일레인은 기가 막히다는 듯이 아예 점심 그릇을 밀쳐내고 흥분했다. 그러더니 나를 설득하기 시작했다.

"전학 오라고 해."

생각지도 못했던 그 말에 나도 점심 먹기를 포기했다. 내가 말없이 일레인의 입만 바라보자, 일레인이 답답하다는 듯이 식탁을 두드리며 말했다.

"전학 오라고 하라니까. 볼라이소 교수님과 보겔 교수님, 두 분이 성 아 잘 알잖아. 그분들한테 추천서도 부탁하고."

나는 할 말이 없었다. 학교 실무는 교수나 학생들보다 일레인 같은 사무원들이 상세하게 꿰뚫고 있었다. 하버드의 정식 사무원으로 꽤 오 랜 경력이 있는 일레인의 말이었다. 가볍게 듣고 넘길 말이 아니었다.

그렇지만 그녀가 그렇게 말했다고 해서 반드시 전학이 이루어진다는 보장도 없었다. 주저하는 내가 답답한 듯 일레인이 다시 재촉했다.

"생각해보라구. 매년 하버드에 오는 학생은 2, 3천 명이야. 하지만 성아가 고등학교 졸업할 때 받은 대통령상은, 그해에 졸업하는 미국 전체 고등학교 졸업생 250만 명 중에서 141명만이 받은 상이야. 어느 쪽 비율이 대단해?"

나는 말없이 고개만 주억거렸다. 성아와 상의해보고 싶었다. 일레인이 다시 성화를 했다.

"성아는 무려 2만 대 1의 경쟁률을 통과한 아이야. 그런 성아가 하버드에 못 올 이유가 없잖아. 입학원서를 냈을 당시에는 대통령상이 결정되지 않은 상태였으니까 아무런 도움이 안 됐지만, 지금은 다르잖아. 성아는 대통령상을 받은 준재야. 그애가 오는 게 하버드에 이익이라구."

"알았어. 네 말에 일리가 있어. 성아한테 물어볼게."

나는 곰곰 생각하다가, 성아에게 연락하기 전에 먼저 볼라이소 교수를 찾았다.

"성아가 하버드에 못 들어왔다는 건 하버드의 손해요. 그 아이는 충분히 자격이 있다고 믿는데. 전학 올 의사가 있다면, 나도 추천서를 써주지."

나는 좀 더 확신이 생겼다. 성아에게 전화를 했다.

"어때, 한번 안 해볼래? 일레인이나 볼라이소 교수도 넌 될 거라며 자신만만해하는데."

"글쎄, 뭐 꼭 그럴 필요가 있을까?"

성아는 불합격 통지를 받았을 때가 기억나는지 선뜻 나서지 않았다.

"한번 잘 생각해봐. 시간이 빠듯하긴 하지만 엄마도 같이 도울게. 이미 낙방한 경험도 있으니까, 만일 또 안 된다고 해도 전처럼 그렇게 힘들진 않을 것 같은데. 또 네겐 하나님이 계시잖아. 엄마가 승승장구하던 군을 버리고 나이 50에 다시 하버드로 온 것도, 지금 생각해보니 우리 성아를 위해 할 일이 있어서 그랬던 것 같아. 왜 그런 거 있잖아. 운명 같은 거 말야."

"하여튼 엄마의 그 운명론은 알아모셔야 돼. 그런데 그 운명 말예요, 그거 엄마가 늘 만들어내는 것 아니우?"

결국 성아는 전학을 결심했다. 우리는 바쁘게 움직였다. 봄방학 때 하버드에 다니러 온 성아는 보겔 교수를 방문해 추천서를 받았다. 성아의 하나님은 성아에게 '자신을 아는' 겸손을 가르치신 후, 엄마와 같은 캠퍼스에서 공부할 수 있는 기회를 주셨다.

"훌륭한 딸을 두셔서 정말 자랑스러우시겠어요. 고등학교 졸업식 땐 미국 대통령상도 받고, 지금은 하버드의 정치외교학과 학생에다 우수한 ROTC 생도이고, 영어와 한국어는 물론 일어에도 능통하잖아요. 게다가 성격도 아주 좋고, 아무튼 딸 복이 많으신가 봐요."

나와 성아 이야기가 알려지면서, 성아를 어떻게 키웠느냐는 질문을 많이 받았다. 내가 일본에 근무할 때부터 들은 질문이었다.

성아를 잘 아는 친척들이나 내 친구들까지, "우리 아이들도 성아처럼만 자라준다면 더 바랄 것이 없을 텐데" 하며 부러워할 때면, 나는 자식 자랑만 하는 팔불출로 보일까봐 짐짓 딴청을 부리곤 한다.

한국의 한 월간지가 성아를 두고, '누구나 부러워할 만한 위치에서 얼마든지 자신이 원하는 행로를 선택할 수 있다'라고 표현한 바 있는데, 그것은 좀 과장된 평가였다.

어린 나이에 비해 실력을 많이 쌓아온 것은 사실이다. 그러나 성아는 공부벌레만은 아니었다. 고등학교 시절에는 전통적으로 남학생들로만 구성되던 야구팀에 뽑혀 홍일점 야구 선수로 활약했고, 학교 신문 편집장, '미래의 비즈니스 리더 협회' 회장, 전교 학생회 회장 등 다방면에 걸쳐 자기 능력을 펼쳤다. 졸업할 때는 전교 1등상을 받았다. 그리고 그 학교에서는 처음으로 미국 대통령상을 수상해 모교의 이름을 빛냈다.

군인 가족으로 자라온 탓인지, 고등학교 시절부터 군에 관심을 보이던 성아는 대학에 들어간 뒤 ROTC에 지원해 학업과 훈련에 열중하고 있다. 덕분에 나는 그 비싼 하버드 학비를 걱정하지 않아도 되었다.

그러나 무엇보다도 내가 가장 자랑스럽게 생각하는 것은, 그 아이의 밝은 성격과 올바른 마음가짐이다. 항상 양보하는 자세와 강한 의협심, 그리고 맡은 일에 철두철미한 기질은 엄마인 내가 보기에도 존경스럽다.

성아가 이렇게 성장해준 것이 내게 더욱 뜻깊은 이유는, 내 딸이 사회가 '문제시'하는 이혼녀의 자녀인 데다가, 일본에서 고등학교를 다녔던 1년간을 제외하고는 학비가 거의 들지 않는 공립학교에서만 공부해왔다는 사실 때문이다. 무조건 문제아 취급을 받는 이혼녀의 자녀도, 사립학교에 갈 수 없는 가난한 집 자녀도 훌륭하게 자라날 수 있다는 것을 증명해주었기 때문이다.

성아의 어린 시절은 그 또래의 다른 아이들과 별 차이가 없었다.

다만 좀 특이했던 것은 누가 가르쳐주지도 않았는데, 서너 살 때부터 남 앞에선 눈물을 보이지 않으려고 애썼다는 점이다. 친할머니한테 야단을 맞을 때나 동생과 다투다가 눈물이 나오려고 할 때면, 얼른 화장실로 들어가든지 방문 뒤에 숨었다가 눈물이 그친 다음에 나오곤 했다. 그때 나는 딸아이가 자존심이 매우 강한 성격이라는 것을 알았다. 그것이 아이를 키우는 데 중요한 도움이 되었다.

성아가 자라온 환경은, 보통 아이들에 비해 다른 점이 많았다. 성아가 태어난 지 8개월 때부터 나는 군생활을 시작했고, 우리 가족은 성아가 대학에 들어가기 전까지 거의 2년에 한 번씩 세계 곳곳으로 이사를 다녀야 했다.

이렇게 남다른 환경에서도 전혀 구김살 없이 자라난 것은 낙천적이고 적극적인 성아의 성격 때문이기도 하지만, 그보다는 외할아버지와 외할머니, 이모, 외삼촌, 외숙모들, 사촌들, 그리고 여러 선생님들의 진정한 사랑 덕분이라고 나는 믿고 있다.

대부분의 부모가 그렇듯이, 나 역시 딸에게 가능한 한 좋은 환경을 마련해주려고 애썼다. 후천적 자질에 절대적인 영향을 미치는 자녀교육은 중요한 '사회과학'이다. 모든 부모가 깊은 관심을 가지고 끊임없이 연구해야 한다. 내가 성아 아빠와 헤어진 것도, 그것이 아이들을 위한 최선의 길이라고 생각했기 때문이었다.

어떤 문화권에서건 부부간의 갈등으로 조성되는 불안한 환경은 자녀들의 성격 형성에 악영향을 준다. 그래서 나는 아이들 앞에서는 싸움을 피하려고 애썼다. 그러나 폭력을 동반하는 부부싸움은 아이들 눈을 피하기가 어렵다. 훌륭하게 자라준 성아와 성욱이를 볼 때마다, 이혼을 결심한 나의 판단이 옳았다는 생각이 든다.

내가 잘 아는 어느 한국 가정의 이야기인데, 그 집 가장은 자신의 경제적 무능력에 대한 불만으로 술을 자주 마셨다. 그렇게 마신 술이 조용하게 끝날 리 없었다. 가장은 술에 취하면 가족들을 괴롭혔다. 견디다 못한 부인이 집을 뛰쳐나가려 하자, 남편은 어린 아들을 3층 창문 밖에 거꾸로 매달아놓고, 당장 집으로 들어오지 않으면 아들을 떨어뜨려버리겠다고 협박했다. 그 일이 있은 후, 그 아이는 정신착란을 일으켜 정상적인 생활을 못하고 있다.

부부싸움만이 문제가 아니다.

한국의 근대화가 낳은 핵가족 사회는 할머니와 할아버지가 갖고 있는 삶의 체험과 지혜를 '폐기처분'하고 있다. 노인들을 방치하는 것은 윤리적인 문제에서 그치지 않는다. 국가적으로도 아까운 자원을 낭비하는 것이라고 생각한다. 성아에게 외할머니와 외할아버지의 보살핌이 없었다면, 성아는 오늘의 성아로 자라나지 못했을 것이다. 대부분의 젊은 사람들은 바쁜 생활에 쫓기느라 너그러운 마음으로 아이들을 대하기가 어렵다. 육아에 대한 노하우도 없고 오랜 경험에서 우러나오는 지혜도 없다.

어린 시절, 성아는 방랑자였다. 미국의 여러 도시는 물론, 한국, 일본, 독일로 이사를 다녀야 했다. 그런 딸이 가엾고 또 걱정스러워서, 나는 이사를 갈 때마다 '맹자의 어머니'가 되었다. 그 지역에서 제일 좋은 공립학교가 있는 곳으로 집을 얻었다. 친구와 주위 환경이 성아에게 큰 영향을 줄 것이라는 판단에서였다. 그러나 좋은 친구들도 조금 친해질 만하면 헤어져야 했다. 그런 딸이 자칫 소극적이고 내향적인 성격이 될까봐, 나는 성아에게 가난하고 어려웠던 시절의 내 이야기를 자주 들려주었다.

"엄마가 몸으로 가르쳐준 교훈은, 황무지에서 일군 성공의 열매가 달콤하고, 그 또한 많은 사람들과 함께 나눌 때 가치가 있다는 것이었죠."

성아가 지난해 한국의 한 일간지와 가진 인터뷰에서 한 말이다.

성아는 열한 살 때부터 구두닦이였다.

돈 벌기가 얼마나 어려운 것인지, 그리고 그렇게 번 돈은 어떻게 쓰는 것인지 직접 가르쳐주고 싶은 생각에 내 군화를 닦도록 했다. 한 켤레에 얼마씩 주기로 하고. 내가 용돈을 박하게 주기도 했지만, 성아는 호기심이 일었는지 기꺼이 받아들였다.

그러는 사이에, 성아의 구두 닦는 솜씨도 점점 늘었다.

부대 관사에 살 때에는, 이웃집에 사는 군인들의 군화를 닦아주며 용돈을 벌었다. 중학생 때는 세차도 하고 이웃집 잔디도 깎아주었으며, 고등학생 땐 남의 집 아이들을 봐준다든가 여름방학을 이용해 식당 종업원으로 일하며 경험도 쌓고 용돈도 벌었다. 그래서인지 성아는 가난한 사람이나 사회에서 대접받지 못하는 사람들을 이해했고, 그들 앞에서 겸손했다.

나는 성아에게 책이나 교실 속의 공부보다는 '산 교육'을 시키려고 노력했다.

일본에서 교육을 받거나 근무할 때, 나는 딸아이도 직접 보고 들으면서 배울 기회를 주고 싶었다. 산 교육의 진가를 믿는 나는, 고등학교 졸업이 1년 정도 늦어지는 것은 아무런 문제가 아니라고 생각했다. 일본의 고등학교에서 1년간 공부하며 나와 함께 동아시아에 대한 공부를 해보는 것이 어떻겠느냐고 했더니, 성아 역시 대찬성이었다.

성아는 지금도 "그 1년은 내가 세계를 이해하는 데 많은 것을 가르쳐주었고, 내 장래를 위해서도 값진 투자가 될 거라고 확신해요"라며 고마워한다. 그때 배운 딸아이의 일본어는 의사소통에 별 지장이 없을 정도로 발전했다.

그러한 여행을 통해 우리는 많은 대화를 나눴다.

삶은 어쩌면 대화가 전부인지도 모른다. 부모와 자식의 관계도 그렇다. 우리는 서로의 의사를 존중했다. 처음에는 딸이 내 의견을 필요로 할 때에만 내 의견을 말했다. 또 둘 사이에 지켜야 할 비밀이라면, 절대적으로 지켜주었다. 나에겐 무슨 이야기든 안심하고 할 수 있도록 신뢰를 쌓아나갔다. 우리는 엄마와 딸이라기보다는 친한 친구로서 우정과 사랑을 다져갔다.

성아가 무슨 잘못을 저질렀다고 생각될 땐, 군대에서 내 부하들을 다루던 방식을 응용했다.

딸아이를 아무도 없는 곳으로 데리고 가서 무엇이 잘못이었는지를 조용히 지적하고, 해명할 기회를 주었다. 내가 오해했을 가능성도 있기 때문이다.

잘못을 했을 때, 남 앞에서 야단치는 것은 매우 어리석은 처사다. 다른 사람들 앞에서 꾸지람을 듣는 아이는, 자기가 잘못한 것을 뉘우치기보다는 남 앞에서 망신당했다는 사실 때문에 반항적으로 나오기가 쉽다. 더욱이 성아처럼 자존심이 강한 아이일수록 다른 사람들 앞에서는 큰 소리를 치지 말아야 한다.

앞에서도 몇 번 언급했지만, 나는 화가 난 상태에선 절대로 아이를 야단치지 않으려고 노력해왔다. 화가 나면 공격 본능이 튀어나온다. 어떤 식으로든 상대방에게 상처를 주고야 만다. 화가 나서 '엎지른 물'은 주워담지 못한다. 한창 자라나는 아이들에게 엎지른 물은, 물이 아니라 독극물이다.

기회 있을 때마다, 나는 나의 체험을 들려주며 딸아이에게 낙천적이고 긍정적인 사람이 되라고 말했다. '물이 반쯤 차 있는 컵' 이야기를 해주며, 삶은 마음먹기에 따라 즐거울 수도 괴로울 수도 있다고 얘기해주었다.

누군가 성아에게 말했다.

"자주 이사를 다녀서 친한 친구도 못 사귀었겠네."

"아니에요. 사실 친한 친구가 더 많아져서 좋아요. 가는 곳마다 친구가 생기고, 떠나도 자주 연락을 하면 오래 친구로 남거든요. 그리고 낯선 곳에서 새로운 친구를 사귀는 것도 여러 번 하니까 숙달이 되어 점점 쉽다고 느껴져요. 그래서 다음에는 또 어떤 친구를 만날까, 이사할 때마다 기대가 되기도 해요."

밝은 얼굴로 대답하는 성아를 바라보며, 나는 '물이 반쯤 차 있는 컵'의 비유를 생각했다.

고등학교를 졸업하고 하버드에 불합격했을 때, 성아는 내게 겸허함을 가르쳐주었다. 그 외에도 성아는 내게 적지 않은 교훈을 주었다. 그 교훈 중에는 내 삶에 크고 작은 변화를 가져온 것도 있었다.

성아는 고등학교 4학년(12학년) 때, 미국 교육부로부터 대통령상 후보에 뽑혀, 심사를 위해 필요한 서류들을 보내달라는 편지를 받았다.

그때 보낸 서류 중에 성아의 수필이 하나 들어 있었다. 미국의 유명한 화가 노먼 록웰에 관한 글이었는데, 인간은 지나치게 과거나 미래에 치우친 바쁜 삶을 사느라 현실을 잊어버리는 경향이 있다는 메시지를 담고 있었다. 성아는 그 글에서, 노먼 록웰이 그랬듯이 잠시만이라도 짬을 내어 주위를 둘러보면 매우 재미있고 아름다운 현실이 있음을 발견할 수 있을 것이라고 말했다. 지나간 시간들은 다시 돌아오지 않을진대, 작든 크든 현실 속에 깃들어 있는 재미있고 아름다운 것들과 만나는 삶이 진정 행복한 삶이 아니겠는가, 라고 성아는 말했다. 딸의 수필을 읽으며, 나는 어디에서도 맛보기 힘든 감동을 받았다.

성아는 노먼 록웰에게서 받은 인생의 교훈으로, 엄마인 나를 일깨

위주었다.

'나는 내 꿈에 도전하느라 재미있고 아름다운 현실을 잊고 살아온 것이 아닌가.'

나 자신을 뒤돌아보게 되었다. 나는 내 주위에 숨어 있는 아름다움을 찾기 위해, 나 자신에게 잠시의 짬을 허용했다. 휴식을 갖는 나 자신에게 부채의식을 느끼지 않게 되었다.

휴식이야말로, 행복을 추구하는 우리 삶에 있어서 가장 고귀한 양식이라는 것을 뒤늦게 절감했다.

성아는, 나의 '희망의 증거'였다.

16년 동안 가슴에 묻었던 아들

1998년 가을, 나에겐 놀라운 일이 두 가지 있었다.

그중 하나가 눈이 다시 좋아진 것이다. 내 나이쯤이면 원시遠視가 오기 때문에, 돋보기 없이는 책이나 신문을 읽지 못한다. 하지만 나는 지금 안경을 쓰지 않고 있다.

일본에서 갱년기를 겪으면서 나빠지기 시작한 눈은, 다시 하버드로 돌아올 무렵엔 안경 없인 책을 읽지 못할 정도였다. 하버드에 와서 안경을 썼다. 그런데 한두 시간 집중하다 보니 심한 두통이 찾아왔다. 한 10분을 쉬고 다시 책을 보는데, 30분을 넘기지 못하는 것이었다. 두통을 무시해버렸다. 그랬더니 구역질이 나왔다.

절망적이었다.

하루에 열다섯 시간 이상을 읽어도 부족할 판에, 겨우 세 시간 읽고 이 지경이라니!

일본에서 근무할 때는 한 시간 이상 계속해서 읽는 일이 드물었기 때문에, 이런 증상이 오리라고는 생각도 못했다. 안경의 도수 문제라면 다시 맞추면 될 일이지만, 그게 아니었다. 보통 일이 아니었다.

궁리 끝에 두 팔을 쭉 뻗어, 책을 눈에서 멀리 떼어놓고 보았다. 너무 흐릿해서 읽을 수가 없었다. 이번에는 더 멀리 떼어놓았다. 책상 위에 있는 독서대에 책을 올려놓고 의자를 뒤로 뺐다. 글씨의 형태를 알아볼 수 있을 것 같았다. 편안한 거리에서 읽는 것보다 속도는 느렸지만 대강의 뜻은 알 수 있었다. 그렇게 한참을 읽었다. 우선 두통은 없는 것 같았다. 그것만 해도 다행이라며 그렇게 며칠을 읽어나갔다.

그러던 어느 날, 그 먼 거리에 있는 글들이 선명하게 보이는 것이었다. 신기했다. 뭔가 가능성이 보였다. 이번엔 팔을 곧게 편 거리에 놓고 읽었다. 처음에는 전처럼 흐릿했다. 그렇게 약 2주가 지나자, 다시 글씨가 선명하게 보였다. 조금 더 당겨 2주, 또 조금 더 앞으로 놓고 2주……. 약 석 달이 지나자, 내 시력은 원상태로 돌아왔다.

다만 처음에 책을 대하면 글자가 제대로 보일 때까지 약간의 시간이 걸렸다. 처음에는 약 30초가량 걸렸다. 그러나 연습에 연습을 거듭한 결과, 그 시간이 단축되었다. 25초, 20초, 15초, 10초, 5초. 이제는 5초 이내에 내 눈의 조리개가 자동적으로 조절을 마친다. 결국 나는 안경을 쓰지 않게 되었다.

사람들에게 혼자 눈을 고쳤다는 이야기를 들려주자, 처음에는 믿으려 하지 않았다. 어떤 친구는 자기가 안과의사에게 물어보았다며, 눈이 나빠질 땐 거기에 맞춰 안경을 바꿔주는 것이 눈을 보호하는 유일한 방법이라고 말했다. 나는 안과의사도 아니고, 의학적으로 연구해본 것도 아니다. 그래서 내 눈의 변화가 무엇을 의미하는지 알지 못한다. 어쩌면 더 나쁜 결과를 초래할지도 모른다.

내게 필요했던 것은 안과 지식이 아니었다. 나는 박사학위 시험과 논문을 위해, 하루에 열다섯 시간을 책과 씨름할 수 있는 시력이 필요했고, 그 시력을 내 방식으로 되찾았을 뿐이다.

나는, 안경을 달라고 하는 내 눈의 뜻을 무시하고 내 고집대로 밀고 나갔다. 내가 눈을 혹사시키자, 너무 답답한 나머지 눈이 제 '마음을 돌려' 스스로를 조종했는지도 모르겠다. 아무튼 내 눈은 마치 자동 카메라 렌즈처럼 시력을 맞추기 시작했다. 결국 나는 자신의 눈과 싸워 이긴 셈이었다. 그 싸움에서 이겼기 때문에, 나는 제너럴 이그잼 준비를 거뜬하게 해낼 수 있었다.

만일 시력이 돌아오지 않았다면 어떻게 되었을까. 아찔한 상상이지만, 공부를 포기했을지도 모른다.

우리 과의 박사학위 과정이 요구하는 조건은 많고 또 까다롭다. 2년 동안 학교에서 정규 공부를 해야 하고, 최소한 두 개 동양어에 능통해야 하며, 하나의 유럽어를 영어로 번역할 수 있어야 한다. 그리고 제너럴 이그잼을 통과해야 하는데, 이 시험이 내가 박사 과정에서 제일 두려워했던 것이다.

제너럴 이그잼은, 담당 교수 셋이서 약 30분 동안 퍼붓는 질문에 응답하는 지옥과 같은 시험이다. 중국, 일본, 한국 중에서 한 나라를 택해 그 나라의 고대사와 현대사를 꿰뚫고 있어야 하고, 유럽 역사에 대한 일반적인 지식을 쌓고 있어야 한다. 이를 위해, 각 분야에 대한 전문 서적을 약 백 권씩 읽어야 한다. 그리고 그 저자의 논지를 이해할 수 있어야 한다.

나는 석사 과정에서 한국과 미국을 위주로 공부했고, 아무래도 중국이나 일본보다는 한국에 자신이 있었다. 한국 고대사와 현대사 그리고 내 주임교수인 아키라 이리에 교수의 전공인 국제관계사를 선택할 계획이었다. 그러나 시험 준비를 도와줄 한국학과 교수들 중 고대사 교수가 마침 내가 시험 준비를 해야 하는 기간에 홍콩에 체류할 계획이었다.

나는 일레인의 충고와 설득을 받아들여, 일본 고대사와 일본 현대사를 하기로 했다. 덕분에 나는 세계적으로 인정받는 일본 현대사의 권위자 앨버트 크레이그 교수의 마지막 제너럴 이그잼 학생이 되는 영광을 얻었다. 칠순인 앨버트 교수는 지난 5월, 교수생활을 마감했다.

1998년 가을, 내가 겪은 두 가지 놀라운 일 중 또 다른 하나는 내가 16년 동안 가슴에 묻어두었던 아들 성욱이와 연락이 되었다는 것이다.

시험 준비 때문에 숨도 아껴 쉬어야 할 정도로 공부에 몰두하고 있는데, 이화여대 교환학생으로 고국에 가 있는 성아가 불쑥 전화를 걸어왔다.

"엄마, 어떻게 말을 꺼내야 할지 모르겠어. 엄마 시험 준비하는 데

방해가 될까봐, 나중에 이야기하려고 했는데……."

가슴이 철렁했다. 성아가 무슨 이야기를 하려고 이렇게 준비를 시키나 싶었다.

"아니, 무슨 얘긴데, 이렇게 뜸을 들이니?"

"엄마, 놀라지 마세요. 서울에서 아빠를 만났어요. 성희와 성욱이도 찾았구요!"

19세기 일본 역사에 빠져 있던 나는 성아의 말이 얼른 귀에 들어오지 않았다.

"삼촌이 우연히 아빠를 만나서, 내가 한국에 있다는 이야기를 하셨나 봐요. 성욱이는 캘리포니아의 샌타바버라에 있다는데, 아직은 연락이 안 됐어요."

전화기를 내려놓았다. 신기하게도 내 마음에는 아무런 동요가 일지 않았다.

나는 다시 책을 들고 일본사를 읽기 시작했다. 그런데 일본사를 읽고 있다고 믿었던 나는 어느새 성아와 나누던 대화를 떠올리고 있었다. 그제야 실감이 나기 시작했다. 너무나 기뻤다.

'성욱이를 찾았다는데, 어떻게 변했을까. 성희도 엄마가 보고 싶다는데 그 녀석도 많이 변했겠지. 이 엄마를 얼마나 미워했을까. 그래도 보고 싶어 미치겠는걸.'

내가 가슴에 묻어둔 네 살배기 어린 아들.

나는 당장에라도 달려가 아들을 품에 안고 싶었다. 그리고 나의 갚을 길 없는 미안함과 못다한 사랑을 퍼붓고 싶었다. 그러나 시험이 나의 발목을 붙잡았다. 시험이 채 한 달도 남지 않았고 아직도 읽어야 할 책들이 산더미 같았다. 전혀 집중이 되지 않았다. 마음을 다잡고 글자들과 씨름하다 보면, 나는 어느새 과거로 돌아가 있었다. 아니, 미래로 가 있었다. 그리운 사람들, 그리운 곳들, 그리운 일들을 찾아가고 있었다.

나는 머리를 흔들며 정신을 차렸다. 남은 한 달은, 나의 새로운 도전을 가늠하는 중차대한 시기였다. 아직은 한가하게 감정에 놀아날 여유가 없는 것이다. 이를 악물고 '전투'에 임했다. 그리고 그해 11월 6일, 결국 고지를 정복했다.

아들 성욱이는 좀 더 시간이 필요한 듯했다. 나는 아들이 스스로 원할 때까지 기다려주기로 했다. 엄마는 언제든 좋으니까, 성욱이의 마음이 준비될 때까지 기다리마고 전하고, 오스트리아 빈으로 떠났다. 내 절친했던 초등학교 친구가 있는 곳. 오랜만에 만난 친구와 함께, 오랜만에 휴식다운 휴식을 취했다.

친구는 맛있는 음식을 만들어주었다. 연어 머리 소금구이는 지금 생각해도 군침이 돈다. 여기저기 구경도 시켜주고 싶어 했다. 그러나 나는 허리가 좋지 않았다. 군대 시절에 다친 허리가 시험 준비 때문에 다시 도지고 말았다. 하루에 열다섯 시간을 앉아 있었으니, 허리가 배겨날 리 없었다. 30분 이상을 걷지 못하는 상태였다. 시험 준비로, 또 잃었다 찾은 아들 생각으로, 심신이 무척 지쳐 있던 나는 좋은 옛 친구 옆에서 소설이나 읽으면서 쉬고 싶었다.

동화처럼 아름다운 유럽의 마을에 소담스러운 눈이 내리고 있었다.

성아와 유럽 여행을 마치고 돌아와서는, 아버지의 책을 위한 원고를 붙잡을 생각이었다.

그런데 뜻밖의 연락이 나를 기다리고 있었다.

KBS 일요스페셜.

나는 그 프로그램을 통해, 얼마나 많은 사람들이 희망에 굶주리고 있는가를 깨달을 수 있었다. 어려운 시대를 통과하고 있는 나의 고국, 나의 동포들이 희망에 목말라하고 있다는 사실을 알게 된 것이다.

수위 사람들도 나를 설득했다. 내 이야기를 먼저 쓰고 나서, 아버지 이야기를 써도 되지 않느냐고 했다. 나는 아버지 이야기를 먼저 쓰고, 내 이야기를 쓰는 게 순서가 아니냐고 말했다. 더구나 내 생애는 아직도 진행중 아닌가. 하지만 사람들은 '역사'보다도 더 중요한 것이 '현재'라고, 현재를 살아가는 사람들에게 필요한 '희망'을 주는 것이 시급하다고, 그 희망의 증거를 보여주자고 나를 설득했다.

나는 아버지에게 양해를 구했다. 아버지에게 조금만 더 기다려달라고 마음속으로 말했다.

"인생 50이면 황혼으로 접어드는 길목인데, 이제 박사는 해서 뭐 하니? 그만 애쓰고 여생을 즐겨도 되지 않니?"

내가 눈에 핏발을 세우며 공부에 열중하는 것을 안타까워하며 친구들이 하는 말이다. 그럴 때마다 나는 대답한다.

"나는 지금 내 자서전의 마지막 장을 쓰고 있는 거야."

그랬다. 나도 여생을 편하게 즐기며 살고 싶다는 충동이 전혀 없는 것은 아니다. 어떤 사람들이 보기에는 보잘것없는 액수로 보일지 모르지만, 연금과 그동안 저축해둔 돈이면 여생을 즐기기엔 부족함이 없다. 하지만 내겐 지난 50년 동안 다져온 나 자신과의 약속이 있다.

꿈을 잃고 좌절하고 있는 사람들에게, 내 삶을 통해 '당장은 길이 보이지 않지만, 꿈과 용기를 가지고 도전하다 보면 길이 나타난다'는 것을 보여주고 싶다. 나는 그들에게 작으나마 분명하게 존재하는 '희망의 증거'가 되고 싶은 것이다.

나 하나의 힘은 미약할지 모른다. 아니, 분명 미약할 것이다. 그러나 내 앞의 누군가가 그랬고, 또 그 앞의 누군가가 그랬듯이, 외롭게 흐르는 한 방울의 물이 서로 만나고 모여 물길을 이루고, 시내를 이루고 강을 이루지 않는가.

인간의 역사는 그렇게 흘러왔다. 지금 세상이 조선시대보다는 차별이 줄었다면, 그건 누군가 힘겹게 노력했기 때문이다. 그때그때 자기에게 주어진 자리에서 열심히 노력한 대가라고 믿는다.

역사는 강한 자들만을 위해 흘러서는 안 된다. 역사는 약한 자들을 위해서도 흘러야 한다. 그 역사의 길을 조금이라도 바꿀 수 있다면 하는 것이 내 마지막 희망이다.

그리고 나는 한 줌의 흙으로 돌아갈 때까지, 내 희망을 포기하지 않고 노력할 참이다.

1999년 1월 3일. 나는 벅찬 가슴으로 아침을 맞았다. 성아와 성욱이가 노스캐롤라이나에 있는 나를 찾아오기로 한 날이었다.

언니네와 오빠네 식구들도 모두 16년이 넘도록 만나지 못했던 성욱이를 마중하러 라일리 공항으로 나와 있었다.

"비행기가 연착이라는데요."

먼저 나와 있던 조카가 일러주었다. 비행기를 갈아타는 공항에 폭설이 내려 당분간 이륙이 어렵다고 했다. 라일리의 날씨만 보고 안심했던 나는 가슴이 철렁했다. 시간이 갈수록 비행기는 더욱 지연되었다.

나는 안절부절못했다. 가슴이 마구 방망이질을 했다.

'아무 일 없을 거야. 안심해. 위험하면 비행기가 안 뜨잖아. 만약 떴다면 그건 안전하기 때문이야. 오늘 못 오면 내일 만나면 되잖아. 모레도 있고 글피도 있잖아. 16년도 기다렸는데.'

나는 자리에서 일어나 창가를 서성였다.

오빠는 피곤한지 의자에 앉아 잠이 들었고, 조카들은 텔레비전에 눈들을 맞추고 지루함을 달래고 있었다. 언니와 올케는 무슨 얘긴지 제법 열중하고 있었다.

'왜 하필이면 이런 날이람. 성아의 하나님은 어디 계신 거야.'

오만 가지 생각이 마음에 거미줄을 치고 있었다. 성아, 성욱이의 어린 시절이 생각났다.

'녀석들 그렇게도 싸워댔는데…… 성아녀석도 어릴 땐 별로 의젓하진 않았어…… 치과만 가면 배 아프다며 꾀를 부리고……. 그런 거 보면 아이들은 커봐야 알아. 성욱이는 지금도 그때처럼 점잖을까? 누나한테는 참 귀찮은 말썽꾸러기였으면서도, 치과나 학교에 가선 아주 점잖았는데…….'

다른 아이들과 달리 성욱이는 치과에 가는 것을 전혀 꺼려하지 않았다.

간호사가 "그랜트(성욱이의 미국 이름) 이리 오세요" 하며 손을 내밀면, 네 살배기 성욱이는 벌떡 일어나 간호사의 손을 잡고 들어갔다. 한참이 지나서 치과의사가 성욱이를 안고 나왔다. 성욱이는 장난감과 큰 사탕과자를 들고 자랑스러운 듯 씩 웃었다.

치과의사는 성욱이를 칭찬했다.

"그랜트는 아주 훌륭한 아기예요. 치료하는 데 정말 협조를 잘해요. 그랜트는 치료하다가 조금 아프면, 그저 '아! 아!'라고만 할 뿐 가만히 있어요. 그리고 정 아프면 '아—' 하고 소리를 내는데, 그때 보면 소리도 없이 눈꼬리에 눈물을 주욱 흘리는 거예요."

성욱이 이야기를 하면서, 치과의사는 자기가 다 눈물을 글썽거렸다.

밤 열두 시가 가까워서야 비행기가 들어왔다.

얼마 후 성아가 나오고 뒤이어 키가 큰 청년이 나왔다. 성희가 보내
준 사진과 똑같았다. 성욱이었다.

성아와 반가운 포옹을 하고 나서, 성욱이를 바라보았다. 성욱이는
머쓱해하며 엄마를 안아주었다. 그런데 이상했다. 뭔가를 잃어버린 느
낌이었다. 성아와 성욱이가 마중 나온 식구들과 인사를 나누는 동안
에도 나는 주변을 두리번거렸다.

그 '아이'가 보이지 않았다.

내 가슴에 묻었던 네 살짜리 성욱이가…….

눈앞이 흐려지고 두 뺨이 뜨거워졌다. 나는 얼른 손바닥으로 얼굴
을 문질렀다.

'이 바보야. 언제까지 없는 아이를 찾고 있을 거니? 그 아이는 이미
추억 속으로 떠난 지 오래야. 그러다간 지금의 진짜 성욱이마저 잃을
지도 몰라. 빨리 가서 지금의 성욱이를 받아들여. 그리고 그 아이와 빨
리 친해지기나 해.'

내 안의 내가 안타깝게 말하는 소리가 들리는 듯했다. 나는 스무 살
이 된 성욱이를 받아들였다.

두 남매와 지낸 며칠이 꿈같이 흘러갔다. 두 아이는 그렇게 오래도

록 떨어져 있었건만, 마치 같이 살아온 것처럼 스스럼이 없었다. 같이 웃고 떠들고 장난치고 있는 모습을 보며 깨달았다. 이것은 가족만이 줄 수 있는 순수한 행복이라는 것을.

나는 아주 뒤늦게 가족의 소중함을 선물처럼 받아들였다.

그리고 내 가슴속의 네 살배기 어린 아들을, 이 젊고 착한 청년에게 돌려주었다.

성욱이도 갔고, 성아도 떠났다.

나는 하버드 아파트의 작은 방에서 혼자 지내고 있다.

지난 2년여의 시간은 간밤에 꾼 꿈 같기만 하다. 모든 것이 다시 제자리를 찾은 듯 나를 맞이하고 있다.

차분하다.

나는 지금 한바탕 새벽 조깅을 마쳤다. 한 잔의 커피를 들고 교회 앞 층계참에 앉아 있다. 건너편에서 와이드너 도서관이 웅장한 자태로 나를 바라본다.

와이드너 도서관 건물은, 군대와 하버드를 사랑하고, 아버지와 어머니를, 형제를, 내 자식들을 사랑하고, 조국과 힘없는 사람들을 사랑하고, 그리고 무엇보다 자기 자신을 사랑한 한 여자의 눈길을 하고, 나를 바라보고 있다.

'눈물로 씻은 눈만이 세상을 볼 수 있다'는 그리스 속담이 떠오른다.

학기말 시험 기간이어선지, 이른 아침인데도 몇몇 학생들이 무거운 가방을 메고 부지런히 아스팔트 길을 걷고 있다. 그들은 외로워 보이지만, 저마다 커다란 꿈이 있기 때문에 결코 힘들어 보이지는 않는다.

꿈은, 이루어지기 전까지는, 꿈꾸는 사람을 가혹하게 다룬다.

꿈을 꾼다는 것은, 죽을 각오를 한다는 것이다.

하버드 교정의 교회 첨탑에서, 천상의 축복 같은 종소리가 쏟아져 내리고 있다.

누구엔가, 오직 한 사람이어도 좋다.

나는 희망의 증거가 되고 싶다.

꿈을 보는
자기만의 눈

이 책은 우연히 태어난 것이 아니다.

책을 쓰면서, 나는 내 지난 반세기의 삶을 다시 한번 돌아보는 소중한 경험을 하였다. 지금까지의 삶을 통해 내가 얼마나 많은 것을 배우고 깨달았는지를 알았다. 지금의 나는, 그렇게 얻어진 삶의 철학 속에서 다시 태어났다고 해도 과언이 아니다.

많은 사람들이, 인간이 만든 올가미에 자신들을 속박해왔다. 나는 그러한 올가미에 굴복하지 않는 참다운 삶을 살고 싶었다. 수많은 나날을 희망을 찾아 헤맸고, '불가능'으로 보이는 벽에 부딪혀 희망을 잃기도 했고 좌절하기도 했다. 그럴 때마다 나는 나 자신을 구하기 위해 자신을 '영웅화'시키기도 했고, 나 자신에게 '위대한 사명'을 안겨주기도 했다.

나는 '가능성의 증거'가 되고 싶었다.

불가능으로 보이는 벽이, 내가 열어야 할 문門이라고 나를 설득했다.

내 삶을 보면서 딸 성아가 자랐다. 텔레비전과 잡지 그리고 신문에 소개된 우리 모녀의 삶에서 용기와 희망을 얻었다고 많은 사람들이 말해주었다. 나는 그들을 진심으로 축하해주고 싶다. 누구나 대할 수 있었던 우리 모녀의 이야기에서, 자기의 삶에 도움이 될 희망과 용기를 얻은 것은 그들 각자의 선택이기 때문이다. 그것이 '꿈을 보는 자기만의 눈'이다. 그렇게 주위를 둘러보면, 희망과 행복의 재료들이 곳곳에 산재해 있음을 발견할 수 있다. 그것들을 자신의 삶에 어떻게 활용하느냐에 따라, 꿈과 행복이 결정된다고 나는 믿는다. 선택은 모두의 손에 주어져 있다.

나는 이 책을 읽는 많은 독자들을 만나고 싶다. 외롭게 흐르는 한 방울의 물이 만나고 모여 강을 이루듯이, 올바른 인간의 역사를 향하는 길목에서 뜨겁게 만나 손잡고 싶다.

마지막으로, 이 책의 안과 밖을 가능하도록 도와준 헤일 수 없도록 많은 분들에게 가슴속 깊이 감사한다.

미국 노스캐롤라이나 페이어트빌에서

서 진 규

다시,
나는 희망의 증거가
되고 싶다

1판 1쇄 발행 2022년 11월 25일
1판 5쇄 발행 2024년 1월 22일

지은이 서진규

발행인 양원석
펴낸 곳 ㈜알에이치코리아
주소 서울시 금천구 가산디지털2로 53, 20층 (가산동, 한라시그마밸리)
편집문의 02-6443-8860   **도서문의** 02-6443-8800
홈페이지 http://rhk.co.kr
등록 2004년 1월 15일 제2-3726호

ISBN 978-89-255-7717-3 (03190)